基于矩阵分解的
信息融合方法与应用

马园园 著

科学技术文献出版社
·北京·

图书在版编目（CIP）数据

基于矩阵分解的信息融合方法与应用 / 马园园著. —北京：科学技术文献出版社，2019.7（2021.3重印）
ISBN 978-7-5189-5903-7

Ⅰ.①基… Ⅱ.①马… Ⅲ.①信息融合—研究 Ⅳ.①G202

中国版本图书馆 CIP 数据核字（2019）第 171332 号

基于矩阵分解的信息融合方法与应用

策划编辑：张　丹　　责任编辑：赵　斌　　责任校对：文　浩　　责任出版：张志平

出 版 者	科学技术文献出版社
地　　址	北京市复兴路15号　邮编　100038
编 务 部	（010）58882938，58882087（传真）
发 行 部	（010）58882868，58882870（传真）
邮 购 部	（010）58882873
官方网址	www.stdp.com.cn
发 行 者	科学技术文献出版社发行　全国各地新华书店经销
印 刷 者	北京虎彩文化传播有限公司
版　　次	2019年7月第1版　2021年3月第2次印刷
开　　本	787×1092　1/16
字　　数	413千
印　　张	16.5
书　　号	ISBN 978-7-5189-5903-7
定　　价	78.00元

版权所有　违法必究

购买本社图书，凡字迹不清、缺页、倒页、脱页者，本社发行部负责调换

前　言

信息技术的发展，使得互联网上的数据呈现大数据特性，主要表现为体量大和多源异构，这些问题对科学管理和计算方法提出了严峻的挑战，迫切需要我们整合多个来源的数据表示形式，以获得比任何单个来源的信息都要准确、可靠的知识。

信息融合（或信息整合，在很多文献中这两个概念是通用的，因此本书也不做区别）是解决多源异构问题的主要思路和途径，然而，信息融合是一门广袤的学科，罕有文献论及其方方面面。笔者再三思考，决定从近年来的主要研究方向——矩阵分解和多视角学习入手来阐述信息融合的一些理论与方法。这些内容中，有些是笔者近3年的研究成果，有些是在看文献的过程中萌生出的一些想法，尚没有经过验证，作为本书相应章节的内容一并呈现给大家。这些工作对信息融合这个大的领域而言，实乃管中窥豹。

本书在写作过程中，参考了大量的期刊、会议文献，还有一些专著，如杨露菁、余华编著的《多源信息融合理论与应用》（第二版，2011），韩崇昭、朱洪艳、段战胜等编著的《多源信息融合》（第二版，2009）等，这些研究成果为本书第2章内容的写作提供了较大的指导和借鉴。

本书共7章，大体可分为3个部分：第一部分包括第1章和第2章，介绍了信息融合的基础知识；第二部分包括第3章至第5章，介绍了一些基于矩阵分解的信息融合方法；第三部分包括第6章和第7章，介绍了一些经典的异构网络模块识别算法，并总结了该领域的若干研究趋势。本书重点是第3章至第5章，该部分内容由浅入深、逐层递进，读者在阅读这部分内容时，需具备一定的高等数学、线性代数知识。

本书内容主要来源于笔者攻读博士学位期间的工作和在看文献的过程中萌生出的一系列想法，因此，有必要将本书的主要体系结构和特色做一简单说明，以区别于其他信息融合和机器学习著作。本书主要针对现有信息融合方法中的不足,分别研究了基于对称非负矩阵分解的信息融合模型、考虑图正则化的对称非负矩阵分解融合模型和基于对称非负矩阵分解的预测模型,并将其应用到跨模态信息检索任务中。

以上几个方面为本书的主要特色,将图正则化和信息融合框架相结合,既考虑了对图论内容有兴趣读者的学习兴趣,又考虑了对机器学习相关内容感兴趣读者的感受,希望有助于读者增广见闻。

本书不可避免地涉及大量国外期刊文献中的相关方法和应用,会将一些概念明确的专业术语翻译为中文;而对一些难以用汉语表达其完整含义的术语则给出了中译名,并辅以原始文献中的英文对照。

本书的撰写和出版由"教育部、国家语委甲骨文研究与应用专项项目(YWZ-J010)""国家自然科学基金项目(61806007)""河南省高校科技创新团队支持计划(17IRTSTHN012)"资助,在此一并感谢。

信息融合、机器学习发展极为迅速,罕有学者能对其众多分支均有精深理解,笔者才疏学浅、略知皮毛,更兼精力和时间有限,书中错谬、疏漏之处在所难免,恳请读者批评指正,将不胜感激。

马园园

2019 年 6 月

目 录

1 绪 论 ... 1
  1.1 研究背景与研究意义 ... 1
    1.1.1 研究背景 ... 1
    1.1.2 研究意义 ... 2
  1.2 国内外研究进展 ... 3
    1.2.1 信息融合研究现状述评 ... 3
    1.2.2 基于机器学习的信息融合研究现状述评 ... 5
    1.2.3 存在的主要问题 ... 11
  1.3 研究内容与本书结构 ... 12
    1.3.1 研究内容 ... 12
    1.3.2 本书结构 ... 13
  1.4 本书主要贡献 ... 14

2 信息融合相关理论 ... 16
  2.1 信息融合概念与原理 ... 16
    2.1.1 信息融合概念 ... 16
    2.1.2 信息融合原理 ... 17
  2.2 信息融合策略 ... 20
    2.2.1 早期融合 ... 20
    2.2.2 中期融合 ... 20
    2.2.3 后期融合 ... 21
  2.3 子空间学习理论 ... 21
    2.3.1 多视角谱聚类 ... 21
    2.3.2 连接的多视角非负矩阵分解 ... 24
    2.3.3 一致的多视角非负矩阵分解 ... 25
    2.3.4 基于多图的信息融合 ... 26
  2.4 本章小结 ... 27

3 基于对称非负矩阵分解的信息融合模型 ... 29
  3.1 对称非负矩阵分解 ... 29

		3.1.1 相似性度量	29
		3.1.2 目标函数与优化	30
	3.2	SNMF 与核 K 均值聚类、谱聚类的等效性	31
		3.2.1 核 K 均值聚类	31
		3.2.2 谱聚类	32
		3.2.3 实例	33
	3.3	基于对称非负矩阵分解的聚类融合模型	35
		3.3.1 建模思想	35
		3.3.2 基本假设和一致性矩阵表述	36
		3.3.3 基于对称非负矩阵分解的聚类融合模型的建立	37
		3.3.4 算法优化	38
	3.4	实例分析与讨论	39
		3.4.1 数据集描述与预处理	39
		3.4.2 实验结果	40
		3.4.3 分析与讨论	41
	3.5	本章小结	45

4 考虑图正则化的对称非负矩阵分解信息融合模型 … 47

	4.1	正则化思想	47
		4.1.1 正则化理论	48
		4.1.2 图正则化框架	49
	4.2	基于 Laplacian 正则化的对称非负矩阵分解融合模型	50
		4.2.1 建模思想概述	51
		4.2.2 基本假设	51
		4.2.3 基于 Laplacian 正则化的对称非负矩阵分解融合模型	52
		4.2.4 算法优化	54
		4.2.5 实例分析与讨论	55
	4.3	基于 Hessian 正则化的对称非负矩阵分解融合模型	61
		4.3.1 建模思想概述	61
		4.3.2 基本假设和定义	62
		4.3.3 基于 Hessian 正则化的对称非负矩阵分解融合模型	63
		4.3.4 算法优化	64
		4.3.5 实例分析与讨论	66
	4.4	基于对称非负矩阵分解的预测模型	70
		4.4.1 基于对称非负矩阵分解的实时样本预测模型	70
		4.4.2 实验分析与讨论	71
	4.5	本章小结	73

5 基于对称非负矩阵分解融合模型在跨模态检索中的应用 ················ 75
5.1 跨模态检索 ·· 75
5.1.1 相关研究 ·· 76
5.1.2 基于 SNMF 融合模型的跨模态检索框架 ······················· 78
5.2 数据集描述与预处理 ··· 80
5.2.1 数据集描述 ·· 80
5.2.2 预处理与标准化 ··· 81
5.2.3 评价指标 ··· 81
5.3 结果验证与分析 ··· 82
5.3.1 MAP 指标上的性能表现 ··· 82
5.3.2 PR 指标上的性能表现 ·· 84
5.3.3 其他指标上的表现 ·· 86
5.4 现实问题与对策 ··· 89
5.4.1 最优的聚类结构与最优的关联 ································· 89
5.4.2 较小的重构误差与较好的关联 ································· 89
5.4.3 低层的关联与抽象层的关联 ···································· 90
5.4.4 流形学习与实时样本上的泛化 ································· 90
5.5 本章小结 ·· 91

6 其他多视角信息融合模型及应用 ··· 92
6.1 多层异构模块的发现与识别 ·· 92
6.2 其他基于非负矩阵分解的方法 ··· 101
6.2.1 基于网络正则化的异构网络协同模块发现算法 ············· 101
6.2.2 基因—药物协同模块发现(Ping-pong algorithm) ········· 112
6.2.3 基于三因子联合非负矩阵分解的协同模块发现算法 ······· 129
6.2.4 基于正交的跨物种网络聚类框架 ······························· 139
6.2.5 稀疏多块偏最小二乘回归方法 ·································· 144
6.2.6 稀疏网络正则化的偏最小二乘 ·································· 159
6.2.7 多源数据中的高阶相关整合 ····································· 184
6.2.8 高阶逻辑关系——跨越对的相互作用 ························· 190

7 总结与展望 ··· 200
7.1 工作总结 ·· 200
7.2 研究展望 ·· 202

参考文献 ·· 204

附 录 ·· 233

致 谢 ·· 254

图 目 录

图 1.1　本书各章节之间的逻辑关系 ··· 14
图 2.1　多视角聚类流程 ·· 17
图 2.2　早期融合结构 ··· 20
图 2.3　中期融合结构 ··· 20
图 2.4　后期融合结构 ··· 21
图 3.1　Multi-view SNMF 模型融合框架 ······································ 37
图 3.2　"three-source"数据集上精度随参数 λ_v 的变化趋势 ············ 42
图 3.3　"three-source"数据集上标准互信息随参数 λ_v 的变化趋势 ··· 42
图 3.4　HMP 数据集上精度随参数 λ_v 的变化趋势 ························ 43
图 3.5　"three-source"数据集上标准互信息随参数 λ_v 的变化趋势 ··· 44
图 3.6　Multi-view SNMF 在"three-source"数据集上的收敛性和相应的性能表现 ··· 44
图 3.7　Multi-view SNMF 在 HMP 数据集上的收敛性和相应的性能表现 ··· 45
图 4.1　用图来重构高维观测数据的低维嵌入 ································ 49
图 4.2　在"three-source"数据集上 LJ-SNMF 性能随参数的变化情况 ··· 58
图 4.3　在 HMP 数据集上 LJ-SNMF 性能随参数的变化情况 ·········· 58
图 4.4　"three-source"数据集上的聚类一致性矩阵 ······················· 59
图 4.5　HMP 数据集上的聚类一致性矩阵 ···································· 60
图 4.6　函数 f 在切空间中点 p 处的 Hessian 定义为函数 g 的 Hessian[176] ··· 62
图 4.7　"three-source"数据集上 HJ-SNMF 性能随参数的变化情况 ··· 68
图 4.8　HMP 数据集上 HJ-SNMF 性能随参数的变化情况 ·············· 68
图 4.9　HJ-SNMF 在"three-source"数据集上的收敛性和相应的性能表现 ··· 69
图 4.10　HJ-SNMF 在 HMP 数据集上的收敛性和相应的性能表现 ··· 69
图 4.11　近似误差随样本数的变化趋势 ·· 73
图 5.1　单模态检索示意 ·· 77
图 5.2　多模态检索示意 ·· 77
图 5.3　基于 SNMF 融合模型的跨模态检索框架 ···························· 79
图 5.4　每个主题上的 MAP 性能（"以图搜文"） ··························· 83
图 5.5　每个主题上的 MAP 性能（"以文搜图"） ··························· 84
图 5.6　图像查询上的 PR 曲线（"以图搜文"） ······························ 85
图 5.7　文本查询上的 PR 曲线（"以文搜图"） ······························ 85
图 5.8　"以图搜文"任务中的 P@K ··· 86

图 5.9	"以文搜图"任务中的 P@K	87
图 5.10	"以图搜文"任务中的 MAP 混淆矩阵	88
图 5.11	"以文搜图"任务中的 MAP 混淆矩阵	88
图 6.1	多层异构模块发现与识别阐释性例子[194]	93
图 6.2	多维模式发现的例子	94
图 6.3	标准差阐释	95
图 6.4	网络正则化的异构网络协同模块发现算法	103
图 6.5	不同的协同模块发现算法比较	114
图 6.6	Ping-pong 算法[200]	115
图 6.7	不同方法覆盖生物过程的比较[200]	116
图 6.8	netNMF:通过整合成对基因组数据用以发现两层模块网络的阐释性例子	130
图 6.9	CGP 数据集上的双层模块网络的阐释性例子	133
图 6.10	多层网络中模块的阐释性例子	140
图 6.11	OrthoClust 流程及阐释	141
图 6.12	多维调控模块阐释性例子	145
图 6.13	协方差函数度量两个矩阵相关和多维模块发现的阐释性例子	147
图 6.14	SNPLS 方法用于识别基因—药物协同模块的阐释性例子	161
图 6.15	协同模块 1 的热图(包含 104 个基因、2 个药物在 42 个样本(白色框)中的成分谱、反应谱)	165
图 6.16	协同模块 11 的热图(包含 160 个基因、3 个药物在 33 个样本(白色框)中的成分谱、反应谱)	165
图 6.17	协同模块 1 中潜变量 u 和 v 的相关性(Pearson 相关系数)	165
图 6.18	协同模块 11 中潜变量 u 和 v 的相关性(Pearson 相关系数)	165
图 6.19	协同模块 1(a)和 11(b)中的 3 个层面基因、药物和肿瘤类型网络	168
图 6.20	由协同模块 1 包含的基因富集的 Top 6 生物项	169
图 6.21	由协同模块 11 包含的基因富集的 Top 6 生物项	170
图 6.22	3 种方法获得的协同模块统计	171
图 6.23	SNPLS 和 SPLS 检测到的基因模块所有富集 GO 生物过程的比较	172
图 6.24	基于 PFA 的 HCI 框架:单细胞聚类	185
图 6.25	整合多个异构组学数据的 HCI 流程	187
图 6.26	数据集及两种算法在 3 个数据集上的比较	188
图 6.27	结直肠癌案例研究	189
图 6.28	寻找基因逻辑三元组的计算流程	192
图 6.29	平衡谱优于原始的表达谱	194
图 6.30	平衡谱优于原始谱的一个阐释性例子	195
图 6.31	基因三元组揭示了不同水平的生物网络和这些网络中的关键基因	196
图 6.32	逻辑三元组基本条件的阐释性例子	198

表 目 录

表 3.1	新闻故事数据集统计	33
表 3.2	核 K 均值聚类、谱聚类与 SNMF 的聚类表现	35
表 3.3	HMP 数据统计	40
表 3.4	不同算法在两个多视角数据集上的聚类表现	40
表 4.1	两个数据集上的统计	56
表 4.2	两个数据集上最优的聚类表现	57
表 4.3	在 HMP 数据集上融合两个视角获得最优聚类表现	60
表 4.4	两个数据集上最优的聚类表现	67
表 4.5	基于 SNMF 的 3 种融合模型的预测结果比较	72
表 5.1	Wikipedia 数据集分类统计信息	80
表 5.2	检索性能(MAP 得分表)	82
表 5.3	4 种方法在两种任务中的 RP 值	87
表 6.1	7 个协同模块的生物功能分析	167
表 6.2	基因 a 和基因 b 之间的 4 种演化场景	193
表 6.3	基因 a、基因 b 和基因 c 三者之间的 8 种逻辑关系	196

1 绪 论

1.1 研究背景与研究意义

1.1.1 研究背景

近年来，信息技术、计算机技术迅猛发展，使得信息量呈现指数级增长态势，"大数据"的概念也随之应运而生，一些与大数据相关的政府项目被提上日程。例如，美国奥巴马政府于 2012 年推出"大数据研发计划"（big data research and development initiative），旨在提高人们从海量和复杂数据中获取知识的能力，进而加速在科学与工程领域创新发明的步伐；美国国立卫生研究院于 2013 年宣布启动"大数据向知识转化"计划（big data to knowledge，BD2K），旨在开发和共享分析方法与软件，使数据可发现、可访问、可互操作和可重用。与此同时，国内也掀起了研究大数据的热潮，与大数据产业相关的一些技术问题和管理问题引起了人们的普遍关注。2013 年 5 月，主题为"数据科学与大数据的科学原理及发展前景"香山科学会议第 462 次学术讨论会在北京召开，会议围绕"数据科学的基本问题、大数据挖掘和大数据环境下管理科学领域的相关问题"等进行了深入探讨，为数据科学的发展提出了建议；2003 年 12 月，《中国大数据技术与产业发展白皮书》发布，全面阐述了大数据的背景、内涵、价值、应用与发展趋势，并向政府相关部门提供了战略性意见和建议[1]。

大数据在国内外如火如荼地发展起来，并逐渐渗透到各个领域，引起了行业管理与技术的革命性变化。随着人们对信息价值性、可靠性需求的提升，许多因素推动着信息管理技术（信息的组织、表示）的发展。例如，单一来源信息的不完整性、不精确性和较高的应用需求，要求开发、改善多源信息融合技术以准确地识别信息的类型，并要求在较短的时间内做出响应；在一些信息分类任务中，鉴于目标来源信息特征维数的不同，需要高效的数据压缩和降维技术以充分挖掘数据中蕴含的知识性信息和价值，并提高信息融合的时效与性能。

大数据类型繁多（variety）的特性表现在：数据以各种形式存在于数据库、文献、文档及网页中，既包含文本形式，又包含其他形式（图像数据、音视频数据等）；既有含时数据，又有空间数据。大数据的价值性（value）主要在于数据之中蕴含的关系，由于认识主体动机各异引起的分化与多样性态势，造成其判断事物的"唯一真理"被多项选择所替代，这里的"多项选择"不仅是对同一组关系的多种认识，而且包括"关系"本身的多样性[2]。

"盲人摸象"就是一个比较直观的例子。看问题的视角不同，揭示出的关系也各异，加之每一种数据来源都有一定的局限性和片面性，事物的本质和规律往往隐藏在看似无限的关联之中。只有融合、集成各种来源的信息，才能更大限度地窥视事物的真实面貌。把这些种类繁多的信息集中到单一的对象，既可以从横向的（如用户习惯、好友兴趣等），又可以从纵向的时间序列数据得到更合理的结论。这样由多个单个、模糊的视角所带来的融合效应往往比"有限的精确"更可靠[2]。

当今时代，数据的"总和"效应比以往任何时候都要强烈，"整体功能大于部分功能之和"的系统论思想同样适合于多源数据的融合。多源数据在空间分布和内容上表现为以下特性：一方面，来自不同观测视角（维度），且普遍分布于不同的网络空间中，有些是结构化数据，但大部分是半结构化和非结构化数据；另一方面，这些数据易受外界环境、测量工具和人为因素等影响，存在大量噪声，导致某些重要信息被掩盖，甚至被错误地表示。以上原因使得基于单个视角的理论假说常常不能得到有效验证，需要对其进行整合分析。如何融合多源异构的数据，提出可扩展性的降维、特征提取和可视化的新方法，以充分挖掘、识别多源数据中蕴含的结构模式和科学规律，是当前管理科学、计算机科学、数学等学科面临的主要问题和挑战。

信息是管理中最基本的元素，是一切管理活动的基础。大数据时代的到来，带来了新的管理问题，如信息的获取、加工、应用、产权、产业、法规等问题[3]；在技术层面上，数据的复杂性带来了对数据融合、分析、可视化、理解等全方位的挑战，要求设计多源异构数据的综合分析与融合处理的高效算法、高复杂性数据挖掘基础算法等[4]，这为多源异构信息的融合提出了新的任务和目标。

1.1.2 研究意义

信息技术的发展，产生了海量的数据，包括来自不同网站的新闻事实数据、不同文献组织形式的作者合作数据、不同测试的生物组织样本数据等，传统的方法一般只针对一种状态信息进行分析，不能提供足够的证据来准确辨识目标对象的类别。因此，为了系统、整体、准确把握目标的属性类型信息，有必要对同一对象的多维信息进行融合分析处理，以避免出现因单个信息源失效而导致的决策失误问题，从而更好地服务于下游的具体应用。例如，针对不同内容表示形态的资讯信息（文本、图片、音视频等），通过设计可靠、稳定的信息融合算法进行综合处理，判断其类型并将其精准推荐给相应的用户，不仅有助于提高系统的整体性能，而且能进一步改善用户体验，提升用户满意度和个性化服务水平，对企业和用户而言都有重要的现实意义。

大数据时代，如何从这些多源异构数据中准确挖掘出有意义的结构模式，并从获得的结构模式中预测管理对象之间可能出现的关联，进而揭示这种现象背后的机制和规律，是当前人们关注的一个热点。基于对称非负矩阵分解（SNMF）的信息融合方法利用每个信息源提供的互补性信息，可以精确挖掘这些数据背后潜在的模式，并可进一步分析这些模式背后隐藏的科学知识和规律。借此可预测多模态（视角）数据中缺失信息的表示，并推断其类别。

这对理解系统微观形态与宏观现象之间的联系,特别是在数据难以采集的情况下,利用其他领域的知识进行迁移学习和知识复用等方面具有一定的参考意义[5],同时对信息计量学、管理科学理论和方法的发展有较大的现实意义。

机器学习(machine learning,ML)的兴起推动了人工智能(artificial intelligence,AI)新一轮的发展,机器学习中的很多算法,如分类、聚类、回归、降维与度量学习等,在不同领域都有成熟的应用,大数据时代更是强烈呼唤新技术的涌现,以加快揭示数据中蕴藏的科学知识和规律的步伐。然而,现实世界中的数据往往是多源异构的,存在冗余性高、噪声大、价值性信息难以获取等特点,很多机器学习算法在这些多源信息的融合过程中,往往不能有效提取其中蕴含的模式,在算法的准确性和复杂性上不能得到很好的平衡,这种现象迫使该领域的研究人员不得不开发高效、可靠的算法来解决相应的问题。本书提出的多视角对称非负矩阵分解算法(Multi-view SNMF)在处理多源异构的数据上有较好的性能表现,能揭示数据背后潜在的结构和特征。此外,结合图正则化思想,能明显提高结果的准确率和可靠性。这种聚类思想和方法可作为 ML 的有益补充,并可迁移到其他领域,如文本挖掘、图像处理等;从另一个层面来讲,对完善机器学习相关理论和方法、挖掘大数据蕴藏价值、提高大数据管理水平具有一定的借鉴和指导意义。

1.2 国内外研究进展

信息融合的概念是 20 世纪 70 年代美国为发展军事应用而首次提出来的[6],经过 40 多年的发展,信息融合理论框架和关键技术取得了长足的进步;80 年代,美国国防部成立了数据融合专家小组,用于指导、组织和协调信息融合技术的研究[7];90 年代末期,国际信息融合学会(ISIF)成立,通过总结该领域的阶段性研究成果及最新研究进展,进一步推动了信息融合理论成果与技术的共享。据不完全统计,至 20 世纪 90 年代初期,全球已研制出几十个军用信息融合系统。信息融合不仅在军事领域取得了重要的成果,在民事领域也有了长足的发展。例如,智慧城市的发展要求建立智能交通系统,对过往车辆、路段拥堵情况等进行智能检测和控制,将来自不同信源的数据实时融合,对路径规划提供决策支持;新闻文本聚类和推荐要求做到对文本类型的准确识别(一点资讯、今日头条等),将来自多个新闻媒体(网站)的信息进行融合,并将其准确聚类,有助于改善用户体验,提高其服务满意度。还有一个促进信息融合理论和实践发展的重要因素是大数据和人工智能的结合,大数据对信息融合的推动作用不言而喻,这里不再赘述。以机器学习为代表的人工智能技术的飞速发展,其中诸如分类、聚类、回归、降维等模型和算法极大地丰富了信息融合的理论框架,拓展了信息融合的应用领域,带来了信息融合新一轮的研究热潮。

1.2.1 信息融合研究现状述评

多视角信息融合方法是将不同来源的数据集通过相应的算法整合起来进行分析,避免了单视角数据分析的局限性，在整合过程中利用了其他视角提供的互补性信息，理论上更容易得出令人信服与符合科学规律的结论。最初的信息融合是基于多传感器应用的场景，车录锋等人利用物元模型和可拓方法对多传感器数据进行融合，进而达到对工件准确识别的目的[8]。文献［9-10］先后对多传感器信息融合模型、原理、技术与应用进行了综述，并指出当前信息融合过程中存在的问题和发展的趋势。陈雷等人针对信息系统方案评价等多目标决策问题：首先用熵权法确定每个指标的系数并将其作为客观权重，然后结合评标专家给出的主观权重形成各指标的最终权重，并得出每个方案的综合评议值，最后用 TOPSIS 法集成来衡量所有方案的排序，从而为决策人员提供方案选择的依据[11]。管清云等人提出了一种基于距离熵的决策层信息融合方法：首先将多源信息粒化为由多个"信息单元"构成的信息融合集，其中每个信息单元相应于一个"源"，之后对于每个信息单元选择其序列中的最优值（望大型或望小型），根据距离熵计算出该序列（或属性）的权重，以上过程称为局部融合；然后将每个信息单元的值和相应的序列权重线性加权生成局部融合结果，再根据局部融合结果计算每个信息源的全局融合权重；最后基于全局融合权重和局部融合结果得到全局融合结果（该过程可视为信息源的融合）[12]。以上基于信息熵的信息融合模型都属于特征层面（属性层）的融合，通过为每个特征赋予权重的方式来获得每个对象的排名，从而为管理者提供决策支持。这些模型都考虑到了事物的不同特征在综合评价中所占比重不同的事实，然而也有几个方面需要考虑：在特征融合的过程中线性加权的方法是否能够准确刻画特征之间的复杂关系？如何更大限度上避免主观因素的影响？用欧式距离衡量最优值和属性值之间的差异是否足够准确？这些问题的解决直接关系到系统的性能和泛化能力，应该引起研究人员充分的重视。

近年来，关于信息融合研究的文献日益增多，从传统的多传感器信息融合发展到如今的多源异构数据的融合，信息融合的对象、方法、内涵与外延、应用领域等都在不断拓展和更新，各学科交叉融合发展的现象日益凸显。张亮等人分别用 SVM 和 Logistic 回归模型对上市公司的财务数据进行建模分析，结合证据理论对两种模型获得的结果进行融合，提高了财务预警的准确率[13]。虽然这种融合取得了比任何单个分类模型更为精确的结果，但在一定程度上可归结为对不同方法获得的结果的融合，属于集成学习的范畴，并非真正意义上的多源信息融合。万树平借助层次聚类融合的思想，通过计算各传感器数据之间的欧式距离来确定信息融合的次序，得到对单个目标较为精确的属性表示[14]。此外，文献［15-16］将数据挖掘方法和信息融合技术相结合，分别应用到瓦斯灾害预测、机械故障诊断等任务中，并获得了较高的识别和预测精度。这些研究虽然在不同领域取得了成功的应用，但只是信息融合的一个缩影，信息融合除保持其自身的优良特性外，还有易与其他学科相结合的天然优势：信息融合与管理科学、计算机科学、人工智能、数学、物理等相关学科协同发展，这些领域涌现的新技术、新理论与新方法可以极大丰富信息融合研究的内涵和外延，不断提高融合系统的性能。

国外对信息融合的研究起步较早，从军事领域到民事领域都有成功的应用，而且出版了记录信息融合发展成果和新动向的期刊 *Information Fusion*，涉及信息融合模型、信息融合系统、信息融合理论与技术、机器学习与数据挖掘等方面的内容，极大地推动了信息融合的发展和进步。国外比较有代表性的成果有：Waltz 等人较早地介绍了多传感器融合技术与其在军事上的应用，并提供了数据融合系统的架构设计指南及如何建模和评估这些系统的性能等，为信息融合领域的研究人员提供了重要参考和借鉴[17]；JDL 模型[18]的提出及逐步改进和推广使用，已成为美国国防信息融合系统的一套实际标准；Hall 等人对信息融合的发展现状进行了综述，并针对目标的身份识别问题将多传感器信息融合的体系结构分为数据层融合、特征层融合和决策层融合 3 种[19]；信息融合除了在军事领域的成功应用之外，也广泛用于入侵检测[20-21]、智能机器人[22-23]、智能交通[24]、工业过程监控[25]、医学图像融合[26]等领域。

如今，信息融合的发展已跨越学科的藩篱，各学科、领域协同发展已成为共识，管理工程和人工智能的结合极大地促进了管理水平与效率的提升，节省了大量的人力、财力与物力。鉴于此，本书拟从多视角学习的角度出发，探讨机器学习中信息融合的进展与关键技术，并提出几种精度较高的信息融合模型，用于对目标对象进行聚类和识别。

1.2.2 基于机器学习的信息融合研究现状述评

文献[27-29]在不同阶段综述了多视角学习的进展，指出了多视角学习中存在的问题和不足。其中，传统的多视角学习算法，如支持向量机、核学习、谱聚类等，将各个视角的属性级联起来形成一个新的视角，以适应新的机器学习环境[29]。这种级联各视角信息的做法在样本量较小的时候容易引起过拟合，并且缺乏明确的物理意义，因为每个视角都代表了某些统计属性的信息，而通过级联形成的"新"视角并不具备这种性质。因此，必须采用既能充分保留原始数据信息，又具有某种统计属性的模型。目前的多视角学习模型大多都具有这种特性，但针对不同的任务和假设，不同的模型又有些许不同。在对大量文献进行调研的基础上，本书将机器学习中的信息融合方法大致分为 3 种：协同训练（co-training）、多核（multi-kernel）学习与子空间（sub-space）学习。

1.2.2.1 协同训练

协同训练是 Blum 等人于 1998 年首次提出的一种半监督学习算法，其核心思想是利用少量待标记的样本，通过两个模型对其进行学习，并对未标记样本进行分类，然后选取具有最高置信度的样本，将其填充到带标记样本的训练集中，以上过程通过反复迭代直到所有未标记样本分类完毕[30]。鉴于协同训练算法在各分类器性能上的改善，之后针对不同的应用场景，很多变体被提了出来。Bickel 等人提出了基于期望最大化（expectation maximization，EM）[31]的多视角期望最大化聚类算法和凝聚多视角聚类算法，并在文本数据集上进行了实验[32]，取得了良好的效果；Nigam 等人利用朴素贝叶斯作为基本的分类器比较了期望最大化、协同训练的性能，发现协同训练具有更强的鲁棒性，原因在于，协同训练采用了一种类似增量学习的方法，每次迭代生成的分类器都是基于一个"新"的数据集（在已标记的数据集中添加了一些置信度高的无标记样本），而期望最大化在每一次迭代过程中都是基于同一个数据,因而其泛化能力较差[33]。协同训练算法的有效性主要基于两个假设:一个是数据集有两个充分且兼容的属性集,也就是说,每个视角拥有的属性都能描述这个问题,且和每个视角对应的目标函数能在大多数实例上产生相同的预测;另一个假设是在给定类别标记时,这两个属性集(或视角)是条件独立的。当数据满足以上两个假设的时候,协同训练算法通常具有较好的性能,然而这种假设在现实问题中往往很难得到满足。针对这一问题,文献[34-36]放松了对以上假设的严格限制,在数据集不具备充分冗余的属性集时,通过采用两个或多个分类器把实例空间划分为若干等价类,在文本分类任务上获得了较好的表现。协同训练不仅适用于分类任务,而且适用于回归问题,文献[37-40]利用协同训练的半监督回归思想进行预测,也取得了不错的效果。

综上所述,基于协同训练的信息融合算法是一种半监督的机器学习方法,充分利用同一个数据集的两个独立且兼容的属性集进行学习,通过不断扩大带标记数据的规模,使得学到的分类模型比在单一属性集上得到的模型有更高的准确性,能够较好地预测新样本的类别。协同训练克服了单一视角"数据不完整"的弊端,每个分类器利用另一个分类器提供的无标记数据进行更新,在某种程度上实现了信息的交互;然而,协同训练也存在一些弊端,如对属性集的划分、在不满足其假设条件下交叉验证带来的较大的时间损耗、分类算法的选择等。

1.2.2.2 多核学习

多核学习为多视角学习中的另一个分支,其基本思想是:通过使用预定义的多个核函数,学习这些核的最优线性或非线性组合参数,以形成一个能准确刻画实例属性并用以进行分类、回归等任务的合成核。多核学习在信息融合中的应用主要体现在:对多源异构的信息使用不同的核,如声音、文本、图像,然后对这些数据进行整合分析。Lanckriet等人在支持向量机的应用中首次考虑了核矩阵的锥组合问题[41],并且证实了这种组合的系数优化是一个凸优化问题;然而,对于数量众多的核或数据量大的情况,上述的优化问题往往不能得到有效解决,针对此种情况,文献[42-44]分别提出了基于SMO的优化算法、半未定线性规划和混合范式正则化方法,用于大规模的数据集和数以百计的核运算中,取得了更为精确的、更富有解释意义的结果。此外,在多核学习的基础上,牟少敏等人采用了一种基于协同聚类的多核学习方法,在不影响算法性能的前提下,进一步提高了其运算效率[45]。在以上研究的基础上,王洪桥等人综述了多核学习方法的研究进展、优化算法,分析了几种多核学习方法存在的问题和不足,并就下一步的发展方向进行了分析[46];Gonen等人比较了几种多核学习方法的异同,通过实验发现这些方法在准确性上并无大的不同,而在复杂性上存在较大差异,即存储的支持向量的数量、核数目的稀疏性与训练时间的复杂性,他们还进一步证实了在大部分应用场景中多核学习的方法比基于单核的方法具有更强的普适性,非线性核组合方法比线性核组合方法具有更强的生命力[47]。

综上所述,多核学习利用核方法对样本进行分类,通过融合来自不同信源(不同属性集)的信息,使得原本在低维空间中线性不可分的样本在映射到高维空间后变得可分,利用多核代替单核不仅能增强决策的可解释性，还能获得更优的性能[41,48]。然而，多核学习也存在一定的不足和亟待解决的问题，如在多个核函数的选择与组合上没有理论依据可循，如何处理好多个核之间的关系也没有明确的准则，此外，在处理大规模数据集时的效率低下也是一个值得考虑的问题[46]。

1.2.2.3 子空间学习

基于子空间的信息融合旨在获得一个由多个视角共享的潜在子空间，然后基于这个子空间来执行聚类、分类、预测分析等任务。子空间学习可以看作是一个将数据从高维空间映射到低维空间的过程，在这个过程中需要保留哪些信息？依据什么准则？都是需要考虑的问题。基于子空间的信息融合按照数据的复杂程度可以分为线性和非线性两种：线性的子空间信息融合方法以典型相关分析（canonical correlation analysis，CCA）[49-50]、费舍尔判别分析（Fisher discriminant analysis，FDA）[51]等为代表；非线性的子空间信息融合方法以核典型相关分析（kernel CCA）[52-54]、核费舍尔判别分析（kernel FDA）[55-57]及图融合的方法等为代表。基于子空间的信息融合根据多个视角共享子空间的形式还可以分为：最大相关子空间、低维子空间嵌入及潜在子空间3种。

（1）最大相关子空间

CCA 是子空间学习的一个代表，其实质是：通过将两组特征数据分别线性映射到低维的子空间中去，使得在低维子空间中的两个典型变量的相关系数最大。Chaudhuri 等人将高维数据映射到低维子空间中去，并用 CCA 进行多视角聚类[58]。CCA 也可应用于双语翻译、音视频流识别等场景。CCA 在两组变量存在高相关性的时候通常有较好的表现，然而现实中的数据并非完全具有这种属性，此外 CCA 只能探索两组变量之间的线性关系，而在实际情况中，变量之间的关系往往是非线性的，于是基于核函数的 CCA、FDA 等信息融合方法被提了出来，通过引入核函数将原始空间中的数据点提升到高维特征空间，然后进行关联分析。核函数的引入有利于提升算法的性能，然而同样会遇到类似于多核学习的困境，即核函数的选择和算法的时间开销问题，当遇到大规模数据时往往会非常耗用资源。

（2）低维子空间嵌入

子空间嵌入是解决多视角信息融合问题的一个新的思路。在传统的降维方法中，当数据具有多个特征时，分别对每一个特征进行降维并不是一个理想的方案，因为不同的特征之间可能存在某种关联。如果将多个特征数据同时嵌入（embedding）到一个共享的空间中，然后对这个共享的嵌入空间进行降维，则可在一定程度上保留了特征间的共性信息和潜在联系。Xia 等人提出了一种多视角谱嵌入（multiview spectral embedding，MSE）的方法，假设映射到低维空间中的每一个数据点都是从全局坐标系中选择出来的，通过 K 近邻方式对来自每个视角的每一个数据点构建一个"集"（patch），然后在目标函数中引入谱矩阵和选择矩阵将所有数据点多个视角的"patch"统一起来，最后求得低维的嵌入空间。MSE 算法的更详细内容可参见文献[59]。虽然 MSE 在很多应用中取得了不错的效果，但也存在一些值得深入研究的问题，如低维子空间维度的选择和计算复杂度方面是一项重要的挑战，因为它们直接影响到算法的性能和计算效率。文献[60-61]利用相对熵（KL 散度）来刻画低维嵌入空间中的概率分布，在一些任务上也获得了较好的效果。Han 等人提出了一种稀疏的无监督降维方的方法用于多源信息的融合，首先用主成分分析（PCA）对各个视角的数据进行降维，得到每个视角数据的低维潜在表示（模式），然后将这些模式级联起来形成一个新的联合矩阵，最后对这个矩阵进行分解得到最终的一致表示；为了得到稀疏的特征表示和多个视角共享的模式，作者对载荷矩阵（loading matrix）的列与行分别施以 L1 范式和结构稀疏性诱导范式（structured sparsity-inducing norm）[62]，并在不同数据集上验证了其方法的有效性[63]。子空间嵌入方法通过加权融合、级联等方式将获得不同视角间一致的低维表示，然后基于这个低维表示进行各种任务（分类、回归预测、聚类等）。

（3）潜在子空间

潜在子空间模型与子空间嵌入模型有许多相似的地方，这两种方法之间并没有明确的区分边界，有一点需要注意的是：子空间嵌入模型是通过对原始空间或对原始空间经过变换后得到的低维空间为参照，得到多个视角间的一致表示，可以看作是获得子空间之前的融合；而潜在子空间模型是假设多个视角的对象共享一个低维的潜在表示，可看作是获得潜在子空间模型过程中的融合。二者在模型的构建过程中融合信息的次序存在不同。

潜在子空间模型考虑的主要问题是多个视角数据间的联系，通过潜变量将多个视角间的数据彼此互联，而且信息又能在各个视角之间传播和共享。核信息嵌入（kernel information embedding, KIE）[64] 假定样本来自一个分布，其目的在于寻找一个能反映原始数据结构的潜在低维分布，使得两个分布之间的互信息最大。文献［65-66］在 KIE 的基础上进一步提出了共享的核信息嵌入（shared KIE），其思想是假定同一数据的两个视角拥有一个共同的潜在分布，且两个视角是条件独立的，通过同时最大化这两个原始分布和共享的潜在分布之间的互信息，从而得到低维的潜在子空间表示。从信息论的角度考虑各个视角携带的信息与原始信息的相关性和一致性是一种自然的思想，在现实世界中有很多应用场景，如根据目标一个视角的输入特征，推理或预测目标在另一个视角中出现某种状态的可能。共享的高斯过程潜变量模型（shared gaussian process latent variable model, SGPLVM）[67] 同样假设两个观测空间都是从一个共同的潜在子空间中衍生而来，SGPLVM 可用于对原始观测空间样例的预测，大致过程为：当一个视角涌现一个新的样例时，可由模型得出其最可能在子空间中的表示，然后根据这个表示来预测该样例在另一个视角中的属性或状态。SGPLVM 在人工智能、模拟推理、模仿学习等领域或任务中有着广阔的应用前景。

虽然 shared KIE 和 SGPLVM 都考虑了不同视角间共享的信息，但忽略了每个视角所携带的个性化信息。针对此问题，文献［67］提出了一种 FOLS 算法，通过引入正交约束（潜在空间与各个视角特有的空间正交、各个视角之间特有的空间正交）将潜在子空间分解为共享的信息空间和各个视角特有的信息空间，在一定程度上解决了空间冗余性问题，但同时也带来了较大的计算成本，因为在目标优化的过程中需要求解由每个视角的特有矩阵和共享矩阵形成的联合矩阵的奇异值。为了减轻复杂的矩阵奇异值计算量，文献［68］提出了一种结构稀疏化的潜空间分解模型，该模型借用了稀疏编码的思想（sparse coding），将原始的输入矩阵分解为字典矩阵和系数矩阵，通过在系数矩阵的行与字典矩阵的列上施以 $L_{1\infty}$ 范式来保证每个样例仅由字典矩阵的列子集的线性组合来近似（稀疏性），同时满足同一类的样例由相同的词典项线性表示的特点（结构性），还能达到自动选择子空间维数的目的。

综上所述，基于子空间的信息融合方法假设高维的数据空间中存在一个低维的流形，通过将数据映射到这个低维子空间中来刻画数据之间的关联，这种假设符合人们的认知，因此受到了日益广泛的关注。基于子空间的信息融合模型的一个主要应用是聚类，在图像处理领域，Wang等人提出了一种鲁棒的子空间聚类方法，以角正则化（angle regularization）获得了每个数据对象的多个稀疏向量表示，这些稀疏向量保证了在所有视角上的数据达到一致的相关性[69]。谱聚类也是一种相对成熟的聚类方法，在多视角谱聚类应用中都基于一个共同的假设：不同视角的数据具有相同的聚类结构，即是说每个数据对象在不同视角中应该被分配相同的聚类成员资格。协同学习的多视角谱聚类（co-learned multi-view spectral clustering，CLMSC）[70]、协同训练的多视角谱聚类（co-training approach for multi-view spectral clustering，CTMSC）[71]和协同正则化的多视角谱聚类（co-regularized multi-view spectral clustering，CRMSC）[72]都是基于这种假设而提出来的。基于谱聚类的信息融合技术考虑了将原始数据映射到前K个最大特征向量（最大特征值对应的特征向量）张成的子空间中，很大程度上捕获了原始数据的关系和结构，在数据聚类中有着广泛的应用，但也存在值得商榷的地方，如K个特征向量自身携带原始数据重要程度的信息，第一个特征向量比第二个特征向量更能反映原始数据的特点，第二个特征向量比第三个特征向量更重要……以此类推。这种做法潜在赋予了子空间中每个特征向量所在维度的不同权重，定义了子空间中各维度的重要性，这与人们的认知相悖，因为在人们的潜意识里子空间中各维度在反映数据结构中应该具有同等重要性，不存在先后、大小等排序问题。

非负矩阵分解（non-negative matrix factorization，NMF）是子空间学习中具有代表性的一类模型，最早由芬兰的一组研究人员提出[73]，要求原始矩阵和分解后的两个低秩矩阵中的元素是非负的。与上述基于子空间的信息融合模型最大的不同在于3个方面：①分解后的基向量不要求是正交的；②子空间中基向量是同等重要的；③分解后的系数矩阵自身具有聚类指示的功能。这3个特点相比于其他模型的优势在于：首先，非正交性保证了样本聚类不属于"非此即彼"的"硬聚类"问题，这样可允许样本不仅在某种程度上属于这个聚类，还能以另一种概率属于其他聚类，这种"软聚类"的特性更符合现实中对象的分类特征，如某个领域或专业的权威人物既可在一个社会团体中任职，又可在其他团体任职。由于我们对事物的认识是片面的，"软聚类"的特性更能准确表达事物的属性。其次，子空间中基向量的无序性（同等重要性）避免了其排序问题，在对事物无先验知识的条件下更具有解释能力。最后，天然的聚类功能指的是可根据系数矩阵中每一列中元素值的大小赋予其类别标识，该元素值反映了数据对象属于某个类的概率或置信程度。NMF的这3个特性，加上其易解释性、元素的非负特性受到了研究人员日益广泛的关注，使其在许多领域都得到了广泛应用。

自Lee和Seung在国际著名期刊Nature上发表了关于NMF的文章后[74]，基于NMF的信息融合模型也被提了出来。在图像分析领域，一种邻接的非负矩阵分解算法（JNMF）被提了出来，用于多模态数据整合和聚类[75-76]，JNMF同时确定不同特征空间的潜在维度，为不同视角间构建一个共同的聚类指示矩阵。JNMF潜在地遵从"不同视角的数据具有同一个聚类结构"的假说，显然，这种假说过于严格，常与现实情况不符。针对这个问题，Liu 等人提出了用邻接的非负矩阵分解进行多视角聚类的算法（Multi-view NMF）[77]，通过执行邻接的非负矩阵分解过程对每个视角的聚类解进行约束，使之最终形成一个共同的一致解，而不同于对各个视角直接固定同一个聚类解的做法。Multi-view NMF 利用的不同视角之间兼容、互补的信息，使得最后的聚类结果更有意义。为了提高算法的聚类性能，Laplacian 图被添加到目标函数中，进一步推动了聚类算法的发展和完善。Jiang 和 Cai 等人利用 Laplacian 正则化对降维后的聚类指示矩阵进行约束，获得了较好的效果[78-79]。Laplacian 用一阶导来保持数据的相似性，其对未知数据的推理能力较弱，基于此，Donoho 等人首次提出用基于 Hessian 的局部线性嵌入（Hessian-based locally linear embedding，HLLE）技术来保持局部距离（local isometry）并用于降维[80]。此后，Kim 等人用 Hessian 能量进行半监督的回归，在图像数据集上取得了较好的效果[81]。此外，Liu 等人用基于 Hessian 正则化的 NMF 对基因表达数据聚类[82]；Yang 等人结合岭回归和 Hessian 正则化提出了一种优化的非负映射算法[83]；Ma 等人提出了一种 Hessian 正则化的 SNMF 算法用于聚类新闻文本数据，并验证了其良好的聚类性能[84]。Jiang 等人提出了一种基于 Laplacian 正则化的多视角邻接的非负矩阵分解算法（LJ-NMF），对微生物样本数据进行聚类，进而发现采自不同体位的微生物样本具有不同的微生物组成，而相同或相近体位的样本具有更高的组分相似性。Wang 等人提出用（similarity network fusion，SNF）对不同视角的数据进行整合，使得融合后的网络更能反映数据本身的潜在结构，并用于疾病分型和生存预测[85]。Zhang 等人结合聚类随机森林（random forest）和 SNF 提出了一种鲁棒的多视角聚类算法，在聚类文本数据试验中取得了良好的表现[86]。

NMF 及其变体因其良好的性能广泛应用于文本聚类、推荐算法、网络距离预测[87] 等多种任务中。利用 NMF 对多源信息进行融合后，得到原始数据的一个共享的子空间表示和相应于每个视角数据的基矩阵，通过求解实时样本在子空间的最优表示可预测该样本的类别。预测理论与方法的研究是管理科学与工程学科"十三五"发展战略与优先资助中的一个重要领域[88]。设计新的、有效的预测方法有助于揭示事物之间存在的联系，并根据联系的紧密程度做到对事物"分而治之"，其中涉及聚类、分类、链接预测[89-93]、社交行为预测[94-98] 等机器学习理论与方法。本书拟从聚类的角度，设计一种基于 SNMF 的信息融合模型，并在该模型基础上预测某一个视角的实时样本在其他视角中的表示，并给出实时样本类别信息的判断。

跨模态信息检索与信息融合息息相关，相关研究大多集中于相关子空间、语义子空间和多种方法的组合应用上[90-101]，取得了一些代表性成果；然而，在遇到复杂的现实情况时，如实例间的非线性关系、新领域的跨模态检索任务等，采用现有的方法将不足以充分挖掘数据中潜在的知识并准确识别不同模态之间的关联。例如，在由文本和图像两个模态信息构成的文档（同一个文档有相应的文本描述和图像描述两种形态）中，文本是基于词向量的表示，而图像是基于像素的表示，其元素值的含义截然不同，采用传统的向量拼接和线性映射的方法显然不是合适的选择。针对此种情况，如何将这两种模态的数据以合理的结构形式组织起来，通过信息融合的方式挖掘其蕴藏的共同模式，并揭示其潜在、复杂的关联，从而带来检索系统性能的不断提升,是研究人员持续和广泛关注的问题。

因此,针对不同的应用场景和任务,设计灵活、易拓展、可靠和稳定的信息融合与关联方法,成为解决上述问题的一个关键。本书将在第 5 章详细阐述跨模态信息检索的进展和相关技术,并给出 SNMF 融合模型在其不同任务上的应用。

1.2.3 存在的主要问题

从上一节对多视角学习研究现状的分析可以了解到,当前在基于多视角学习的信息融合研究中主要存在以下几个方面的问题和挑战。

①针对不同表示形态的数据,现有的信息融合方法可能无法有效识别其中蕴含的结构性知识和规律,其在特定应用领域中的迁移能力或泛化能力尚不能确定。如在跨模态检索任务中,每个模态数据的表征形式差异显著,现有系统中数据处理模块仅对原始数据做简单的预处理,如利用"词袋模型"对每个文档赋予属于某个类别的概率,忽视了同一模态中不同对象之间的潜在关系,无法从全局的角度发现有意义的模式;而对不同模态之间的关联也没有理想、灵活的组织方式并辅以有效的融合手段进行揭示,这样必然带来现有的融合技术不能适应于具体的跨模态检索需求的问题。

②融合模型的可靠性和准确性有待提高。基于不同的属性度量会产生不同特征的观测数据,加之环境因素和噪声的影响,往往会掩盖或模糊部分事实真相,不利于管理人员针对融合结果做出相应的合理判决。如在多视角文本聚类中,不同视角的文本特征(词)并不相同,文本对之间的关系在不同视角中也存在差异,而针对多个视角的文本集,提出其具有相同的聚类模式的假设势必带来融合系统性能的衰退和不稳定,进而影响下游的信息推送和用户反馈等任务。这种影响在一些具体的应用中甚至是灾难性的。例如,在入侵检测系统中,错误识别报警类型将会给企业带来不可估量的影响;在疾病分型和预测、金融决策中也是如此。因此,在保证效率的前提下,设计稳定性强、精度高的信息融合模型是理论研究和应用研究人员的一致诉求。多视角信息融合模型精度的理论下界是各视角精度的最大值,其上界尚无明确的推论,留给了该领域研究人员继续探索的空间。

此外,信息融合中不同视角数据源的兼容性也是一个值得考虑的问题,当数据源出现不兼容的情况时,如何衡量这种不兼容的程度或水平?如何设计高效、鲁棒的算法来保证融合后的结果比采用任何单个视角得到的结果要好?这些问题都还没有彻底解决,需要不断挖掘和完善信息融合流程中所体现的信息处理思想与方法。

③可解释性不强,模型结果与现实中人们的认知并不完全相符。在现有的信息融合方法中,如 CCA、谱聚类等生成的典型变量或特征向量具有正交性,其隐式地限定每个样本只具有一个类别便签,这与现实中的许多应用并不符合。例如,在跨模态检索领域中每个文本可能有多个主题类;在社交网络中某个人可能具有多重身份,其在多个社团中均有兼职等。如果采用"硬"聚类的融合方法,可能会对目标身份识别不全面、不清晰,容易带来一系列管理问题,如对目标的分类管理错误、个性化信息推送失效、检索系统性能不高等。因此,需要构建更加符合客观实际、易于解释、表现性能良好的模型,用以解决管理中面临的

目标类型辨识不明及由此引起的一系列问题。

1.3 研究内容与本书结构

1.3.1 研究内容

针对上述分析，本书拟采用 SNMF 的方法来解决信息融合中的诸多问题，具体研究内容如下。

①多视角信息的融合聚类。信息的多源异构性决定了来自单一来源的聚类方法并不能充分、准确识别原始数据中蕴含的结构模式和有价值的信息，因此须采取合适的数据组织形式（如用图来刻画对象之间的潜在联系，将之用作模型的输入），开发针对多源异构数据的融合算法，充分利用不同视角提供的互补性、兼容性信息进行学习，并融合这些信息得出有意义的聚类模式，以实现对目标对象的精准识别。

②图正则化思想在信息融合及聚类中的应用。图正则化在提高算法精度、防止过拟合、提高模型泛化性能方面有显著的效果。本书拟从 Laplacian 与 Hessian 正则化出发，着重分析其理论基础及求解过程，并以这两种正则化为约束项，研究其在数据聚类中的应用，进一步拓展到 SNMF 的信息融合框架中去。此外，利用相似网络融合技术，在每个视角间传播和共享其他视角所携带的信息，借此构建鲁棒的图并借助信息论方法判定各视角的兼容性，也是本书的一个研究内容。

Laplacian 正则化在对未知数据进行预测时常常会偏向一个常量，造成其弱的推理能力；而 Hessian 正则化具有对未知数据较强的预测能力，探索 Hessian 正则化的机制和原理，并将其运用到信息融合的框架中去，是本书的一个重要研究内容。

③由信息融合中的固定聚类解到一致聚类解。文献 [75-76，79] 遵循一个假设，即来自不同来源的数据存在一个共同的聚类模式 H，通过固定 H 并迭代更新不同的因子来实现聚类。显然，这种假设在具体应用中过于严格，很多情况下，如存在噪声、测量误差、环境变化的情况下，很难得出准确、可靠的结果。本书通过构建不同来源数据的相似性网络，提出在这些异构的相似性网络中可能存在一个潜在的与这些网络都较为接近的聚类结构，遵从这个假设并进行建模，实验验证其合理性及可靠性。

④对实时样本类别的预测与提出的融合、预测模型在跨模态信息检索中的应用。以上研究是基于数据规模恒定情况下的假设，而在现实世界中，信息每时每刻都是在递增的，很多应用需要实时地把这些信息按照主题进行聚类并呈现给用户。因此，设计一种实时的信息聚类方法或增量的信息聚类方法是一个亟待解决的问题。文献 [102] 利用 NMF 后的基矩阵获得对新到样本的低维表示，这种做法利用了 NMF 中"部分构成整体"的系统论思想，其潜在假设是数据符合线性分布，当数据分布违反这种特性的时候，该方法往往不能奏效。本书拟从网络的角度刻画样本空间的复杂关系，复杂网络中度量节点之间的相似性指标都可以

用来描述它们之间的邻接关系。对于新产生的样本，通过测定其与低维子空间（融合产生的样本空间）中样本的相似性来预测其类别和表示形式。

在跨模态信息检索中，首先在训练集上利用 SNMF 融合模型获得不同模态的相关子空间表示，然后将用户查询投影到这个子空间中，最后在执行跨模态检索时，通过比较子空间中用户查询与检索集的距离返回与查询最相关的结果。

1.3.2 本书结构

本书围绕当前多视角信息融合中存在的诸多问题开展研究，如子空间学习中多源信息的一致性表示问题、信息融合中多源数据的兼容性问题、正则化思想和方法如何提高模型的精度问题、对实时样本的聚类及预测问题等。在 NMF 方法的基础上，综合利用 SNMF 这一模型特有的性质对多源信息的有效融合进行研究和阐述，全文共分 7 章，结构组织如下。

第 1 章，综述大数据背景下的信息融合技术研究的重要意义，重点介绍多视角学习在信息融合研究中的进展，并分析当前存在的问题。在此基础上，提出本书的研究目标和研究内容。

第 2 章，梳理和总结信息融合的相关概念与原理。针对不同数据处理水平，将多视角聚类方法分为 3 类，包括损失函数联合优化模型、映射融合模型和分布式融合模型；同时按多视角信息被整合的先后次序将信息融合分为早期整合、中期整合和后期整合 3 种策略。

第 3 章，为了更好地揭示和描述多源信息之间潜在的结构关系，提出基于 SNMF 的融合模型。首先证明 SNMF 与核 K 均值聚类、谱聚类目标函数的一致性，为 SNMF 用于聚类提供了理论支撑；然后针对不同视角获得的聚类结构，给出这些聚类结构间可能存在一个共享的"一致"聚类模式的基本假设，并将其整合到 SNMF 融合模型中；最后通过实验验证该模型的合理性和有效性。

第 4 章，在上述研究的基础上，考虑到流形学习中的图正则化思想，提出一种基于 Laplacian 正则化的 SNMF 融合模型；同时针对 Laplacian 在有些任务中不能有效推理的问题，给出一种考虑原始数据二阶信息的基于 Hessian 正则化的 SNMF 融合模型。最后，为了充分利用在现有数据上学习到的模型和数据表示，在以上融合模型的基础上提出一种基于实时样本分类和表示的预测方法。

第 5 章，针对以上章节提出的基于 SNMF 的融合模型，将其应用到跨模态信息检索任务中，通过其在公开数据集上的表现及与其他基准算法的比较，进一步验证其可靠性；同时结合大量实验和现实中的应用提出跨模态信息检索中存在的主要问题，并给出相应的对策和建议。

第 6 章，针对不同的多视角学习问题，介绍了目前多源异构网络识别方面的一些经典理论和方法，以拓展多视角聚类方法的应用。

第 7 章，总结本书的主要研究内容和贡献，并对下一步研究工作进行展望。

本书的逻辑结构如图 1.1 所示。

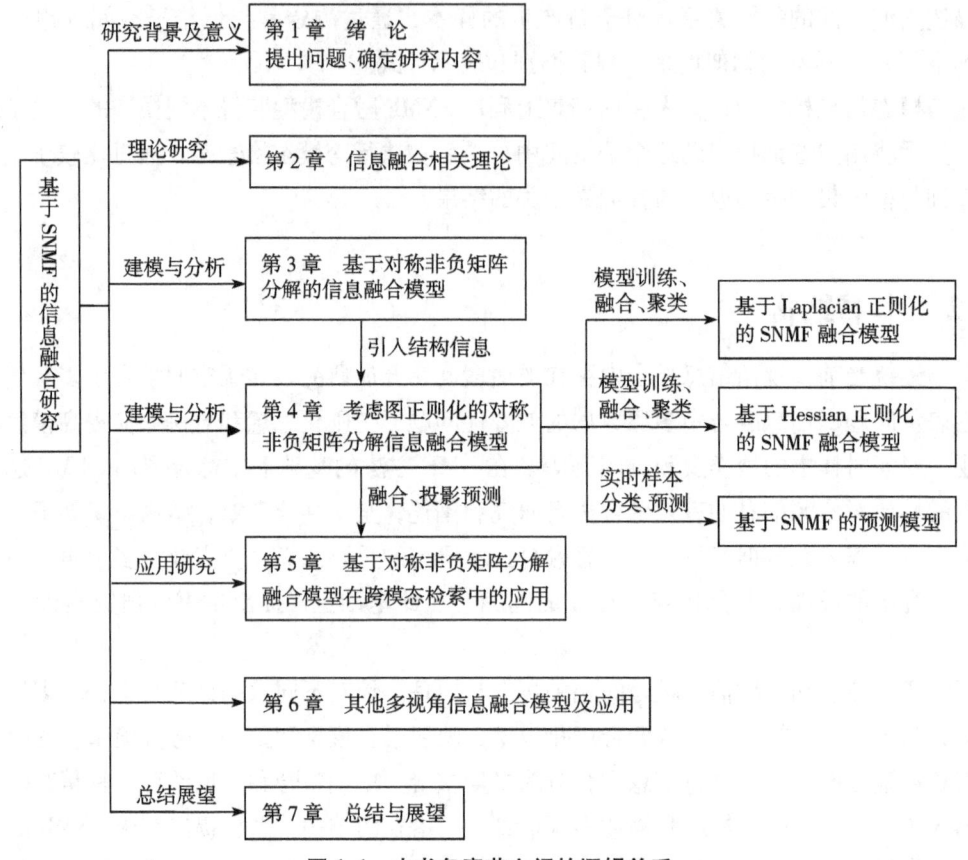

图 1.1 本书各章节之间的逻辑关系

1.4 本书主要贡献

为充分挖掘、利用多源异构数据中蕴含的价值,同时解决多源信息在融合过程中出现的问题,提高模型的聚类精度与泛化性能,本书针对多视角机器学习中的信息融合方法展开研究,提出了一系列准确度高、稳定性强的信息融合方法,可以解决不同视角间信息的合理利用与融合问题,主要创新点如下。

①建立了一种基于多视角对称非负矩阵分解(Multi-view SNMF)的信息融合模型并证实不同视角的数据间可能存在一个共享的"一致"聚类模式。现有文献中没有考虑将 SNMF 与该"一致性"假设结合起来进行建模的方法,本书通过对不同视角获得的聚类指示矩阵进行标准化,将其与"一致"聚类模式的距离作为约束项引入 SNMF 目标函数中并进行优化求解。通过在两个公开数据集上执行对比实验,结果显示:相比其他几种融合方法,所提出的 Multi-view SNMF 模型在精度和标准互信息两个指标上均获得了更好的性能,从而对提出的"一致"聚类模式假设提供了有力的论据支持。

②提出了一种基于图正则化的对称非负矩阵分解(LJ-SNMF)的信息融合模型。在 LJ-

SNMF 模型中，通过构建鲁棒的 Laplacian 图来保持流形一致性，并结合"不同视角的聚类结构都趋于一致的聚类结构"的思想，使最后获得的聚类一致性矩阵既保持了原始数据之间的潜在关系，又充分利用了各视角携带的互补和兼容性信息。实验结果显示：引入图正则化能显著提高 SNMF 融合模型的性能，也可在一定程度上解决各视角信息的不兼容问题。

③针对 Laplacian 正则化不能有效推理的问题，提出了一种基于 Hessian 正则化的对称非负矩阵分解（HJ-SNMF）的信息融合模型。这种方法利用原始数据的二阶信息来刻画样本之间的关系，允许测地函数对数据进行线性推理，避免了 Laplacian 在对未知数据预测时偏向常数的情形发生。实验结果显示：HJ-SNMF 在一些任务上具有良好的性能表现。

利用以上两种融合模型可做到对目标类型较为精准的判别，在信息推荐、用户管理等任务中将起到重要的支撑作用。

④为了应对海量实时样本的分类和表示问题，提出了一种基于"一致"聚类模式的实时样本的预测方法，其中，"一致"聚类模式可由训练数据获得。当给出样本在一个模态空间中的表示时，可由此预测模型判定该样本在另一个模态中的近似表示；也可借助此预测模型判断这个样本所属的类别。这一预测方法可以对实时样本进行增量识别，而不用重复利用历史数据进行建模，避免了烦琐的迭代计算过程，极大地提高了运算效率，在文本分类、信息推送等领域有很广阔的应用前景。

最后，将 SNMF 首次应用于跨模态信息检索领域，这种方法将多视角聚类和不同模态之间的关联结合起来，在一定程度上提高了跨模态检索系统的性能。通过在"以图搜文"与"以文搜图"两种任务上的大量实验和对比分析，进一步验证了所提出方法的有效性和实用价值。

2 信息融合相关理论

2.1 信息融合概念与原理

信息融合始于军事应用,是 20 世纪 90 年代由美国军方组织——实验室理事联合会(Joint Directors of Laboratories,JDL)首次提出的,经过不断扩展和演进,由原来的多传感器信息融合扩大到目前的多类信息源的数据融合,这里的信息源可能是数据库、知识库、非结构化和半结构化的网页文本、图像等,因此一般称为多源信息融合(multi-source information fusion,MSIF)。信息融合的对象是多信息源提供的目标信息,识别和优化是信息融合的核心[7]。

2.1.1 信息融合概念

JDL 给出的信息融合的定义为:信息融合是一种多层次、多方面的处理过程,包括对多源数据进行检测、相关、组合和估计,从而提高状态和身份估计的精度,以及完整的、及时的战场态势和威胁估计[6-7]。该定义强调信息融合是一个多层次的信息处理过程,其中包括数据层、特征层和决策层 3 级,每一层代表了对原始数据的抽象。

JDL 目前的定义:信息融合是一个整合过程,其目的是对实体状态的准确估计或预测。

Wald 认为信息融合更应该是一个通用框架,在这个架构里将来自不同源的数据用一系列方法和工具进行表示,其目的是获取更高质量的信息[103]。这个定义削弱了信息融合的技术性和方法性,倾向于将信息融合表示为一个概念框架。

Haghighat 等人给出的定义为:信息融合是整合多个数据源以产生比任何单个数据源更一致、精确、有用的信息的过程[104]。相较于 JDL 给出的阐释,此定义更加关注信息融合的结果,认为融合后的特征更能反映事物的属性和本质。

国内学者给出的定义如下。

郁文贤等人认为:信息融合是通过对多传感器观测信息的合理利用,对其依据某种准则进行组合,以获得被测对象的一致性解释或描述,从而使系统的整体功能优于其各组成部分之和[105]。该定义比较全面地阐释了信息融合的内涵,且带有较强的系统论思想。

赵杰等人认为:信息融合是对多源信息进行整合的处理过程,以期得到比单一来源信息更可靠、更精确的估计和推理决策[106]。该定义将多传感器信息融合扩展到多源信息融合,拓宽了信息融合的研究范围。

祝振媛等人从数据、信息、知识融合的整体视角对信息融合的方法、技术与应用领域进行了描述，提出了大数据环境下三者融合发展的论点[107]。

上述定义都反映了信息融合的实质，从不同侧面阐释了信息融合的功能和目的。信息融合发展至今，其处理对象不仅仅局限于传感器数据，来自不同源的信息都可视为其研究内容，包括空间上分布于不同地理位置的测量数据、对单个对象在不同时间点的观测数据等。信息融合的研究重点是通过一定的算法将多源信息进行互补集成，从而改善不确定环境下的决策过程，解决管理中出现的模糊和矛盾的问题。

2.1.2 信息融合原理

信息融合的目的主要是利用多源信息对目标进行检测、属性识别等任务，属性识别包括对目标属性、类型的判断，涉及聚类、分类等技术。本节主要从聚类融合的角度阐释信息融合的原理和方法。

杨露菁等人将属性融合算法分为物理模型、参数分类和基于知识的方法3种，其中，参数分类技术包括统计算法（如经典推理、贝叶斯推理与Dempster-Shafer方法等）与信息论技术（如聚类分析、神经网络、表决法、熵法等）[7]。聚类方法因人工智能、机器学习的繁荣受到研究人员日益广泛的关注，在多源信息融合过程中，利用可靠的多视角聚类技术可达到对目标对象类别的准确判断和识别，从而为管理人员制定决策提供强有力的支持，多视角聚类流程如图2.1所示。

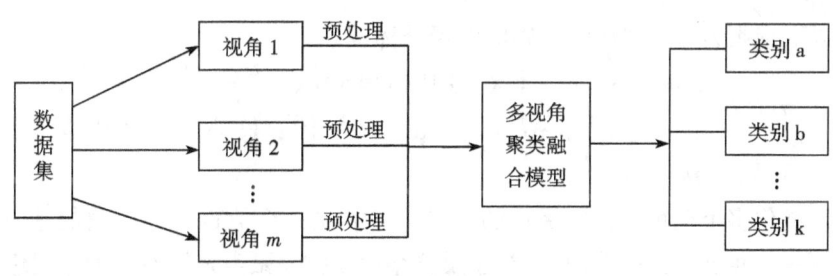

图 2.1 多视角聚类流程

在图2.1中，根据不同的测量手段和方式，同一数据集可有多种表示形式，将获得的多种表示经过处理后输入融合模型中，即可得到不同目标对象的聚类结构。

基于进入融合模型前的数据处理水平，可将多视角聚类方法分为以下3类。

（1）损失函数联合优化模型

该模型采用同一损失函数对所有视角的数据进行联合优化，最后得到每个视角的聚类结构，在最后决策的过程中，可选择一个目标函数最小的视角作为最优决策，也可以综合各个视角获得的聚类结构进行决策。这种联合优化的模型以协同聚类[72]、协同正则化的多视角聚类[108]和协同的期望最大化（EM）聚类，如多视角球K均值（multi-view spherical kmeans）[32]为代表。以多视角球K均值为例，其原理如下。

在该模型中，参数由k个质心$c_j^{(v)}$，$j=1,2,\cdots,k$；$v=1,2$表示，其中，k代表聚类

个数，v 代表视角个数。将每个质心向量标准化，使得 $\|c_j^{(v)}\| = 1$，在协同的 EM 聚类中，E 阶段是把每个实例分配到距离最近的质心，从而形成相应的分割 $\pi_j^{(v)}$：

$$\pi_j^{(v)} = \{x_i^{(v)} : \langle x_i^{(v)}, c_j^{(v)} \rangle > \langle x_i^{(v)}, c_l^{(v)} \rangle, l \neq j\}。 \quad (2.1)$$

其中，$\langle , \rangle$ 代表内积运算（标准化后的余弦相似性），M 阶段是重新计算并赋予新的质心向量：

$$c_j^{(v)} = \frac{\sum_{x^{(v)} \in \pi_j^{(v)}} x^{(v)}}{\left\| \sum_{x^{(v)} \in \pi_j^{(v)}} x^{(v)} \right\|}。 \quad (2.2)$$

其中，$\|\cdot\|$ 代表向量的 F 范式（2 范式）。利用一个视角在 M 阶段和 E 阶段获得的分割 $\pi_j^{(v)}$ 和质心 $c_j^{(v)}$，其信息在另一个视角进行传播和交换，每次迭代完成后计算其目标函数：

$$J = \sum_{j=1}^{k} \sum_{x^{(v)} \in \pi_j^{(v)}} \langle x^{(v)}, c_j^{(v)} \rangle。 \quad (2.3)$$

当满足停止条件时，终止优化过程，得到两个视角的分割 $\pi_j^{(1)}$ 和 $\pi_j^{(2)}$。为了获得一个组合的聚类结果，对每个视角的聚类质心定义一个一致的表示：

$$m_j^{(v)} = \frac{\sum_{x_i^{(1)} \in \pi_j^{(1)} \cap x_i^{(2)} \in \pi_j^{(2)}} x^{(v)}}{\left\| \sum_{x_i^{(1)} \in \pi_j^{(1)} \cap x_i^{(2)} \in \pi_j^{(2)}} x^{(v)} \right\|}, \quad (2.4)$$

然后，依据以下规则为每个实例赋予相应的聚类标签：

$$\pi_j = \begin{cases} x_i : \arccos(\langle m_j^{(1)}, x_i^{(1)} \rangle) + \arccos(\langle m_j^{(2)}, x_i^{(2)} \rangle) < \\ \arccos(\langle m_l^{(1)}, x_i^{(1)} \rangle) + \arccos(\langle m_l^{(2)}, x_i^{(2)} \rangle), l \neq j \end{cases}。 \quad (2.5)$$

其中，$\arccos(\cdot)$ 为反余弦函数。

这种同时优化多个视角的目标函数的模型，需满足一个假设，即视角的独立性（通过每个视角都可得出相近的聚类结构），当违反这个假设时，聚类效果不是十分理想。

（2）映射融合模型

该模型首先将多视角数据映射到一个共同的或相关的子空间中，然后对映射后的数据进行聚类，以 CCA[52,58,109]、FDA[55]、相关谱聚类[110] 等为代表。CCA 对两个视角的数据特征空间同时进行映射，使得映射后的数据之间的相关性最大[49]，其理论基础表述如下。

给定两个视角的数据矩阵 $X \in R^{f \times n}$ 和 $Y \in R^{p \times n}$，CCA 的目的在于同时找到两个映射向量 $\Phi_x \in R^f$，$\Phi_y \in R^p$，使 X 在 Φ_x 上的映射 $\Phi'_x X$ 与 Y 在 Φ_y 上的映射 $\Phi'_y Y$ 之间的相关系数最大，用公式表述如下：

$$\max_{\Phi_x, \Phi_y} \frac{E(\langle \Phi'_x X, Y' \Phi_y \rangle)}{\sqrt{E \|\Phi'_x X - \Phi'_x \mu_x\|_F^2} \sqrt{E \|\Phi'_y Y - \Phi'_y \mu_y\|_F^2}}。 \quad (2.6)$$

其中，$E[f(a, b)] = \frac{1}{n} \sum_{i=1}^{n} f(a_i, b_i)$ 代表经验期望[52]，μ_x 代表 X 的均值，用 C_{xy} 表示 X 和 Y

之间的协方差矩阵，C_{xx}、C_{yy} 表示 X、Y 的方差矩阵，C_{xx}^{-1} 代表 C_{xx} 的逆矩阵。典型相关变量 Φ_x 与 Φ_y 的值可通过特征分解求得：

$$C_{xx}^{-1}C_{xy}C_{yy}^{-1}C_{yx}\Phi_x = \lambda \Phi_x, \quad (2.7)$$

$$C_{yy}^{-1}C_{yx}C_{xx}^{-1}C_{xy}\Phi_y = \lambda \Phi_y \circ \quad (2.8)$$

以 CCA 为代表的映射融合模型将两个视角的数据投影到具有最大线性相关的坐标中，然后在这个坐标中可进行目标的聚类、预测分析。需要注意的是，当 Φ_x 与 Φ_y 具有强相关关系时，如相关系数为 1，原始数据将被映射到同一方向的典型变量上，且每次只能处理一对视角的数据；当两个变量集具有非线性关系时，可用核 CCA 模型来刻画。

（3）分布式融合模型

首先从每个视角获得一个聚类结构（或子决策），然后基于统一性或一致性原则对这些子决策进行融合，以得到最优决策。常见的做法是将从每个视角获得的聚类指示矩阵级联起来形成一个混合的矩阵，然后运用聚类算法对这个混合矩阵进行处理，类似于集成聚类（ensemble clustering）[111]；还有一种做法是假设各视角间存在着"一致"的聚类模式，并且各视角的聚类结构都和这个一致的模式近似。分布式融合模型以文献 [77，112-113] 为代表，以第一种情况为例，原理如下：

假定已求得所有 v 个视角的聚类模式，用 $C = \{C_1, C_2, \cdots, C_v\}$ 表示，其中，$C_h = \{C_h^{k_1}, C_h^{k_2}, \cdots, C_h^{k_h}\}$ 代表第 h 个视角的聚类模式，C_h^g 为第 h 个视角的第 g 个聚类，也称为局部聚类，k_h 为第 h 个视角的聚类数，$l = \sum_{i=1}^{v} k_i$ 是总的聚类数。每个聚类 C_h 可用一个非负的聚类指示矩阵 $M_h \in \mathbf{R}^{n \times k_h}$ 表示，$C \in \mathbf{R}^{n \times l}$ 可由 $M = \{M_1, M_2, \cdots, M_v\}$ 表示，M 的行代表数据对象或实例，其元素 m_{ij} 代表实例 i 在第 j 个局部聚类中是否出现，如出现则记为 1，否则为 0。将 M 中的元素转置，并按列叠放从而形成一个中间矩阵 $X \in \mathbf{R}^{l \times n}$，对 X 进行矩阵分解，即可得到最终的融合聚类：

$$\min \| X - PH \|_F^2 \quad \text{s.t.} \quad P \geq 0, \ H \geq 0, \quad (2.9)$$

$$P_{ic} \leftarrow P_{ic} \frac{(XH')_{ic}}{(PHH')_{ic}}, \quad (2.10)$$

$$H_{cj} \leftarrow H_{cj} \frac{(P'X)_{cj}}{(P'PH)_{cj}} \circ \quad (2.11)$$

该过程可避免各视角数据不一致的情况，即某些实例在一个视角属于这个聚类，但在另一个视角却属于其他聚类；也可处理缺失的情况，即不同的视角其局部聚类数可能不同[112]。因此，这种集成聚类的方法在一些场景中有较好的性能表现，如某个视角中出现一个局部聚类被错误地分割为两个或多个聚类的情况，集成聚类在分解 X 的过程中会将错误分割的多个局部聚类隐式地融合成一个聚类。

分布式融合模型的优势在于其决策效率高，一定程度上避免了数据不一致性带来的困扰。但从各个视角生成局部决策的过程中聚类算法的选择和随后采用的融合策略是影响其性能的主要因素。

2.2 信息融合策略

本书主要针对信息融合中的多视角聚类问题开展研究,通过对来自多个信息源的实例进行聚类,准确判别实例所属类别,从而为管理人员提供决策支持。信息融合策略按多视角信息被整合的先后次序可分为早期整合(early integration)、中期整合(intermediate integration)和后期整合(late integration)[108,114]。早期整合将来自多个视角的数据组合成统一的数据表示,然后输入到聚类算法进行学习,对应于数据层融合;中期整合对多个视角的数据进行特征提取或相似性计算后,将处理后的数据组合成一个联合的特征表示或相似矩阵,然后输入到学习模型中,对应于特征层融合;后期整合对每个视角进行聚类,然后基于这些聚类结果进行融合从而获得最优决策,对应于决策层融合或分布式融合模型。

2.2.1 早期融合

早期融合结构如图 2.2 所示。在早期融合策略中,直接融合来自多个视角的数据(将它们级联形成一个"新"的视角),然后使用相应的聚类算法进行聚类分析。

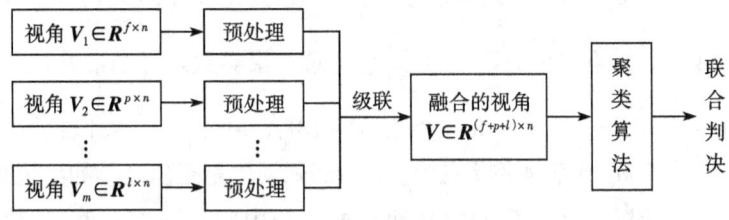

图 2.2 早期融合结构

在图 2.2 中,假定数据已经对齐。值得注意的是:原始数据在不同视角中的表示因度量方式的不同,其取值范围可能存在较大差异,因此,预处理阶段需要对其进行标准化。

2.2.2 中期融合

中期融合结构如图 2.3 所示。在中期融合策略中,可选择相应的核函数将每个视角的数据转化为相似矩阵,然后进行线性融合,最后对这个融合后的矩阵 V 进行聚类分析。

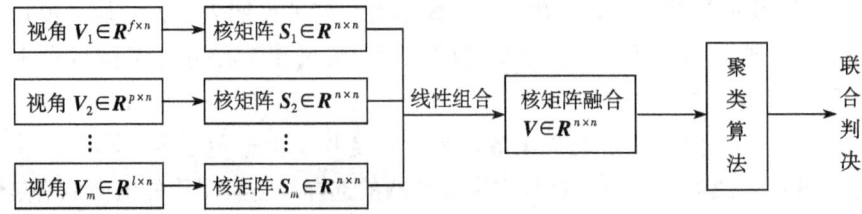

图 2.3 中期融合结构

2.2.3 后期融合

后期融合结构如图 2.4 所示。在后期融合策略中，从各个视角都可得到一个局部聚类模式，然后基于某种准则融合来自各个视角的局部聚类，形成最终的联合判决。图中 C_i 代表第 i 个视角的聚类模式。

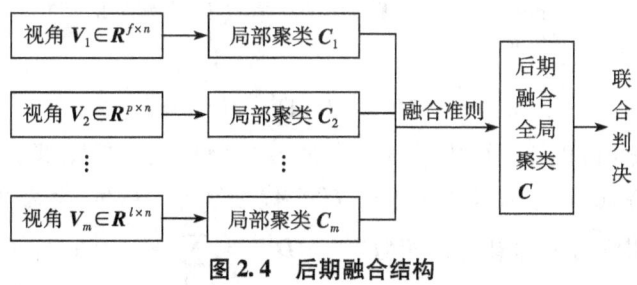

图 2.4 后期融合结构

3 种融合策略反映了数据融合前的处理水平，早期融合策略直接将各视角数据级联起来，最大程度上保持了数据的原始信息，但级联形成的"新视角"是否具有一定的统计属性与明确的解释意义尚不确定；中期融合策略将数据转换为核矩阵后，经过线性加权方式形成一个融合的核矩阵，封装了所有视角的相似性信息，其计算效率较早期融合策略要高，但核函数与加权系数的选择是一个需要研究的问题；后期融合策略将从各视角获得的局部决策综合起来，从而得到最优决策，一定程度上避免了噪声视角的影响，相较于前两种融合策略，其运算效率最高，但会损失一部分原始信息。

本书基于分布式融合模型和后期融合策略，从子空间学习的角度研究多视角聚类融合模型。子空间学习是将原始数据变换到低维子空间中，然后在这个子空间中进行分类、聚类等任务，下面对子空间学习理论做一简要阐述。

2.3 子空间学习理论

子空间学习是对原始数据进行降维和信息结构发现的一种机器学习方法，其主要目标是从高维数据中学习到一个潜在的低维子空间表示[115]。该子空间既在一定程度上保留了原始数据的结构信息，又去除了噪声和冗余，在训练的时候能降低过拟合的风险。因而，子空间学习受到日益广泛的关注，基于子空间学习的信息融合模型和算法也逐渐多了起来，代表性的有 CCA、FDA、JNMF、Multi-view NMF、SNF、SC 等。本书拟从聚类的角度阐释子空间学习中一些代表性的模型和方法。

2.3.1 多视角谱聚类

谱聚类是一种理论上比较成熟的聚类技术，在很多领域都有重要的应用。多视角谱聚类

(multiview spectral clustering，MSC）技术利用了谱方法的优良特性对多视角数据进行融合，可分为传统的 MSC 和基于统计的 MSC。前者将不同视角的特征级联起来形成一个"新"的视角，然后采用传统的聚类、分类等技术对这个"新"视角进行训练；而基于统计的 MSC 抽取每个视角的子空间，然后利用加权融合或其他方法将这些子空间融合起来以形成一个最优的子空间，相比前者，基于统计的 MSC 更具有解释意义。文献［59，71，116-118］分别从不同角度刻画了 MSC 模型，为不失一般性，将 MSC 目标函数定义为：

$$J = \max_{\substack{U^{(v)} \in R^{n \times k} \\ U^{(w)} \in R^{n \times k}}} tr(U^{(v)'}A^{(v)}U^{(v)}) + tr(U^{(w)'}A^{(w)}U^{(w)}) \tag{2.12}$$

$$\text{s.t. } U^{(v)'}U^{(v)} = I, \ U^{(w)'}U^{(w)} = I。$$

其中，$tr(\cdot)$ 代表矩阵的迹；$U^{(v)}$ 代表获得第 v 个视角的子空间，即该视角的前 k 个最大的特征值对应的特征向量构成的矩阵；$U^{(v)'}$ 代表其转置；I 代表单位矩阵；$A^{(v)} = D^{(v)-1/2}W^{(v)}D^{(v)-1/2}$ 指的是标准化后的相似矩阵；$D_{ii}^{(v)} = \sum_j W_{ij}^{(v)}$ 代表度矩阵。对子空间 $U^{(v)}$ 所在的行进行 K 均值聚类（第 i 行对应于原始数据的第 i 个样本），即可获得该视角的聚类结构。

为了更直观地阐释 MSC 模型的构建，式（2.12）给出的是两个视角的融合模型，对于多个视角的数据可以据此扩展。谱聚类的有效性主要依赖于图矩阵的构建和依此生成的代表数据聚类结构的特征向量[72]，因此，为了提升模型的性能，通常在目标函数的构建中添加一个正则项来保证各个视角的聚类结构趋于一致，常见的正则项约束主要分以下两种。

（1）成对的协同正则化思想

该正则项假设：每个视角潜在的子空间中的同一对样本，其在各子空间中的相似性应该互相接近，为了更明确地量化这种表述，将违反这种假设的不一致性用数学模型表示如下：

$$D(U^{(v)}, U^{(w)}) = \left\| \frac{W_{U^{(v)}}}{\|W_{U^{(v)}}\|_F^2} - \frac{W_{U^{(w)}}}{\|W_{U^{(w)}}\|_F^2} \right\|_F^2。\tag{2.13}$$

其中，$D(U^{(v)}, U^{(w)})$ 代表从第 v 个视角和第 w 个视角获得的子空间差异性的函数；$W_{U^{(v)}}$ 代表 $U^{(v)'}$ 的相似矩阵，相似性测量可用内积核、高斯核函数等；$\|\cdot\|_F$ 代表矩阵的 F 范式，通过将各相似矩阵标准化，使得它们的值在同一个范围内。需要注意的是：$\|W_{U^{(v)}}\|_F^2 = k$，k 为聚类数，忽略常数项，式（2.13）可约简为：

$$\begin{aligned} D(U^{(v)}, U^{(w)}) &= \left\| \frac{W_{U^{(v)}}}{\|W_{U^{(v)}}\|_F^2} - \frac{W_{U^{(w)}}}{\|W_{U^{(w)}}\|_F^2} \right\|_F^2 \\ &= tr((U^{(v)}U^{(v)'} - U^{(w)}U^{(w)'})(U^{(v)}U^{(v)'} - U^{(w)}U^{(w)'})) \\ &\propto - tr(U^{(v)}U^{(v)'}U^{(w)}U^{(w)'})。 \end{aligned} \tag{2.14}$$

结合以上分析，MSC 目标函数可重写为：

$$J = \max_{\substack{U^{(v)} \in R^{n \times k} \\ U^{(w)} \in R^{n \times k}}} tr(U^{(v)'}A^{(v)}U^{(v)}) + tr(U^{(w)'}A^{(w)}U^{(w)}) + \lambda tr(U^{(v)}U^{(v)'}U^{(w)}U^{(w)'}) \tag{2.15}$$

$$\text{s.t. } U^{(v)'}U^{(v)} = I, \ U^{(w)'}U^{(w)} = I。$$

参数 λ 用以平衡谱聚类目标函数和子空间表示的不一致性。在式（2.15）的联合优化过程中，可以采用固定一个变量、迭代更新另一个变量的做法，对于 $U^{(v)}$，其优化问题表述如下：

$$\max_{\substack{U^{(v)} \in R^{n \times k} \\ U^{(w)} \in R^{n \times k}}} tr(U^{(v)'}(A^{(v)} + \lambda U^{(w)} U^{(w)'}) U^{(v)}) \tag{2.16}$$

$$\text{s. t.} \quad U^{(v)'} U^{(v)} = I_\circ$$

其中，$(A^{(v)} + \lambda U^{(w)} U^{(w)'})$ 为组合的核矩阵，根据谱聚类算法和理论[119]，其前 k 个最大的特征值对应的特征向量组成的矩阵即为 $U^{(v)}$ 的局部最优解。对于给定的 λ 和 n，式（2.15）是收敛的。

（2）一致的正则化思想

该正则项假设存在一个一致的子空间 U^*，每个视角的子空间都和 U^* 接近。还以两个视角为例，目标函数可表示为：

$$J = \max_{\substack{U^{(v)} \in R^{n \times k} \\ U^* \in R^{n \times k}}} \sum_{v=1}^{m} tr(U^{(v)'} A^{(v)} U^{(v)}) + \sum_{v=1}^{m} \lambda_v tr(U^{(v)} U^{(v)'} U^* U^{*'}) \tag{2.17}$$

$$\text{s. t.} \quad \forall v \in [1, m], \quad U^{(v)'} U^{(v)} = I, \quad U^{*'} U^* = I_\circ$$

其中，m 为不同视角的个数，λ_v 为各视角所占权重。与式（2.15）的优化过程类似，保持其他变量固定，U^v 的更新问题如下：

$$\max_{\substack{U^{(v)} \in R^{n \times k} \\ U^* \in R^{n \times k}}} tr(U^{(v)'} A^{(v)} U^{(v)}) + \lambda_v tr(U^{(v)} U^{(v)'} U^* U^{*'}) \tag{2.18}$$

$$\text{s. t.} \quad U^{(v)'} U^{(v)} = I_\circ$$

同理，$(A^{(v)} + \lambda_v U^* U^{*'})$ 的前 k 个特征向量组成的矩阵即为 U^v 的解。

U^* 的优化问题为：

$$\max_{\substack{U^{(v)} \in R^{n \times k} \\ U^* \in R^{n \times k}}} \sum_{v=1}^{m} \lambda_v tr(U^{(v)} U^{(v)'} U^* U^{*'})$$

$$= \max_{\substack{U^{(v)} \in R^{n \times k} \\ U^* \in R^{n \times k}}} tr(U^{*'} \sum_{v=1}^{m} \lambda_v (U^{(v)} U^{(v)'}) U^*) \tag{2.19}$$

类似地，U^* 的解为 $(\sum_{v=1}^{m} \lambda_v (U^{(v)} U^{(v)'}))$ 的前 k 个特征向量构成的矩阵。

两种正则化思想的差异体现在以下几个方面：①协同正则化方法有 $\binom{2}{m}$ 个正则项，而一致的正则化方法有 m 个正则项，所以其复杂度小于前者；②采用协同正则化方法得到的各视角的子空间 U^v 需要级联起来以形成一个新的子空间，然后利用 K 均值算法对其聚类；而一致的正则化方法只需对 U^* 进行聚类。两种正则化思想不存在孰优孰劣的情形，在实际应用中，可根据不同的任务选择相应的正则化方法，也可依据领域知识做出不同的假设，然后根据假设构建相应的模型。

2.3.2 连接的多视角非负矩阵分解

谱聚类方法由于其成熟的理论推理，一直受到较大的关注，在许多领域也有成熟的应用，然而，如绪论中提及的：谱聚类生成的子空间由其特征向量构成，这些特征向量彼此正交，且具有序列属性。这些特性在客观实际中表现过于严格，对一个具体的实例而言，"非此即彼"的论断往往与现实不符，因此，非负矩阵分解（NMF）天然的"软"（模糊）聚类性质受到了研究人员更多的关注。

连接的多视角非负矩阵分解（joint nonnegative matrix factorization，JNMF）的一个潜在假设是来自不同视角的数据具有一个共同的低维子空间潜在表示[75,76,79,102,120,121]，其目标函数为：

$$J = \min_{W,V,H} \alpha \|X - WH\|_F^2 + (1-\alpha)\|Y - VH\|_F^2 \quad (2.20)$$
$$\text{s.t. } W, V, H \geq 0, 0 \leq \alpha \leq 1。$$

其中，$X \in R^{m_1 \times n}$，$Y \in R^{m_2 \times n}$ 为同一实体对象集的两个不同视角；k 为子空间的维度；$W \in R^{m_1 \times k}$，$V \in R^{m_2 \times k}$ 分别代表分解后的两个视角的基矩阵；$H \in R^{k \times n}$ 为共享的潜在子空间；$H_{\cdot j}$ 为 H 的第 j 列，代表原始数据中第 j 个实例在子空间 H 中的表示；α 为权重参数，用来衡量每个视角在目标函数中的权重。

通过两个约束的最小二乘问题的凸组合来近似求解子空间表示，目标函数的优化过程通过多乘更新算法实现，当求解一个变量时，固定其他变量，这样可获得相应变量的更新规则：

$$W_{ij} \leftarrow W_{ij} \frac{(XH')_{ij}}{(WHH')_{ij}}, \quad (2.21)$$

$$V_{ij} \leftarrow V_{ij} \frac{(YH')_{ij}}{(VHH')_{ij}}, \quad (2.22)$$

$$H_{ij} \leftarrow H_{ij} \frac{[\alpha W'X + (1-\alpha)V'Y]_{ij}}{[\alpha W'WH + (1-\alpha)V'VH]_{ij}}。 \quad (2.23)$$

根据得到的子空间 H，可以对数据进行聚类、预测等任务。在聚类过程中有两种方法可以判别原始数据的类型：一是根据 $H_{\cdot j}$ 中最大元素的索引，二是对 H 执行简单的 K 均值聚类。对于预测任务而言，连接的多视角非负矩阵分解模型可用于对不完整实例进行推理，如实时样本 i 的第一个视角 X_i 已知，预测该样本在另一个视角 Y 中的表示 Y_i，具体过程可表述为：首先根据基矩阵 W 求得 X_i 在子空间 H 的表示：

$$H_i = \underset{h}{\mathrm{argmin}} \|X_i - Wh\|_F^2 \quad (2.24)$$
$$\text{s.t. } h \geq 0。$$

然后将 H_i 带入公式：

$$Y_i = VH_i \quad (2.25)$$

即可求得新样本 i 在另一个视角中的表示。如应用到跨模态检索任务中，当输入查询向量 X_i

时，通过以上两个公式可获得 Y_i，然后求解下式：
$$\min \| y - Y_i \|_F^2 。 \tag{2.26}$$
其中，y 代表 Y 中的训练样本，通过式（2.26）可得到与查询向量最接近（相似）的检索结果。

JNMF 模型在许多领域和任务中取得了成功应用，如文本检索、图像注释、缺失值处理等，然而其假设过于强烈，当两个视角存在不兼容或具有噪声情况时，性能往往不是很理想。

2.3.3　一致的多视角非负矩阵分解

为了解决 JNMF 模型假设过于严格的情况，很多改进的方法被提了出来，以一致的多视角非负矩阵分解模型[77,122-123]为代表，该模型假设多个视角的数据间蕴含一个一致的结构模式，每个视角潜在的聚类模式都近似这个一致的模式。一致的多视角非负矩阵分解模型（multi-view nonnegative matrix factorization，Multi-view NMF）目标函数可表述为：

$$J = \min_{U^{(v)}, V^{(v)}} \sum_{v=1}^{n_v} \| X^{(v)} - U^{(v)} V^{(v)} \|_F^2 + \sum_{v=1}^{n_v} \lambda_v \| V^{(v)} Q^{(v)} - V^* \|_F^2 \tag{2.27}$$

$$\text{s.t.} \quad \forall 1 \leqslant v \leqslant n_v, \ U^{(v)} \geqslant 0, \ V^{(v)} \geqslant 0, \ V^* \geqslant 0 。$$

其中，n_v 代表视角的个数；$X^{(v)}$、$U^{(v)}$、$V^{(v)}$ 分别代表第 v 个视角的数据、基矩阵和系数矩阵；V^* 为不同视角的一致子空间表示；λ_v 为各视角所占的权重，同时也调节目标函数中重构误差与正则项之间的平衡；$Q^{(v)}$ 为辅助矩阵，其作用是对系数矩阵 $V^{(v)}$ 进行归一化，使得从不同视角获得的 $V^{(v)}$ 的值可比，$Q^{(v)}$ 公式定义为：

$$Q^{(v)} = Diag\left(\sum_{i=1}^{m} U_{i,1}^{(v)}, \sum_{i=1}^{m} U_{i,2}^{(v)}, \cdots, \sum_{i=1}^{m} U_{i,k}^{(v)} \right) 。 \tag{2.28}$$

其中，$\sum_{i=1}^{m} U_{i,k}^{(v)}$ 指的是第 i 个视角获得的基矩阵在第 k 列上的和，$Diag$（·）代表以括号中的元素构成的对角矩阵。

在 Multi-view NMF 模型构建过程中，利用了 NMF 与概率隐语义分析（probabilistic latent semantic analysis，PLSA）[124]的关系，而且这种关系有助于聚类结果的解释。PLSA 是文本分析中的一种经典主题模型，基于最大似然法则并定义了一个合适的数据生成模型，并且具有严谨的数理统计理论做支撑。以文档—词矩阵为例，对 PLSA 概率模型做一简单陈述。

①以概率 $p(d)$ 从文档集中选择一个文档 d；
②以概率 $p(z|d)$ 从主题集合中选取主题（隐变量）z；
③以概率 $p(w|z)$ 生成一个单词 w。

通过以上步骤，可以生成一个观测对 $p(d, w)$，具体指的是词 w 和文档 d 共现的概率，把以上过程转化为联合概率模型，可以表述为：

$$p(d, w) = p(d) p(w|d), \tag{2.29}$$

$$p(w|d) = \sum_{z \in Z} p(w|z)p(z|d) \text{。} \tag{2.30}$$

合并以上两个等式，可得出：

$$p(d, w) = \sum_{z \in Z} p(w|z)p(z, d) \text{。} \tag{2.31}$$

在 *Multi-view NMF* 模型中，通过对原始数据矩阵 X 进行归一化使得 $\|X\|_1 = 1$，对 U 矩阵进行列归一化，使得 $U \leftarrow UQ^{-1}$，$V \leftarrow QV$，则有下式成立：

$$\|X\|_1 = \left\|\sum_j X_j\right\|_1 \approx \sum_{k=1}^{K} \left\|U_{\cdot,k} \sum_j V_{k,j}\right\|_1 = \sum_{k=1}^{K} \left\|\sum_j V_{k,j}\right\|_1 = \|V\|_1 \text{。} \tag{2.32}$$

其中，$\|\cdot\|_1$ 代表矩阵或向量的 $F1$ 范式。文献［125-126］揭示了 UQ^{-1} 和 QV 与条件概率矩阵 $[p(w|z)] \in R_+^{M \times K}$ 和 $[p(z, d)] \in R_+^{K \times N}$ 有相似的特性，这为 NMF 在聚类上的应用提供了理论基础[77]。需要指出的是，在 NMF 形成的子空间 V 中，每一列 V_j 中的元素代表该样本在多大程度上隶属于这个聚类。值得注意的是，因为在 PLSA 中 $\sum p(z, d) = 1$，NMF 分解后的子空间 V 的 $F1$ 范式也近似为 1，这在式（2.32）中也得到了证明。子空间 V 标准化后的 QV 同样可作为一个聚类指示矩阵，描述了文档 d 和主题 z 的联合分布概率。

因为 *Multi-view NMF* 的目标函数为非凸的，采用文献［74, 127］的做法。当固定一个变量时，目标函数关于另一个变量是凸的，反之亦然，最后使用多乘更新算法可得到 $U^{(v)}$、$V^{(v)}$ 和 V^* 的更新规则：

$$U_{ik} \leftarrow U_{ik} \frac{(XV')_{ik} + \lambda_v \sum_{j=1}^{N} V_{kj} V_{kj}^*}{(UVV')_{ik} + \lambda_v \sum_{l=1}^{M} U_{lk} \sum_{j=1}^{N} V_{kj}^2}, \tag{2.33}$$

$$V_{jk} \leftarrow V_{jk} \frac{(X'U)_{ik} + \lambda_v V_{jk}^*}{(V'U'U)_{ik} + \lambda_v V_{jk}}, \tag{2.34}$$

$$V^* = \frac{\sum_{v=1}^{n_v} \lambda_v Q^{(v)} V^{(v)}}{\sum_{v=1}^{n_v} \lambda_v} \text{。} \tag{2.35}$$

其中，V^* 代表了原始数据一致的子空间表示，在该子空间内可进行聚类、预测等任务。

Multi-view NMF 模型放松了 JNMF 模型中假设的限制，由多个视角拥有共同的子空间表示到多个视角各自的子空间趋向于一个一致的子空间表示，该假设更符合客观情况，对多源数据的兼容性要强于 JNMF 模型。但 *Multi-view NMF* 模型对数据的刻画依然属于线性的，当用于刻画非线性的数据关系时，聚类性能可能会衰减。

2.3.4 基于多图的信息融合

针对 NMF 模型"部分构成整体"的线性表示思想在处理非线性关系问题上的不足，一种基于多图的信息融合模型被提了出来。在图模型中，实体和实体间的关系通常用图 $G(V, E)$ 表示，其中，V 代表实体集，E 代表连接两个实体的边所构成的集合。通过为每个视角的数据构建连接图或相似矩阵，在此基础上实现实体关系的融合，最后可获得一致的聚类结构。在基于图的信息融合模型中，传统的做法是级联各个视角的数据形成一个"新"的视角，然后基于这个视角构建图，再对该图进行谱聚类。这种做法忽略了各个视角之间的依存关系，且没有足够的理论意义，因而效果往往不是十分理想。最近，关于多图融合的研究涌现出一些代表性成果，文献 [128-130] 分别从矩阵分解、k 近邻、加权的图近似 3 个角度阐释了基于多图的信息融合过程。这些方法都假设依据每个视角的数据源而构建的图中，存在着相同的结构模式，可用如下模型进行表示：

$$J = \sum_{i=1}^{m} \left\| A^{(i)} - SD^{(i)}S' \right\|_F^2 + \lambda R(S, D^{(i)}) \text{。} \quad (2.36)$$

其中，$A^{(i)}$ 代表由第 i 个视角的数据构成的相似矩阵；S 代表实体潜在的子空间结构；$D^{(i)}$ 代表相应于第 i 个视角的对称矩阵，反映了不同视角间的差异性；$R(S, D^{(i)})$ 是一个正则项，以避免出现过拟合的情况。

为简明起见，将这种基于多图的信息融合模型用符号 multi-graph model 表示。multi-graph model 用图来封装实体间的关系，进而对图进行聚类，有完善的理论做支撑[131]，因而和谱聚类一样受到了研究人员的普遍关注。然而在 multi-graph model 中，相似矩阵 $A^{(i)}$ 构建方法的不同和正则项参数 λ 的取值直接影响到模型最后的性能。式（2.36）的优化过程与 JNMF、Multi-view NMF 相似，这里不再赘述。

multi-graph model 也可用于多重关系挖掘、知识发现等任务[132]。在关系挖掘中，每一种关系用图 $G^i(V, E^{(i)})$，$i=1, 2, \cdots, n$ 表示，相应的矩阵用 $M^{(i)}$ 表示，其中，n 代表关系的种数。关系挖掘目的在于寻找一个能最优表示实体间潜在关系的 $\hat{G}$ 或 $\hat{M}$，这种最优表示可以采用 G^i 的线性加权形式，也可以是各种关系图的一致表示形式，抑或各种关系图潜在的相同表示。

multi-graph model 在构建样本间的相似矩阵时，可采用多种测量方法，线性的或非线性的、基于共同邻居的或 k 近邻的、直接的或间接的等，都能作为描述实例间复杂关系的手段。鉴于 multi-graph model 的灵活性和易用性，其在网络关系预测、朋友推荐、目标营销等领域都有广泛应用，本书拟从矩阵分解和图聚类的角度阐释信息融合模型及其应用。

2.4 本章小结

信息融合模型是决定系统性能的关键因素，本章从多视角聚类的角度，将当前的信息融合模型分为损失函数联合优化模型、映射融合模型和分布式融合模型 3 类。损失函数联合优化模型同时优化多个视角的目标函数，各视角携带的信息在优化过程中相互传递和共享，该方法体现了"互补、兼容"的融合思想，直观且易于解释；映射融合模型将高维空间中的数据映射到低维子空间，不仅避免了过拟合的风险，还能保持原始数据的结构，是一种较常用的聚类融合模型；分布式融合模型代表了另一种融合思想，先获得不同视角聚类结构，然后将其综合起来进行分析，这种方法体现了"分而治之"的思想，最终决策由各数据源提供的局部决策给出，保证了所得的融合结构的最优性。

多视角数据在不同阶段进行融合，其效果也不尽相同。本章综述了3种融合策略：早期融合、中期融合与后期融合。早期融合策略直接将原始数据进行级联而形成"新"视角，这种方法最大程度上保存了原始数据的信息，但缺乏统计意义和解释意义；中期融合策略对各视角数据进行转化后，用线性加权的方式形成一个统一的表示，该方法用相似矩阵来封装实例之间的关系，直观性强，但核函数和权重的选取是需要考虑的关键问题；后期融合对各视角的数据进行初步聚类后，再基于某一准则进行融合，计算效率较前两种高，是一种常用的融合策略。

上述3种信息融合模型与3种融合策略，都有各自的特点和使用范围，为了得到更加客观、科学的融合结果，需考虑现实世界中可能存在的复杂情况，如维数灾难、噪声、非线性关系等。针对这些问题，我们进一步阐释了多视角学习中富有理论支撑和现实意义的一个研究领域——子空间学习，以引出本书的研究主题：基于多视角对称非负矩阵分解的聚类融合模型。

3　基于对称非负矩阵分解的信息融合模型

对称非负矩阵分解（symmetric nonnegative matrix factorization，SNMF）是一种图聚类技术，通过构建相似矩阵将原始数据转化为网络（图），进而分解这个网络。利用 SNMF 进行信息融合遵从一个潜在的假设：各视角构建的网络之间存在着一个一致的或近似的结构，这个结构代表数据的真实聚类。本章基于这个假设进行研究。

本章组织结构如下：在 3.1 节中引入 SNMF 模型，并给出了其目标函数和优化算法；在 3.2 节中给出了 SNMF 用于聚类的理论证明；在 3.3 节中提出了一种基于 SNMF 的信息融合模型，该研究成果可参考已发表的论文［133-134］；在 3.4 节中执行了实验，并对结果进行了分析；在 3.5 节中对本章的内容进行了总结。

3.1　对称非负矩阵分解

非负矩阵分解（NMF）是一种基于部分构成整体的线性组合思想，当数据具有线性结构的时候，NMF 往往能取得令人满意的效果（很多情况下，数据嵌入在一个非线性的流形上）。但客观世界中不同类别的对象间或同一类别的不同对象间经常呈现出复杂而微妙的联系，如股票价格曲线、无标度网络中的幂律分布、微生物—微生物之间的关系等，用线性关系去刻画这种情形并不总是合适的。因此，作为 NMF 的一种变体，SNMF 被提了出来。

3.1.1　相似性度量

SNMF 将任意的非负相似矩阵作为输入，通过分解输出一个低秩的矩阵。在分解之前，首先应基于原始数据构建一个合适的相似矩阵。对于给定的数据集 $X \in \{X_1, X_2, \cdots, X_n\}$，$X_i$ 代表 X 中的第 i 个实例，用图 $G(V, E)$ 表示实例及实例之间的关系，其中，V 代表实例的集合（顶点集），E 代表连接两个实例的边集，图 G 的相似矩阵用 A 表示，元素 A_{ij} 表示第 i 个实例和第 j 个实例之间的相似性。常见相似性度量方法如下。

①余弦相似性。经常用于度量文本之间的关系[135]。对于词—文档矩阵 $X \in R^{m \times n}$，首先对文档向量 X_i 进行标准化使得 $\|X_i\| = 1$，连接两个文档 X_i 与 X_j 之间的边权重则定义为这两个向量之间的余弦：

$$E_{ij} = X_i' X_j 。 \tag{3.1}$$

通过式（3.1）得到的相似矩阵 E 可直接用作 SNMF 的输入。

②自适应方法（self-tuning method）。对于其他类型的数据，如图像、生物信息数据等，

采用高斯核函数来刻画实例之间的关系：

$$E_{ij} = \exp\left(\frac{\|X_i - X_j\|_2^2}{\sigma_i \sigma_j}\right), \quad i \neq j。 \tag{3.2}$$

其中，σ_i 被设置为第 i 个实例和其第 p 个邻居之间的欧式距离，文献［136］将 p 约定为 7。需要说明的是，两种相似性度量方法均不考虑实例之间的自相似性[119]，即 $E_{ii} = 0$，$1 \leq i \leq n$。

以上两种相似性度量方法构建了实例的全连通图（fully-connected graph），当数据量小的时候采用这些方法并不会带来计算成本的显著提高，如遇到数据量较大的时候，则需考虑另一种图构建方式：稀疏图（sparse graph）。可采用以下方式将全连通图转化为稀疏图。

①只保留那些与实例（节点）X_i 相连的 q 个最近邻的边，即：

$$N(i) = \{j: X_j 是 X_i 的 q 近邻, j \neq i\}。 \tag{3.3}$$

在稀疏图中，边权重被定义为：

$$\hat{E}_{ij} = \begin{cases} E_{ij}, & i \in N(j) \text{ 或 } j \in N(i), \\ 0, & \text{否则}。 \end{cases} \tag{3.4}$$

这里，q 的选择可以经验设置。本章的实验部分采用了文献［137］的做法：令 $q = \lfloor \log_2 n \rfloor + 1$，$\lfloor \cdot \rfloor$ 为下取整运算。

②将 $\hat{E}_{ij}$ 转化为标准形式[119]，从而得到所有实例的相似矩阵 A，并用于 SNMF 的输入：

$$A_{ij} = \hat{E}_{ij} d_i^{-1/2} d_j^{-1/2}。 \tag{3.5}$$

其中，$d_i = \sum_{l=1}^{n} \hat{E}_{il}$，$1 \leq i \leq n$ 代表各个节点的度。

通过上述步骤将一个全连通图转化成稀疏图。在本章的实验中，因文本数据集规模较小，我们构建了全连通图，而对于微生物数据则构建了稀疏图。

3.1.2 目标函数与优化

SNMF 以对称、非负的相似矩阵 $A \in R_+^{n \times n}$ 作为输入，通过以下目标函数[135,138-139]对其进行分解：

$$\min_{H \geq 0} f(H) = \|A - HH'\|_F^2。 \tag{3.6}$$

这里，$H \in R_+^{n \times k}$ 为聚类指示矩阵，H 中元素的非负性保证了 SNMF 具有聚类意义：H 中 k 个基向量代表 k 个聚类，H 中每一行元素的最大值代表该实例所属的聚类。

与 NMF 相比，SNMF 在选择实例间的相似性度量时更加灵活，任何能够准确描述数据集内在聚类结构的相似性函数都可以选择使用[139]。事实上，如令 $A = XX'$，则 NMF 的目标函数隐式地采用内积形式作为相似性度量，而在许多情况下，内积并不适合刻画数据之间的聚类关系。

在对式（3.6）进行优化的时候，采用多乘更新算法（multiplicative update algorithms）[127,140-142]，利用矩阵迹的性质 $tr(AB) = tr(BA)$，$tr(A) = tr(A')$，SNMF 目标函数可重写为：

$$f(H) = \|A - HH'\|_F^2$$
$$= tr[(A - HH')'(A - HH')] \quad (3.7)$$
$$= tr(A'A) - 2tr(A'HH') + tr(HH'HH'),$$

引入拉格朗日乘子 Φ，构建拉格朗日函数：
$$L = f(H) + tr(\Phi H'), \quad (3.8)$$

求上式关于 H 的导数，并令其为 0：
$$\frac{\partial L}{\partial H} = -4(AH) + 4(HH'H) + \Phi = 0, \quad (3.9)$$

利用 KKT 条件 $\Phi_{ij}H_{ij} = 0$，可获得 H 的更新规则：
$$H_{ij} \leftarrow H_{ij} \frac{(AH)_{ij}}{(HH'H)_{ij}}。 \quad (3.10)$$

3.2 SNMF 与核 K 均值聚类、谱聚类的等效性

SNMF 用于聚类分析，其目标函数和 K 均值聚类、谱聚类有着相同的形式[135,138-139,143]，不同的只是约束条件的差异。SNMF 在分解的过程中须保证分解因子的非负性；谱聚类的约束条件为特征向量的正交性；而核 K 均值聚类获得的低维表示需满足"排他性"的"硬聚类"要求，即每个实例只能属于一个聚类。SNMF 与核 K 均值聚类、谱聚类的等效性为 SNMF 用于聚类分析提供了理论基础。

3.2.1 核 K 均值聚类

K 均值是一种广泛使用的聚类方法，其目标是最小化实例与聚类质心之间的平方和损失函数。给定数据集 $X = \{X_1, X_2, \cdots, X_n\}$ 和聚类数 k，其质心用 $m_l = \sum_{i \in C_l} X_i / n_l$ 表示，其中，C_l 表示第 l 个聚类，$n_l = |C_l|$ 代表 C_l 中实例的个数，采用谱放松形式（spectral relaxation）[144]，K 均值目标函数可表示为：

$$J = \sum_{l=1}^{k} \sum_{i \in C_l} \|X_i - m_l\|_2^2$$
$$= \sum_{i=1}^{n} \|X_i\|_2^2 - \sum_{l=1}^{k} \frac{1}{n_l} \sum_{i,j \in C_l} X_i'X_j。 \quad (3.11)$$

式（3.11）的聚类解可用 k 个非负的指示向量表示，即 $H = [H_1, H_2, \cdots, H_k]$，第 l 个聚类 C_l 的指示向量 H_l 为：

$$H_l' = (0, \cdots, \overbrace{1, \cdots 1}^{n_l}, 0, \cdots, 0) / n_l^{1/2}。 \quad (3.12)$$

根据式（3.12），$H'H = I$，I 为单位矩阵。由式（3.12），可将目标函数式（3.11）改写为 $J =$

$tr(X'X) - tr(H'X'XH)$，第一项为常数项。令 $W = X'X$，则最小化目标函数 J 等价于最大化：

$$\max_{H'H=I,\ H\geqslant 0} J(H) = tr(H'WH) 。 \tag{3.13}$$

式（3.13）中将内积线性核视为相似矩阵，当采用内积作为其核函数时，核 K 均值聚类等同于标准的 K 均值聚类；也可以通过非线性函数 φ，$X_i \to \varphi(X_i)$，将原始数据映射到高维空间，再令 $W_{ij} = \varphi(X_i)'\varphi(X_j)$，从而将相似矩阵扩展到任意形式的核。

通过上述分析，将核 K 均值目标函数最小化问题转变成了矩阵的迹最大化问题，值得注意的是：核 K 均值的约束条件有两个，正交性和非负性。放松非负性约束，正交条件可以通过求 W 矩阵的前 k 个最大的特征值对应的特征向量来满足；如忽略正交性，非负约束可通过 SNMF 满足。

为证明核 K 均值聚类和 SNMF 目标函数的一致性，我们在式（3.13）中添加两个常数项 $\|W\|_F^2$ 和 $\|H'H\|_F^2 = k$，式（3.13）可重写为：

$$\begin{aligned} H &= \underset{H'H=I,\ H\geqslant 0}{\operatorname{argmin}} - 2tr(H'WH) \\ &= \underset{H'H=I,\ H\geqslant 0}{\operatorname{argmin}} \|W\|_2^2 - 2tr(H'WH) + \|H'H\|_2^2 \\ &= \underset{H'H=I,\ H\geqslant 0}{\operatorname{argmin}} \|W - H'H\|_2^2 \end{aligned} \tag{3.14}$$

上述分析过程阐释了核 K 均值聚类和 SNMF 在目标优化问题上具有一致性，不同之处只是体现在约束条件的差异。

3.2.2 谱聚类

谱聚类是图聚类技术的典型代表，通过特征向量计算寻找数据的子空间表示[119,145-146]。谱聚类目标函数有 3 种：比率割图（ratio cut, RC）[147]、标准割图（normalized cut, NC）[145] 和最小最大割图（min-max cut, MMC）[148]。本章对 NC 目标函数和 SNMF 的等效性进行研究，证明过程以 NC 的多路聚类目标函数为例[149]，其目标函数如下：

$$J = \sum_{l=1}^{k} \frac{S(C_l, \overline{C_l})}{\rho(C_l)} 。 \tag{3.15}$$

其中，$\overline{C_l}$ 代表图中第 l 个聚类的补集，$S(A, B) = \sum_{i \in A} \sum_{j \in B} W_{ij}$ 代表两个聚类 A、B 之间连边的权重和，$\rho(C_k) = \sum_{i \in C_k} \sum_{j} W_{ij}$ 指第 k 个聚类所包含的节点的度数之和。

沿用式（3.12）的做法，第 l 个聚类 C_l 的指示向量用 H_l 表示，容易得出：

$$S(C_l, \overline{C_l}) = \sum_{i \in C_l} \sum_{j \in \overline{C_l}} W_{ij} = H_l'(D - W)H_l, \tag{3.16}$$

$$\rho(C_l) = \sum_{i \in C_l} d_i = H_l'DH_l 。 \tag{3.17}$$

保持聚类指示向量的正交性，缩放 H_l 使得 $Z_l = D^{1/2}H_l / \|D^{1/2}H_l\|$，仍然满足 $Z'Z = I$，$Z = $

$[Z_1, Z_2, \cdots, Z_k]$，将 Z 代入目标函数式（3.15）中，得到：

$$J = \sum_{l=1}^{k} \frac{H_l'(D-W)H_l}{H_l'DH_l} = \sum_{l=1}^{k} Z_l'(I-\hat{W})Z_l。 \quad (3.18)$$

这里，$\hat{W} = D^{-1/2}WD^{-1/2}$。从式（3.18）中可以明显看到公式右边第一项为常数项，这样最小化目标函数 J 转变成了迹最大化问题：

$$\max_{Z'Z=I, Z \geqslant 0} tr(Z'\hat{W}Z)。 \quad (3.19)$$

可以看出：谱聚类目标函数式（3.19）与核 K 均值目标函数式（3.13）在形式上是一致的，都可以通过引入常数项的方法将其转化为与 SNMF 目标函数等效的形式。放松正交性、保持非负性，可以通过 SNMF 来获得数据的聚类结构；保持正交性、忽略非负性可以通过谱聚类方法获得原始数据的聚类表示。

上述证明和分析过程为 SNMF 用于聚类分析提供了良好的数学基础和理论支撑，下面我们将通过在 3 个文本数据集上的实例分析来阐释 SNMF 用于聚类分析的优越性，从而为基于 SNMF 的信息融合模型做好铺垫和准备工作。

3.2.3 实例

本节通过在 3 个公开数据集上执行对比实验，来验证 SNMF、核 K 均值聚类、谱聚类等算法在用于聚类文本数据时的性能表现，进一步阐释 SNMF 的优势。

（1）数据集描述

实验所用数据来自 BBC、Reuters 和 Guardian 3 个在线新闻网站，采集时间为 2009 年 2—4 月，共包含 169 个新闻故事。这些新闻故事均出现在 3 个数据集中，通过手工标注将其分为 6 个主题类型：商业、娱乐、健康、政治、体育和技术[112]，其分布如表 3.1 所示。

表 3.1 新闻故事数据集统计

类型	样本数/个
商业	56
娱乐	21
健康	11
政治	18
体育	51
技术	12

（2）数据预处理和标准化

由于以上 3 个数据集均从公开渠道获取，停用词和词频数小于 3 的词已经滤除，因此，只需进行标准化处理，实验中采用词频—逆文档频率（term frequency-inverse document frequency,TF-IDF)技术[150]进行标准化工作。

给定词—文档矩阵 $X \in R^{m \times n}$,其中,m 为出现在文档中的单词数目,n 为文档数目。首先对于文档 d_j 中的词 t_i 来说,TF 定义为:

$$tf_{ij} = \frac{n_{ij}}{\sum_k n_{kj}}。 \qquad (3.20)$$

其中,n_{ij} 为词 t_i 在文档 d_j 中出现的频数,TF 是对文档中的词进行归一化的操作,这样做的好处是防止偏向长文件,因为同一个词在长文档中出现的频数比在短文档中更高。

尽管 TF 对词频进行了归一化处理,但忽略了词 t_i 普遍重要性的度量,因此,引入逆文档频率 IDF 的概念,定义为:

$$idf_i = \log \frac{n}{|\{j: t_i \in d_j\}|}。 \qquad (3.21)$$

其中,$|\{j: t_i \in d_j\}|$ 为包含词 t_i 的文档数。最后,词—文档矩阵中的元素通过:

$$tf - idf_{ij} = tf_{ij} \times idf_i, \qquad (3.22)$$

进行标准化(加权)。

可以看出:TF-IDF 会倾向于对重要的词赋予更高的权限,如某一特定文件里出现的高频率词汇在其他文档中很少出现,则其相应的 TF-IDF 权值会更高。

(3)评价指标

在聚类分析中,广泛使用的两个指标是精度(accuracy)和标准互信息(normalized mutual information,NMI)。通过比较每个样本的聚类标签与数据集提供的真实标签(ground-truth)来评估聚类结果,精度和互信息越高,则模型的聚类性能越好。精度定义为:

$$AC = \frac{\sum_{i=1}^{n} \delta(\alpha_i, map(l_i))}{n}。 \qquad (3.23)$$

其中,n 为文档数;$\delta(a, b)$ 为 δ 函数,如果 $a = b$,则函数值为 1,否则为 0;$map(x)$ 为映射函数,将从算法中获得的聚类标签映射到文档集中相应的标签,最优映射可通过 Kuhn-Munkres 算法实现[151]。

互信息用于衡量两个聚类集合的相关性和一致性,给定两个聚类模式 C 和 C',互信息定义为:

$$MI(C, C') = \sum_{c_i \in C, c'_j \in C'} p(c_i, c'_j) \log_2 \frac{p(c_i, c'_j)}{p(c_i)p(c'_j)}。 \qquad (3.24)$$

其中,$p(c_i)$ 和 $p(c'_j)$ 代表从文档集中任意选择的一个文档分别属于局部聚类 c_i 和 c'_j 的概率,$p(c_i, c'_j)$ 代表这个文档同时属于 c_i 和 c'_j 的联合概率。互信息 MI 的取值范围为 $MI \in [0, \max(H(C), H(C'))]$,$H(C)$ 为 C 的熵,对 MI 进行归一化,将其值缩放到 0 和 1 之间,从而得到标准互信息,定义如下:

$$NMI(C, C') = \frac{MI(C, C')}{\sqrt{H(C) \times H(C')}}。 \qquad (3.25)$$

更多有关文档聚类和这两个指标的内容可参考文献[152]。

(4) 实验结果与分析

在 3 个文本数据集上运行核 K 均值聚类、谱聚类与 SNMF 算法，3 种算法在每个数据集上各运行 50 次，在两个指标上分别取均值并作为最终聚类结果，SNMF 算法用 NNDSVD[153] 技术进行聚类指示矩阵的初始化，结果如表 3.2 所示。

表 3.2 核 K 均值聚类、谱聚类与 SNMF 的聚类表现

	精度			标准互信息		
	数据集 1	数据集 2	数据集 3	数据集 1	数据集 2	数据集 3
核 K 均值聚类（线性核）	54.19%	56.12%	57.07%	45.83%	46.12%	48.86%
谱聚类	75.21%	75.50%	77.01%	67.59%	66.06%	69.57%
SNMF	66.07%	75.53%	79.58%	58.52%	66.24%	69.96%

从表 3.2 可以看出：SNMF 在两个数据集上优于谱聚类，核 K 均值（标准 K 均值）聚类在 3 个文本数据集上的聚类效果并不理想，一个可能的原因是 K 均值采用欧式距离度量文档和聚类质心之间的距离，并不是十分理想；另一个原因是 K 均值是一种"硬聚类"方法，隐式地判定一个文档只属于一个聚类，显然这与现实情况是不相符的，因为一个文档往往会围绕若干主题进行描述，而 SNMF 在聚类过程中会赋予某个文档隶属于几个主题的概率，这种"软聚类"的思想更适用于文本聚类。

3.3 基于对称非负矩阵分解的聚类融合模型

本节给出了一种基于 SNMF 的聚类融合方法。这一建模方法可以用来解决信息融合中的聚类问题，并且由于利用了图聚类的建模思想，可以系统地描述对象间复杂的结构关系。该模型继承了 SNMF 模型直观、灵活、易于解释的优点，同时又很好地处理了传统多视角聚类模型假设过于严格的问题，因此在许多领域有着广阔的应用前景。

3.3.1 建模思想

多视角学习的研究可追溯到二十世纪八九十年代，之后，协同训练[30]、多核学习[47-48,64]、子空间学习[59,109,154] 等模型相继被提了出来。协同训练通过不同视角间彼此提供的无标记数据进行已有分类数据的更新，从而实现了信息的交互，但协同训练在属性集的划分、时间开销及分类算法的选择上会遇到困难。多核学习利用多核代替单核增强了决策的可解释性，获得更优的性能，然而多核学习在多个核函数的选择与组合上没有理论依据可循，在处理大规模数据集时的效率低下也是一个值得考虑的问题。子空间建模方法通过某种规则或约束在对高维数据进行降维的同时，寻找多视角数据间共同的[75-76,79] 或一致

的[77,122-123]或最大相关的[52,58,109]低维表示。然而，基于多个视角的数据间存在一个共同的聚类结构的假设过于严格，只适用于不同视角充分兼容的场景；基于CCA最大相关的融合模型中，仅适用于不同视角的特征集线性相关的情形中，对于非线性相关的环境，效果并不十分理想。

一致性建模方法放松了对不同视角间存在着"共同"的聚类模式的假设，按各视角潜在的聚类结构与它们共享的"一致"聚类结构近似的思想进行建模，可以很好地反映不同特征数据的状况，即体现了多个视角数据间的共性，又在一定程度上默许了其差异性，因而可以较客观地代表数据间的真实结构，更加科学合理地反映不同对象间的潜在联系。

本节将利用SNMF建模思想，结合"一致性"约束，给出一种直观、灵活、易于解释，并适用于多种数据类型的分析方法。首先在3.3.2小节中给出一致性矩阵的概念；然后在3.3.3小节中建立基于SNMF的融合模型；最后在3.3.4小节中进行算法优化与示例验证。

3.3.2 基本假设和一致性矩阵表述

基本假设：存在一个共享的"一致"聚类模式，各视角潜在的聚类结构与这个"一致"的聚类模式相近似。

一致性矩阵可用下面的符号表述：记，$\boldsymbol{X}^{(i)} \in \boldsymbol{R}^{m \times n}$，$i \in \{1, 2, \cdots, n_v\}$为实例数据的第$i$个视角，其中，$m$为第$i$个视角的特征数（或维度），$n$为实例的个数，$n_v$为视角的个数，$k$为聚类数。假设各视角的聚类数一致，通过SNMF对$\boldsymbol{X}^{(i)}$进行聚类，可得到该视角的聚类指示矩阵$\boldsymbol{H}^{(i)} \in \boldsymbol{R}^{n \times k}$。各视角共享的"一致"聚类模式用$\boldsymbol{H}^* \in \boldsymbol{R}^{n \times k}$表示。在基于SNMF的融合模型中，"一致性"体现在约束项中，如下所示：

$$\sum_{i=1}^{n_v} \| \boldsymbol{H}^{(i)} \boldsymbol{Q}^{(i)} - \boldsymbol{H}^* \|_F^2 。 \qquad (3.26)$$

其中，Q^*为辅助函数，作用是对各聚类指示矩阵中的数值进行处理，将其缩放到同样的取值区间。通过最小化各$\boldsymbol{H}^{(i)}$与$\boldsymbol{H}^*$之间的距离，进而保证各视角的聚类模式趋于一致。

值得注意的是，上述"一致性"约束将各视角携带的信息视为同等重要，如果对于数据的特性有充分且合理的认识，可以赋予各视角不同的权重，这样，"一致性"约束变为：

$$\sum_{i=1}^{n_v} \alpha^i \| \boldsymbol{H}^{(i)} \boldsymbol{Q}^{(i)} - \boldsymbol{H}^* \|_F^2 。 \qquad (3.27)$$

作为一种图聚类方法，SNMF假设各视角构建的图中存在着一个彼此近似或一致的连接结构是符合客观现实的。在图或网络中，不同节点相互连接而形成若干聚类，通常情况下这些聚类会行使某项功能或体现系统的某种状态，而多视角数据正是从不同侧面体现这种功能或状态的整体度量。基于"结构决定功能"的思想，当系统具有特定的功能时，其各个组分应具有某种"约定"的潜在结构，而这种"约定的结构"我们称之为"一致性"，本书正是基于这种思想而展开研究的。

3.3.3 基于对称非负矩阵分解的聚类融合模型的建立

在 2.2 节阐述了信息融合策略，并将其分为早期融合、中期融合与后期融合，本节中所提出的基于对称非负矩阵分解的聚类融合模型（multi-view symmetric nonnegative matrix factorization，Multi-view SNMF）属于后期融合的范畴。不同于传统的融合方法（证据理论和贝叶斯统计理论）首先对每个数据源做出局部决策，然后将各局部决策综合起来进行全局决策，基于 SNMF 的融合模型针对各视角的损失函数和"一致性"约束进行同时优化，最后得出代表数据潜在结构的聚类模式。这一建模方法在目标函数寻优过程中充分利用了其他视角提供的互补性信息，同时确保从各视角获得的聚类模式趋于一致。该模型可用图 3.1 表述。

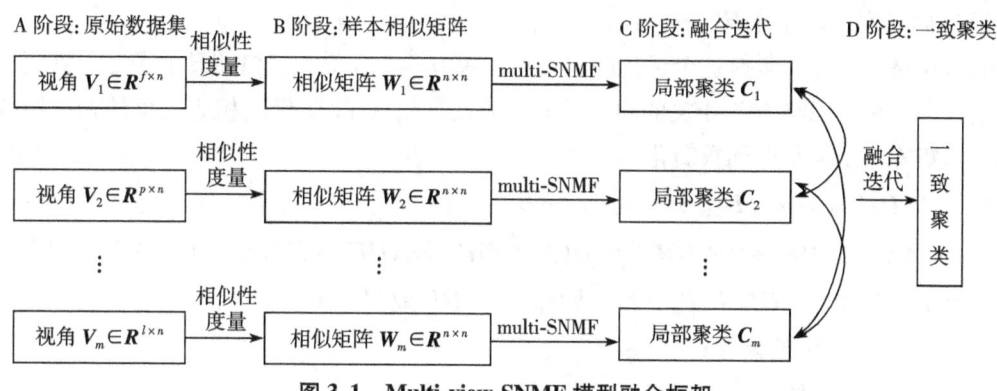

图 3.1 Multi-view SNMF 模型融合框架

图 3.1 阐释了 Multi-view SNMF 模型用于数据融合的流程。A 阶段给出了同一个样本集的多个视角的不同表示；B 阶段采用相似性测量（如核函数），构建样本—样本相似矩阵，在本节的实验中针对不同数据集分别采用余弦相似性和高斯核函数进行度量；C 阶段用提出的 Multi-view SNMF 迭代算法进行优化融合，这样，各视角携带的信息在融合过程中得到了传播和共享，最终形成了代表原始数据潜在结构的一致聚类，如 D 阶段所示。

对于多视角数据 $X = \{X^{(1)}, X^{(2)}, \cdots, X^{(n_v)}\}$，其中，$X^{(i)} \in R^{m \times n}$ 代表第 i 个视角的数据表示，对应的相似矩阵用 $A^{(i)} \in R^{n \times n}$ 表示，用平方损失函数来衡量模型分解的质量，目标函数如下：

$$J = \min_{H^{(i)}, H^* \geq 0} \left\{ \sum_{i=1}^{n_v} \| A^{(i)} - H^{(i)} H^{(i)\prime} \|_F^2 + \sum_{i=1}^{n_v} \lambda^{(i)} \| H^{(i)} Q^{(i)} - H^* \|_F^2 \right\} \quad (3.28)$$

其中，$Q^{(v)} = Diag(\sum_{i=1}^{m} H_{i,1}^{(v)}, \sum_{i=1}^{m} H_{i,2}^{(v)}, \cdots, \sum_{i=1}^{m} H_{i,k}^{(v)})$ 代表辅助矩阵，作用如 3.3.2 小节所述。$\lambda^{(i)}$ 为模型参数，有两个作用：一方面是作为正则化参数，用以平衡损失函数误差与"一致性"约束项之间的关系，$\lambda^{(i)}$ 值越大，则各视角形成的聚类矩阵与一致性矩阵 H^* 之间的距离越近，如 $\lambda^{(i)}$ 趋向于无穷大，那么 $H^{(i)}$ 将与 H^* 等同；相反，小的 $\lambda^{(i)}$ 值允许 $H^{(i)}$ 与 H^* 之间存在适当的差异，当 $\lambda = 0$ 时，Multi-view SNMF 目标函数退化为标准的 SNMF 损失函数。另一方面，$\lambda^{(i)}$ 的相对值也反映了该视角在所有视角中的重要程度，在存在先验知识的情况下，可以赋予重要视角更大的权重，赋予不相关视角或噪声视角相对较低的权重，文献［155］给出了一种根据各视角和一致性矩阵的差异来设置相对权重的方案。

总之，$\lambda^{(i)}$ 是影响模型性能的一个关键因素，$\lambda^{(i)}$ 的选择也可使用交叉验证或经验设置。在下面的实验章节中，为了便于比较，我们在 Multi-view SNMF 目标函数中赋予了各视角相同的权重。

3.3.4 算法优化

为了最小化 Multi-view SNMF 目标函数，使用迭代更新方法（iterative update procedure）[77,127]。具体分如下两步进行。

（1）固定 H^*，计算 $H^{(i)}$

通过拉格朗日方法来解这个优化问题，对约束 $H^{(i)} \geq 0$ 引入拉格朗日乘子 α，在每一步优化过程中，只考虑与 $H^{(i)}$ 相关的项。不失一般性，用 A 和 H 代表相应视角的相似矩阵与聚类指示矩阵，从而目标函数简化为：

$$\begin{aligned} L &= \|A-HH'\|_F^2 + \lambda \|HQ-H^*\|_F^2 + tr(\alpha H') \\ &= tr(AA'-2AHH'+HH'HH') + \lambda tr(HQQ'H'-2HQH^{*\prime}+H^*H^{*\prime}) + tr(\alpha H') \\ &\propto tr(-2AHH'+HH'HH') + \lambda tr(HQQ'H'-2HQH^{*\prime}) + tr(\alpha H'), \end{aligned} \quad (3.29)$$

求式（3.29）关于 H 的偏导：

$$\frac{\partial L}{\partial H} = -4AH + 4HH'H + 2\lambda HQQ' - 2\lambda H^*Q' + \alpha, \quad (3.30)$$

利用 KKT 条件，得到下面的更新规则：

$$H_{i,k} \leftarrow H_{i,k} \frac{2(AH)_{i,k} + \lambda(H^*Q')_{i,k}}{2(HH'H)_{i,k} + \lambda(HQQ')_{i,k}}。 \quad (3.31)$$

（2）固定 $H^{(i)}$，更新 H^*

只考虑目标函数中与 H^* 有关的项，在获得所有视角相应的聚类指示矩阵 $H^{(i)}$ 后，关于 H^* 的目标函数可重写为：

$$\begin{aligned} O &= \sum_{i=1}^{n_v} \lambda^{(i)} \|H^{(i)}Q^{(i)} - H^*\|_F^2 \\ &\propto \sum_{i=1}^{n_v} \lambda^{(i)} tr(-2H^{(i)}Q^{(i)}H^{*\prime} + H^*H^{*\prime}), \end{aligned} \quad (3.32)$$

对式（3.32）求 H^* 的偏导，并令其等于 0：

$$\frac{\partial L}{\partial H^*} = \sum_{i=1}^{n_v} \lambda^{(i)}(-2H^{(i)}Q^{(i)} + 2H^*) = 0, \quad (3.33)$$

则得到 H^* 的更新规则：

$$H^* = \frac{\sum_{i=1}^{n_v} \lambda^{(i)} H^{(i)} Q^{(i)}}{\sum_{i=1}^{n_v} \lambda^{(i)}} \geq 0。 \tag{3.34}$$

从上式可以看出，H^* 的值明显为非负。

总结 Multi-view SNMF 算法流程如下。

输入：非负矩阵 $\{X^{(1)}, X^{(2)}, \cdots, X^{(n_v)}\}$，参数 $\{\lambda^{(1)}, \lambda^{(2)}, \cdots, \lambda^{(n_v)}\}$，聚类数 k。

输出：聚类指示矩阵 $\{H^{(1)}, H^{(2)}, \cdots, H^{(n_v)}\}$，一致性聚类矩阵 H^*。

1. 将各视角 $X^{(i)}$ 转化为对称、相似矩阵 $A^{(i)}$；
2. 对每个 $A^{(i)}$ 标准化，使得 $\|A^{(i)}\|_1 = 1$；
3. 初始化 $H^{(i)}$ 和 H^*，$1 \leq i \leq n_v$；
4. 迭代开始；
5. 对于 $i = 1: n_v$；
6. 固定 H^*，更新 $H^{(i)}$ [根据式（3.31）]；
7. 标准化 $H^{(i)}$，$H^{(i)} \leftarrow H^{(i)} Q^{(i)}$；
8. 直到满足停止条件；
9. 固定 $H^{(i)}$，更新 H^* [根据式（3.34）]；
10. 重复，直到目标函数 [式（3.28）] 收敛或达到最大迭代次数。

3.4 实例分析与讨论

为了验证所提出的 Multi-view SNMF 模型的有效性和可靠性，本节将在两个多视角数据集：三源文本数据集（three-source text story dataset）与人类微生物数据集（human microbiome data, HMP）上执行对比实验，所比较的基准算法有 2.3 节提到的多视角谱聚类（MSC）、连接的多视角非负矩阵分解（JNMF）和一致的多视角非负矩阵分解（Multi-view NMF）。

3.4.1 数据集描述与预处理

为了保证实验结果的公平性，本节所用到的数据均来自公共渠道，这两个数据集在信息融合领域有比较广泛的应用，已成为衡量多视角模型与算法的基准数据集。

（1）三源文本数据集

该数据集已在 3.2.3 小节中进行了描述，这里不再赘述。预处理采用 TF-IDF 权重公式进行标准化，然后将标准化后的词—文档矩阵用余弦函数转化为文档—文档相似矩阵。在 Multi-view NMF 和 Multi-view SNMF 中需对相似矩阵进行归一化，令矩阵所有元素之和为 1。该数据集的详细介绍可参考文献 [112，133-134]。

（2）人类微生物数据集

该数据集包含 3 个视角的成分数据：进化谱、丰度谱和代谢谱，共由采自人体 7 个部位（肠道、牙菌斑、舌背、颊黏膜、鼻腔、产道和耳后皮肤）的 637 个样本组成，表 3.3 给出了详细的统计。该数据集可通过人类微生物组官方网站 http：//hmpdacc.org 获取，更多描述可参加文献［156］。

表 3.3 HMP 数据统计

采样点	样本数/个
肠道	134
牙菌斑	122
舌背	123
颊黏膜	106
鼻腔	86
产道	49
耳后皮肤	17

预处理工作：对于丰度数据矩阵（行代表微生物物种、列代表样本），采用列归一化，使得每一列中的元素之和为 1，然后将标准化后的丰度矩阵通过高斯核函数［式（3.2）］转化为样本—样本相似矩阵。在 Multi-view NMF 和 Multi-view SNMF 中需对相似矩阵进行归一化，采取与"three-source"数据集（三源文本数据集）同样的做法。对于其他视角的数据直接将其转化为相似矩阵，再按同样的步骤对其归一化。

为了便于比较，所有算法均采用相同的两个视角的数据，对于"three-source"数据集我们采用 3.2 节中的前两个视角。实验结果的评估采用两个广泛使用的聚类指标：精度和标准互信息。

3.4.2 实验结果

在上述两个多视角数据集上分别运行 MSC、JNMF、Multi-view NMF 与 Multi-view SNMF 算法，均运行 50 次并计算均值，结果如表 3.4 所示。

表 3.4 不同算法在两个多视角数据集上的聚类表现

	"three-source"数据集		HMP 数据集	
	精度	标准互信息	精度	标准互信息
MSC	73.14%	62.90%	76.12%	71.00%
JNMF	55.10%	40.07%	73.47%	67.99%
Multi-view NMF	58.19%	54.81%	73.16%	67.49%
Multi-view SNMF	79.23%	66.99%	82.26%	78.26%

以上结果的获取，MSC 中利用了成对的协同正则化思想（见 2.3.1 小节），正则化参数设置为 $\lambda = 0.5$。如果存在先验知识，判定某个视角对最终的决策具有更重要的意义，可以赋予其更大的权重，在获得了 MSC 模型的聚类指示矩阵 $U^{(i)}$，$i = \{1, 2\}$ 后，我们利用第一个视角得到的 $U^{(1)}$ 作为最终聚类的依据；对 JNMF 模型，与 MSC 类似，我们将不同视角的权重参数设置为 $\alpha = 0.5$；在 Multi-view NMF 模型中，考虑到 λ_v 的双重效应（即是各视角的权重参数，又是平衡重构误差和一致项之间的正则化参数），我们采用文献 [77] 中的默认设置，令 $\lambda_v = 0.01$，需要注意的是，不同参数的选取可能对实验结果有较大的影响；在 Multi-view SNMF 模型中，通过经验设置，对于"three-source"数据集取 $\lambda^{(i)} = 0.1$，对于 HMP 数据集取 $\lambda^{(i)} = 1$，对于其他参数值，大多数情况下 Multi-view SNMF 仍有很好的表现。

如表 3.4 所示，与其他 3 种多视角方法相比，本书所提出的 Multi-view SNMF 模型在精度和标准互信息两个指标上都获得了最好的聚类性能。在"three-source"数据集上，Multi-view SNMF 比仅次于它的 MSC 模型在两个指标上的表现要高出 6.09/4.09 个百分点（精度/标准互信息）；在 HMP 数据集上，比 MSC 高出 6.14/7.26 个百分点。而对于其他模型，如 JNMF、Multi-view NMF，Multi-view SNMF 具有更加明显的优势。

此外，在单视角聚类算法中，如 3.2.3 小节所述，SNMF 在这两个视角上的精度和标准互信息分别为 66.07%/58.52%、75.53%/66.24%，而 Multi-view SNMF 在融合两个视角的信息后得到的聚类结果为 79.23%/66.99%，比任何一个视角获得的结果都要好，说明了 Multi-view SNMF 模型能够充分利用不同视角提供的互补和兼容性信息更好地用于指导聚类，而在其他多视角聚类模型中，这种优势并不明显，甚至比单个视角的聚类效果更差。表 3.4 结果的获取进一步验证了本章所提出的假设。

综上所述，本节所提出的 Multi-view SNMF 模型在两个指标的表现上均优于其他多视角融合方法，在 3.4.3 小节中将分别针对两个数据集验证不同算法对于正则化参数的敏感性问题，并对提出的 Multi-view SNMF 算法进行收敛性分析。

3.4.3 分析与讨论

上一小节对 MSC、JNMF、Multi-view NMF 与 Multi-view SNMF 4 种算法执行了对比实验，在实验中遵循一个共同的假设：不同视角携带的信息对最终的决策具有相同的重要性。因而，在 4 种模型的目标函数中分别对各视角设置了相同的权重，即 $\lambda^{(1)} = \lambda^{(2)}$，不同的是：在 MSC 与 JNMF 模型中，为保证该假设的成立，在目标函数及算法迭代过程中设置了 $\lambda^{(1)} = \lambda^{(2)} = 0.5$；而在 Multi-view NMF 与 Multi-view SNMF 模型中，因 λ_v 的双重效应，$\lambda_1 = \lambda_2$ 的取值不仅限于 0.5，而是将其设置在一个 0 到 1 的变化区间。

在下面的参数敏感性实验分析中，为保证算法的可比性，在遵循这个共同的假设的前提下，只对 Multi-view NMF 与 Multi-view SNMF 2 种算法进行比较。

（1）参数敏感性分析

为检验提出的 Multi-view SNMF 算法随参数 λ_v 的性能变动情况，本小节给出了不同 λ_v 取值时的精度和标准互信息曲线，图 3.2 和图 3.3 分别显示了在"three-source"数据集上两个指标的参数敏感性情况。

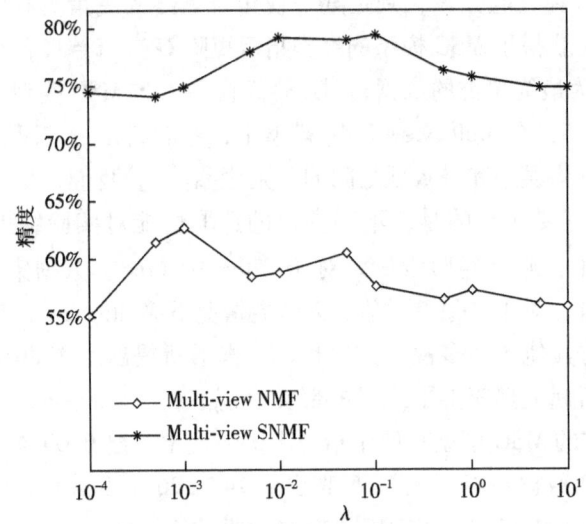

图 3.2 "three-source" 数据集上精度随参数 λ_v 的变化趋势

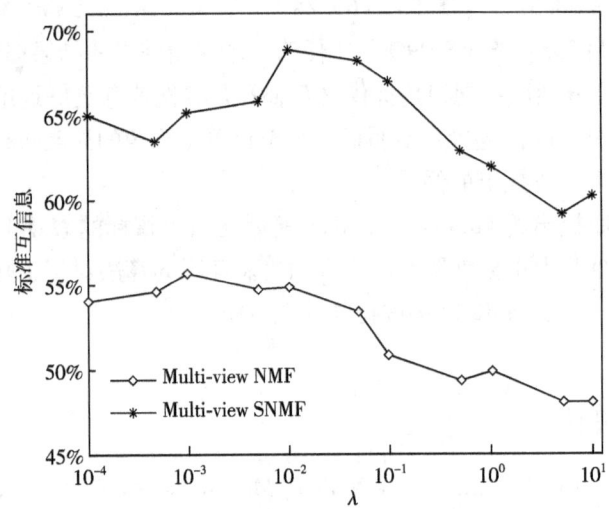

图 3.3 "three-source" 数据集上标准互信息随参数 λ_v 的变化趋势

如图 3.2 和图 3.3 所示，当 λ_v 值在给定的区间内变化时，相比于 Multi-view NMF 算法，Multi-view SNMF 在两个指标上都获得了更好的性能。对于"three-source"数据集，Multi-view SNMF 在 $\lambda_v \in [0.01, 0.1]$ 时有最好的性能表现，而 Multi-view NMF 在 $\lambda_v = 0.001$ 时达到最高的精度值，标准互信息变化情况与此类似。当 $\lambda_v > 0.1$ 时，两种算法的性能均出现逐渐衰减的趋势，一个可能的原因是：随着 λ_v 的增加，目标函数中对"一致约束项"的惩罚相应增大，使得从不同视角获得的聚类模式与"一致性"矩阵之间的"距离"保持得更近，即是说，各视角之间、各视角与"一致性"矩阵之间的差异更小，在极端情况下，当 $\lambda_v \to \infty$ 时，$\boldsymbol{H}^{(v)}\boldsymbol{Q}^{(v)}$ 对不同视角共享相同的值，但即使在这种情况下获得一致性矩阵 $\boldsymbol{H}^*$ 也不同于 JNMF 模型中直接固定一个各视角共享的聚类模式的做法。另外，当 λ_v 取较小值时，目标函数中可能会出现较大的矩阵重构误差，因此，聚类性能也不理想，这在两种基于"一致"的融合模型中均有体现。

总之，合适的 λ_v 的选择是决定 Multi-view NMF 与 Multi-view SNMF 算法性能的重要因素，在实际应用中，可以采取经验设置或交叉验证等其他方法，所幸的是，当 λ_v 在一个较大的区间取值时，两种算法的性能变化并不剧烈（保持在 5% 之内），这也从另一个侧面验证了本章所提出的假设：不同视角的数据具有趋于一致的聚类结构，尤其是用图或网络来刻画原始数据之间关系的时候。

图 3.4 和图 3.5 给出了 Multi-view NMF 与 Multi-view SNMF 2 种算法在 HMP 数据集上聚类性能随 λ_v 的变动情况。

如图 3.4 和图 3.5 所示，两种算法均在 $\lambda_v = 1$ 时获得最好的表现，相较于 Multi-view NMF，Multi-view SNMF 在大多数情况下具有更好的性能（精度）；对于标准互信息而言，Multi-view SNMF 在 λ_v 的不同变化区间均具有更加稳定和良好的表现。究其原因主要在于：Multi-view SNMF 模型用图（网络）表示原始数据的空间结构，并封装实例之间的关系，这种建模思想在处理事物或对象之间非线性、复杂的结构关系时往往具有意想不到的效果，如 3.1 节所述，在构建图（网络）的过程中，既可以采用线性度量的方法，又可以采用非线性度量的方法，实验中采用高斯核函数来刻画 HMP 数据之间的相似性，一定程度上反映了微生物与微生物之间、微生物与宿主之间微妙的复杂关系，因而其聚类性能要比采用简单的线性函数来得好。

如图 3.4 和图 3.5 所示，两种算法在 λ_v 取不同值时，其精度和标准互信息波动幅度在 10% 左右，说明了 λ_v 的取值对最终的聚类结果有着较大的影响，实验中我们采用 $\lambda_v = 1$ 作为模型参数，并将结果呈现在表 3.4 中。

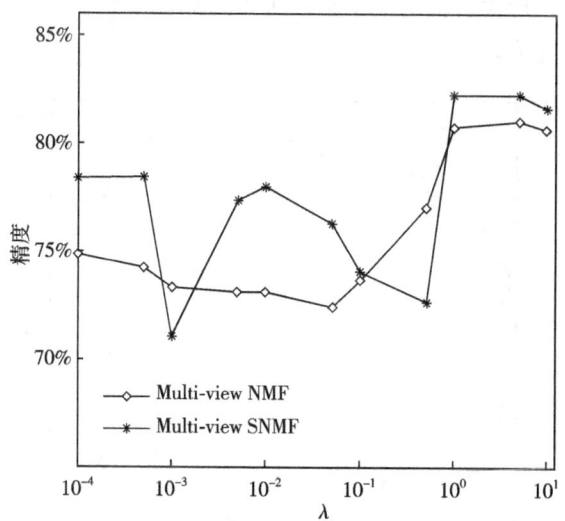

图 3.4 HMP 数据集上精度随参数 λ_v 的变化趋势

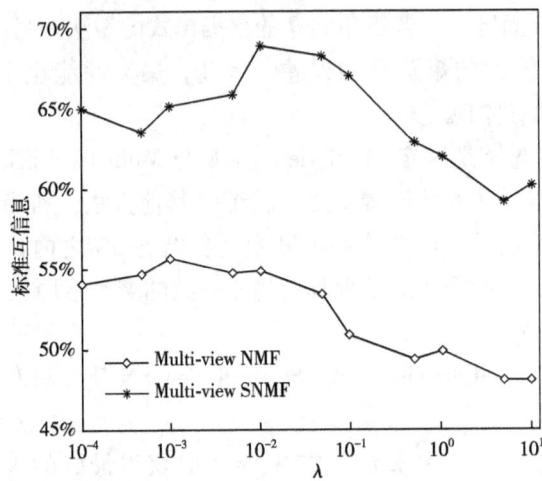

图 3.5 "three-source" 数据集上标准互信息随参数 λ_v 的变化趋势

综上所述，在给定区间内，随着 λ_v 取值的变化，所提出的 Multi-view SNMF 模型在两个数据集上均有更好的性能表现，这一结果佐证了本节提出的假设的合理性，也说明了图是一种表征对象之间复杂关系的合适方式。

为了进一步验证提出的算法的可靠性，下面将对 Multi-view SNMF 算法在两个数据集上的收敛性进行分析。

(2) 收敛性分析

图 3.6 和图 3.7 显示了 Multi-view SNMF 算法的收敛曲线与性能表现，粗线代表在不同迭代次数时的目标函数值，细线代表其精度值。在 "three-source" 数据集上，算法仅在迭代 10 次以后开始收敛，而聚类性能也维持在 80% 左右（精度）；而在 HMP 数据集上，因其目标函数值在连续的多轮迭代后变动很小，在进行过第 42 次迭代后跳出循环，此时的聚类性能基本稳定在 82.6% 左右。

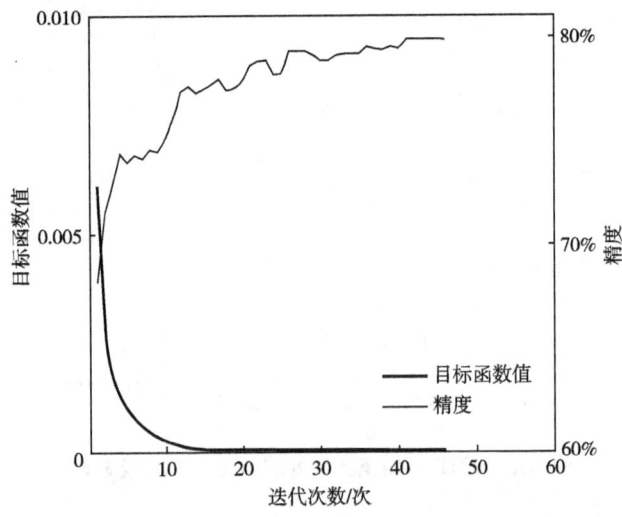

图 3.6 Multi-view SNMF 在 "three-source" 数据集上的收敛性和相应的性能表现

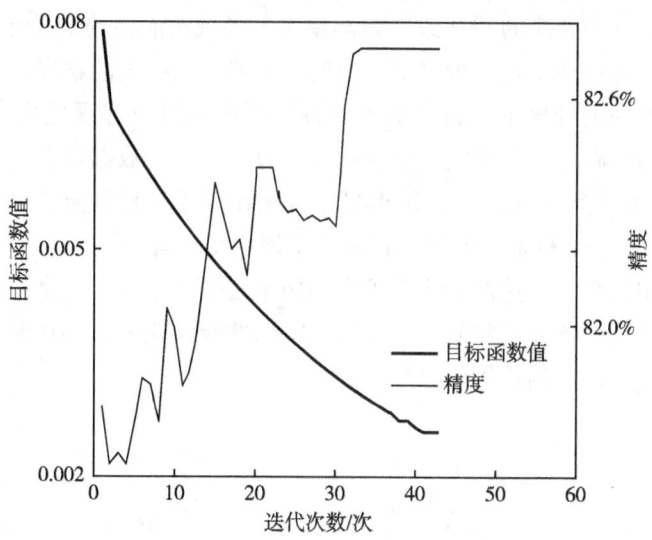

图 3.7　Multi-view SNMF 在 HMP 数据集上的收敛性和相应的性能表现

基于以上分析，Multi-view SNMF 在"three-source"数据集上执行很少的迭代即开始收敛，说明了 Multi-view SNMF 算法在聚类多视角文本数据时具有较高的效率和良好的性能表现；而对于 HMP 数据集，在一定的容许误差的情况下，实验中对前后两次获得的"一致性矩阵"的差异 $\|\boldsymbol{H}_t^* - \boldsymbol{H}_{t+1}^*\|_F^2 < (1e-6)$ 表现出近似收敛的倾向，而此刻的聚类性能达到最优和稳定的状态。

3.5　本章小结

由于传统的聚类方法对实例的约束过为严格或生成的聚类子空间中基的不对等性，如 K 均值聚类作为一种"硬聚类"方法，潜在地对每个实例只赋予一个聚类标记；谱聚类生成的特征向量具有"重要性"之分，而且不同实例在这个子空间中的数值表示有符号性（正值和负值），造成其聚类结果解释性不强，与现实中同一对象可能具有多重身份的情况不符等问题。因此，本章提出了一种基于 SNMF 的信息融合模型，利用"软聚类"的思想能够克服 K 均值聚类过程中"非此即彼""非彼即此"的硬性约束；另外，SNMF 产生的基向量没有谱聚类中特征向量正交性和次第性的约束，因而能获得更好的聚类性能和解释意义。在工程应用中，利用提出的模型对多视角信息进行整合、聚类，能够实现对目标类型准确识别和管理的目的。

为保证 Multi-view SNMF 模型用于聚类的可行性，本章 3.2 节对 K 均值聚类、谱聚类与 SNMF 目标函数的等效性进行了分析，进一步证实了 SNMF 用于聚类分析的理论基础，然后在 3 个文本数据集上执行了实验。结果显示：SNMF 在聚类文本数据集上有更明显的优势。

基于以上分析，本章提出了一种新的基于 SNMF 的融合模型，该模型遵循一个潜在的假设：不同视角间存在一个共享的"一致"聚类模式，各视角潜在的聚类结构与这个"一致"的聚类模式相近似，这一建模思路可以很好地反映不同特征数据的状况，即体现了多个视角数据间的共性，又在一定程度上默许了其差异性，因而可以较客观地代表数据间的真实结构，更加科学合理地反映不同对象间的潜在联系。通过在两个数据集上（"three-source"数据集和HMP数据集）执行对比试验，结果显示：相比其他几种融合方法，所提出的Multi-view SNMF模型具有更好的性能，并进一步验证了该模型的有效性。

最后，针对提出的算法在这两个多视角数据集上进行了收敛性与性能分析，结果显示，该算法在较少的迭代次数下即可收敛，并获得稳定的性能，这一特性在处理大规模数据，尤其是文本数据时有着很广阔的应用前景。

4 考虑图正则化的对称非负矩阵分解信息融合模型

上一章提出了 Multi-view SNMF 融合模型,并对其聚类性能和收敛性进行了分析,通过实验证实了所提出模型的可靠性和稳定性,但上述研究工作并没有考虑到子空间中原始高维数据的潜在流形结构,即通过降维生成的子空间中数据分布的平滑性。因此,本章提出了两种基于正则化的 SNMF 融合模型,用于解决获得的"一致性"聚类解的平滑性问题,同时有助于提高聚类性能、目标属性识别及管理水平。

本章组织结构如下:在 4.1 节中首先阐述了正则化理论及图学习框架;在 4.2 节中给出了一种基于 Laplacian 正则化的 SNMF 融合模型和优化算法,并进行了实验分析,研究成果已发表,详见文献 [133-134];在 4.3 节中给出了一种基于 Hessian 正则化的 SNMF 融合模型及优化算法,研究成果可参见文献 [84];在 4.4 节中提出了一种基于实时样本类型预测的方法;在 4.5 节中对本章的研究内容进行了总结。

4.1 正则化思想

Tikhonov 最早提出了正则化技术[157-158],用于解决线性代数理论中的不适定问题,关于不适定问题的描述可参见文献 [159-160]。其基本思想是:通过引入一种含有先验知识的正则化泛函来限制学习的过程,使获得的解趋于稳定,从而把不适定问题转化为适定问题,如对于不适定问题,其目标函数为:

$$J(f) = \| Af - C_\delta \|_2^2 \text{。} \quad (4.1)$$

其中,A 为给定的线性算子,C 为观测样本,f 为解函数,在存在测量误差和噪声的情况下 $C \to C_\delta$,此时最小化式(4.1)所示的目标函数时,不能保证获得的解 f_δ 是真实解 f 的一个好的近似。

通过正则化技术,在原目标函数的基础上构建另一个新的目标函数:

$$J^*(f) = \| Af - C_\delta \|_2^2 + \gamma(\delta)\Omega(f) \text{。} \quad (4.2)$$

其中,$\Omega(f)$ 为一种特殊的泛函,γ 为正则化参数。最小化 $J^*(f)$ 时,当 $C \to C_\delta$,有 $f \to f_\delta$。

20 世纪 90 年代后,正则化技术的一个新趋势是要求获得的函数解光滑稳定[159],通过引入正则化来控制模型的复杂性,避免出现过拟合的风险,从而提高模型的泛化性能。正则化方法常用于聚类、分类、回归等任务中。

4.1.1 正则化理论

以式（4.1）为参照，在适定问题中，方程 $Af = C$ 的解需满足 3 个条件：

①存在性，对每一个 $c \in C$，存在一个解 f 能准确拟合方程 $Af = c$；

②唯一性，仅由一个解 f 能准确拟合样本，即 $Af_1 = Af_2 \Rightarrow f_1 = f_2$；

③稳定性，当反演这种因果关系时，人们希望对观测数据的微小扰动不应导致解的巨大变化，即通过求解方程得 $f = A^{-1}C$，当 A^{-1} 是连续的情况下，f 是稳定的，近似于真实解。

正则化可以形式化地理解为近似逆算子 $R_\alpha: C \rightarrow X$ 的参数族，该算子满足以下属性：令 $c_\eta = Af_{\text{true}} + \eta$，当 $\eta \rightarrow 0$ 时，可以获得参数 α_η，使得 $f_{\alpha_\eta} \stackrel{\text{def}}{=} R_{\alpha_\eta} c \rightarrow f_{\text{true}}$。

在 Tikhonov 正则化中[158]，假设 f、C 属于再生核希尔伯特空间（reproducing kernel Hilbert space，RKHS），为了获得 $Af = c$ 的正则化解，在最小二乘意义下选择 f 来拟合数据样本 c，但需对 f 施加惩罚。此时的正则化解可通过求解如下最小化问题：

$$f_\alpha = \mathrm{argmin} \, \|Af - c\|_2^2 + \alpha \|f\|_2^2$$
$$= \underbrace{(A^T A + \alpha I)^{-1} A^T}_{R_\alpha} c \,. \tag{4.3}$$

其中，$\alpha > 0$ 为正则化参数。

从式（4.3）可以看出，通过引入正则项，将原来不可逆问题（如矩阵 A 的特征数大于样本数，$A^T A$ 是奇异的）转化为可逆，从而求出 f 的稳定解。需注意的是括号中的项当 $\alpha > 0$ 时，是可逆的。

在机器学习领域，正则化的引入可以用于防止过拟合情况的发生，通过限制或削弱模型参数的影响从而使模型变得更为简洁（其曲线更为光滑）；正则化也反映了人们对问题解的认知程度（或先验），如正则化最小二乘问题，假设模型为 $f_\theta(x) = \theta^T x$，其中，$(\theta, x) \in R^n$，$\hat{\theta}$ 为先验解，则最小化目标函数：

$$\min J(\theta) = \frac{1}{2m} \Big[\sum_{i=1}^m (\theta^T x^{(i)} - y^{(i)})^2 + \lambda \sum_{j=1}^n (\theta_j - \hat{\theta}_j)^2 \Big] \,. \tag{4.4}$$

其中，m 为样本数，第二项为正则项，通过调节 λ 的大小来控制真实解 θ 与先验解 $\hat{\theta}$ 的接近程度，如果人们对问题的背景、产生机制、影响因素等有较少的先验知识，可以设置 λ 为较小的值，从而允许问题的真实解与对问题的已有认知之间存在不同程度的差异，而在获得这种差异后，人们可以改进对问题的理解。如此反复，最终由经验上的感性认识上升到理性认识。

此外，正则化还可用于特征选择，通过对参数施以约束（如 L1 范式）而自动产生较少的非零系数，从而达到变量选择的目的[161-162]。在无监督或监督学习中，常用的正则化形式有 L1 范式、L2 范式等，不失一般性，我们用凸损失函数 $L(\cdot)$ 来衡量训练样本 x_i 的模型输出与真实值 y_i 之间的误差损失，用 $R(\cdot)$ 表示正则项，则施加 L1 范式的目标函数可以形式化定义为：

$$\min J(\theta) = \frac{1}{m}\sum_{i=1}^{m} L(f(x_i; \theta), y_i) + \lambda \|\theta\|_1, \quad (4.5)$$

基于 L2 范式［在回归中，称为岭回归（ridge regression）］的最小化问题可定义为：

$$\min J(\theta) = \frac{1}{m}\sum_{i=1}^{m} L(f(x_i; \theta), y_i) + \lambda \|\theta\|_2。 \quad (4.6)$$

以上两种范式常用于机器学习的相应任务中，不同的是 L1 范式能产生稀疏性，趋向于产生少量的特征，常用于特征选择；而 L2 范式倾向于选择更多的特征，这些特征的权重系数接近于 0。

综上所述，正则化技术在简化模型复杂度、防止过拟合、解决不适定问题、特征工程等方面发挥了重要作用，对机器学习及深度学习的发展带来了重大影响。近年来，伴随着流形学习的兴起，图学习也成为机器学习领域的一个研究热点，在接下来的章节中，结合流形学习经验与做法，将引入 Laplacian 正则化框架。

4.1.2　图正则化框架

上一章节介绍的几种正则化方法中，如 L1 范式、L2 范式等，没有考虑对象间的空间几何结构，而在真实的数据集上（如文本数据），表示同一类型的文本空间向量可能彼此靠近，而不同类型的文本向量则相距较远，当将这些高维文本数据映射到低维子空间后，文本间的空间结构关系应该保持不变。以评论数据为例，评论文本包含了用户对产品属性态度的意见词，而这些词具有属性依赖性，如评论 r_i 和 r_j 在意见空间上接近，那么这两条评论属于同一主题的概率 $p(z|r_i)$ 和 $p(z|r_j)$ 也应相似[163]。

用一个低维的光滑流形重构原始高维空间中的观测数据，正是流形学习的目标，而图与流形都可以嵌入到欧式空间，因此很多研究都使用图去刻画或近似刻画流形，并用图的理论去求解原始数据低维的表示[159]。图 4.1 给出了用图来重构高维观测数据的低维嵌入的流程。

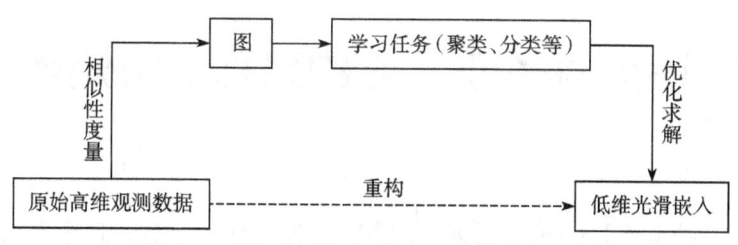

图 4.1　用图来重构高维观测数据的低维嵌入

在图 4.1 中，首先将原始数据通过相似性计算转化为图的形式，然后基于某种特定的学习任务确定优化目标、构建相应的优化问题，最后通过求解即可得到高维观测数据的低维表示。常见的学习任务有降维和聚类等，而谱聚类是图学习的一个重要内容。

文献 [78, 164-167] 用 Laplacian 图来构建正则项, 并与原损失函数一起形成新的目标函数, 通过优化该目标函数从而获得"几何结构"[168] 保持的解。假设原始数据分布于一个流形 M, 用图 $G(V, E)$ 来近似离散这个流形[169], V 代表样本集, E 代表图中连接两个顶点的边的集合, W_{ij} 表示连接两个顶点 i 和 j 之间边的权重, W_{ij} 可根据先验知识或通过相似性度量方法（见 3.1.1 小节）构建。W 封装了原始数据之间的局部或全局结构关系, 为了保持原始高维数据的结构性, 将图正则项用下式表示：

$$R(\boldsymbol{H}) = \frac{1}{2}\sum_{i,j=1}^{n} \| h_i - h_j \|_2^2 W_{ij}。 \tag{4.7}$$

其中, $R(\boldsymbol{H})$ 值越小, 原始高维空间中相似的点在降维后的子空间中也越接近。因此, 通过最小化 $R(\boldsymbol{H})$, 可以保持原始数据的空间结构, 最小化式 (4.7)：

$$\begin{aligned}
\min R(\boldsymbol{H}) &= \frac{1}{2}\sum_{i,j=1}^{n} \| h_i - h_j \|_2^2 W_{ij} \\
&= \sum_{i=1}^{n} h_i' h_i d_{ii} - \sum_{i,j=1}^{n} h_i' h_j w_{ij} \\
&= tr(\boldsymbol{HDH}') - tr(\boldsymbol{HWH}') \\
&= tr(\boldsymbol{HLH}')。
\end{aligned} \tag{4.8}$$

其中, h_i 代表原始数据在降维后的子空间中的低维表示; $\boldsymbol{D}$ 为度矩阵, 其元素为 $\boldsymbol{W}$ 中每行（或每列）元素之和; $\boldsymbol{L} = \boldsymbol{D} - \boldsymbol{W}$ 为 Laplacian 矩阵, 也被称为 Laplacian 图, 反映了数据的一致性, 即在降维过程中, 保持了原始数据的几何关系。

最小化图正则项即遵循流形一致性假设：节点之间的边权重越大, 它们在空间上越接近。通过在原始目标函数中施加图正则项, 用以惩罚违反这种一致性的解, 从而使获得的低维嵌入变得平滑。

在 4.2 节中将引入基于 Laplacian 正则化的 SNMF 融合模型, 并通过实验验证该模型的性能；在 4.3 节中提出另一种基于图正则化的模型：基于 Hessian 正则化的 SNMF 融合模型, 通过在两个数据集执行对比实验, 证实其优越性。考虑到这两种模型都是基于图正则化的融合模型, 将它们并入一章进行阐述。

4.2 基于 Laplacian 正则化的对称非负矩阵分解融合模型

本节给出了一种基于 Laplacian 正则化的 SNMF 聚类融合方法, 这个方法利用 Laplacian 图来刻画原始数据之间的结构关系, 并通过在 SNMF 融合模型中（第 3 章中所提出的 Multi-view SNMF 模型）引入 Laplacian 正则化来保持获得的聚类解的平滑性, 在遵循流形一致性假设的同时, 获得更好的聚类性能。该模型一方面继承了 SNMF 灵活、直观、易于处理数据间复杂关系的优势；另一方面充分利用了原始数据蕴含的结构信息, 因此不仅在理论上具有直观的解释意义，在工程实践中也有很广阔的应用前景。

4.2.1 建模思想概述

最近研究表明[159]：图学习与流形学习有着很多相近的性质，如都可以嵌入到欧式空间，这为用图去逼近流形并用图的理论来求解低维表示提供了一条捷径。流形学习认为人类的感知可能以流形的方式存在，将高维空间中的观测点集视为外部环境的感知输入，则这些感知输入可能存在较强的相关性，并且分布在一个低维的流形上，人们根据外界的刺激可以感知这个流形[159,170]。用图来模拟人的这种感知能力，从有限的观测中发现其潜在结构，是机器学习领域的一个研究热点，如 LLE、ISOMP、LE、HLLE 等。

一个合理定义的图能充分逼近原始数据的低维嵌入，在 4.1 节中用 Laplacian 正则化来保持这个低维流形在降维前后的一致性，使问题的解变得更加光滑，从而提高模型的泛化性能。在 Multi-view SNMF 模型中引入 Laplacian 正则化，能够平衡原始数据矩阵的重构误差和流形一致性之间的权重关系，既保证了矩阵分解的准确性，又充分利用了原始数据间的结构关系，因此，将会带来 Multi-view SNMF 模型聚类性能的提升。这一建模思想符合人们对客观世界的认知，即不同对象之间可能存在某种关联，这种关联相互交织而形成一定的空间结构，而这种结构反映了事物之间的某种规律性、一致性联系，不随对象所处空间尺度的改变而变化。

本节在第 3 节所提出的 Multi-view SNMF 模型的基础上，结合 Laplacian 正则化技术，给出一种考虑结构一致性的建模方法，这种方法有坚实的理论基础，可拓展性强，适用于多种场景和任务。在 4.2.2 小节中给出了该模型的基本假设；在 4.2.3 小节中构建了 Laplacian 正则化的 SNMF 融合模型；在 4.2.4 小节中给出了该模型的算法优化准则；在 4.2.5 小节中通过在两个数据集上的实验对模型的应用情况进行了说明。

4.2.2 基本假设

在通常情况下，在文本聚类或其他多视角学习任务中，每个视角的潜在聚类结构都不会与这些文本潜在的真实聚类结构相去甚远，即各视角间存在着一个"一致"的聚类模式，在对多视角文本数据进行融合聚类的过程中，这个一致的聚类结构不会随着原始观测空间的改变而变化。基于此，可做如下基本假设。

假设 1：存在一个共享的"一致"聚类模式，各视角潜在的聚类结构与这个"一致"的聚类模式相近似。该假设同 3.3 节中提出的 Multi-view SNMF 假设，对于"一致"聚类模式的描述和变量转换可参见 3.3.2 小节。

假设 2：在多视角聚类过程中，原始数据的低维嵌入应与其高维观测空间中的几何结构保持一致。这个表述遵循流形一致性假设，下面将通过数学符号进行阐释。

给定原始观测数据 $X^{(i)} \in R^{m \times n}$，$i \in \{1, 2, \cdots, n_v\}$，其中，$n_v$ 代表数据集的视角个数，m 代表第 i 个视角的维度（特征数），n 为样本数。通过相似性度量方法构建每个视角的相似

矩阵 $\{W^{(i)} \in R^{n\times n}\}$，$i \in \{1, 2, \cdots, n_v\}$，则相应的 Laplacian 图为 $\{L^{(i)} \in R^{n\times n}\}$，$i \in \{1, 2, \cdots, n_v\}$，利用 4.1.2 小节中提出的图正则化框架，构建多视角 Laplacian 正则化目标函数：

$$R(H^*) = \sum_{i=1}^{n_v} \lambda_v tr(H^{*\prime} L^{(i)} H^*)。 \tag{4.9}$$

其中，H^* 为假设 1 中所述的"一致性"矩阵，λ_v 代表不同视角构建的 Laplacian 图的权重，可以通过经验设置或交叉验证取值。在后面的实验中因不能判别哪个视角所携带的信息更富有鉴别意义，故设置所有视角的权重相同，这时式（4.9）可重写为 $R(H^*) = \lambda_v tr(H^{*\prime} \sum_{i=1}^{n_v} L^{(i)} H^*)$。

通过最小化 Laplacian 正则化目标函数［式（4.9）］，在每个视角上可以做到如假设 2 所示的"几何结构一致性"，通过融合不同视角的 Laplacian 图所提供的结构信息，可获得具有结构保持的聚类解 H^*。

以上两种假设同时考虑了不同网络之间的"一致模式"和各视角在降维过程中的流形一致性，通过同时优化损失函数和这两个正则项，可获得几何结构保持的一致聚类解。接下来的章节将在原来 SNMF 融合模型的基础上引入这种正则项，并通过实验验证其性能表现。

4.2.3 基于 Laplacian 正则化的对称非负矩阵分解融合模型

对于多视角数据集 $X = \{X^{(1)}, X^{(2)}, \cdots, X^{(n_v)}\}$，其中，$X^{(i)} \in R^{m\times n}$ 代表第 i 个视角的数据表示，对应的相似矩阵用 $A^{(i)} \in R^{n\times n}$ 表示，$L^{(i)} \in R^{n\times n}$ 表示第 i 个视角的 Laplacian 图，用平方损失函数来衡量模型分解的质量，引入"一致性"聚类约束和 Laplacian 正则项后，目标函数表示如下：

$$J = \mathrm{Min} \left\{ \begin{array}{l} \sum_{v=1}^{n_v} \|A^v - H^v(H^v)^T\|_F^2 + \sum_{v=1}^{n_v} \gamma^v \|H^v Q^v - H^*\|_F^2 \\ + \beta\, tr((H^*)^T (\sum_{v=1}^{n_v} \gamma^v L^{(i)}) H^*) \end{array} \right\} \tag{4.10}$$

$$\text{s.t. } H^v, H^* \geq 0。$$

其中，$Q^{(v)} = Diag(\sum_{i=1}^{m} H^{(v)}_{i,1}, \sum_{i=1}^{m} H^{(v)}_{i,2}, \cdots, \sum_{i=1}^{m} H^{(v)}_{i,k})$ 代表辅助矩阵，作用如 3.3.2 小节所述；$\gamma^v > 0$ 代表第 v 个视角的权重；$\beta > 0$ 为图正则化参数。在实验中因为对不同视角的信息缺少先验知识，不能判定其在聚类过程中的重要性，我们将 γ^v 设置成相同的常数，如 3.3 节所述，γ^v 不仅反映了不同视角的权重，还代表了对"一致性"约束施加的惩罚。β 作为图正则化参数代表了对违反流形一致性约束进行惩罚的力度，β 值过大，则要求各视角严格遵循结构一致性且只允许较小的矩阵重构误差；β 值过小，则在分解过程中违反流形一致性的可能越大，当 $\beta \to 0$ 时，目标函数式（4.10）退化为原始的 Multi-view SNMF 模型。

在图的构建过程中，一个合适的图能充分逼近高维数据的潜在流形。因此，许多基于鲁棒图的构建方法被提了出来,聚类随机森林(clustering random forest)[171]充分利用了分布在判别性特征中的细微和弱相关信息来构建稳定的邻接图(affinity graph);相似网络融合(similarity network fusion,SNF)[85]中每个视角利用其他视角携带的全局性信息进行迭代更新,从而使信息在不同视角间得以传播和共享,最终形成一个鲁棒的网络结构。在提出的基于 Laplacian 正则化的对称非负矩阵分解融合模型(LJ-SNMF)中,用 SNF 的方法将不同视角获得的权重矩阵 $\{W^{(1)}, W^{(2)}, \cdots, W^{(n_v)}\}$ 进行融合,得到更能代表原始数据真实结构的网络 W,然后基于这个网络构造 Laplacian 正则项。

用 SNF 构建鲁棒的相似矩阵 W 的过程如下:

在获得各视角的相似网络 $\{W^{(1)}, W^{(2)}, \cdots, W^{(n_v)}\}$ 之后,一个标准化的相似矩阵可以通过下式来构建:

$$P_{ij} = \begin{cases} \dfrac{W_{ij}}{2\sum_{k \neq i} W_{ik}}, & i \neq j, \\ \dfrac{1}{2}, & i = j. \end{cases} \quad (4.11)$$

如式(4.11)所示,这种标准化策略能避免因自相似带来的数值不稳定。需要注意的是,矩阵 P 封装了样本之间的全局信息。为了捕获图的局部结构,用 KNN 方法定义核矩阵 M,如下式所示:

$$M_{ij} = \begin{cases} \dfrac{W_{ij}}{\sum_{k \neq N(i)} W_{ik}}, & j \in N(i), \\ 0, & \text{否则}. \end{cases} \quad (4.12)$$

其中,$N(i)$ 代表第 i 个样本的邻居集合。与全局矩阵 P 不同的是,在 M 中每个样本只携带了与其 k 个近邻之间的局部相似性信息。

SNF 在迭代中总是以 P 作为初始阶段,以 M 作为核,因为 M 是一个 KNN 图,相应地只携带原始数据的局部信息,因此在数据存在噪声或误差的情况下,能有效降低噪声带来的影响。具体的迭代过程如下:

$$p^{(v)} = M^{(v)} \left(\dfrac{\sum_{k \neq v} p^{(k)}}{n_v - 1} \right) M^{(v)'}. \quad (4.13)$$

其中,$p^{(v)}$、$M^{(v)}$ 分别代表第 v 个视角形成的全局相似矩阵和局部相似矩阵。在每一步迭代之后对 $p^{(v)}$ 进行标准化[采用式(4.11)],算法很快达到收敛。最终融合后的矩阵 W 为:

$$W = \dfrac{1}{n_v} \sum_{v=1}^{n_v} P^{(v)}. \quad (4.14)$$

用 SNF 获得融合的网络后,则相应的 Laplacian 图用 $L = D - W$ 表示,最后可对 LJ-SNMF 目标函数进行改写,如下所示:

$$J = \min \left\{ \sum_{v=1}^{n_v} \| A^v - H^v (H^v)^T \|_F^2 + \sum_{v=1}^{n_v} \gamma^v \| H^v Q^v - H^* \|_F^2 + \beta\, tr((H^*)^T L H^*) \right\}$$

$$(4.15)$$

$$\text{s.t.} \quad H^v, H^* \geq 0。$$

在式（4.15）中通过引入鲁棒的 Laplacian 图，在一定程度上减弱了噪声信息的干扰，更能体现原始高维空间中数据的真实结构，因为 SNF 在迭代过程中通过两个节点的共同邻居来传递相似信息。一个重要的发现是：如果两个节点 x_i 与 x_j 在这两个相似矩阵中有共同的邻居，那么很有可能这两个节点来自同一个聚类；另一个基本的事实是：即使 x_i 与 x_j 在一个视角中不是非常相似，但在另一个视角中相似性能够被表达，并且这种相似性可以通过迭代融合过程来进行传递[85]。

除了用 SNF 方法来降低噪声的影响外，还可以从信息论的角度来检测不同视角之间的兼容性。一种常用的做法是利用互信息来度量各视角的相似矩阵与融合后的矩阵 W 之间的一致性（或不一致性），这种思想体现在我们已发表的成果中[134]。具体做法是：分别对每个视角的相似矩阵 $W^{(i)}$，$i \in \{1, 2, \cdots, n_v\}$ 进行谱聚类，得到其聚类指示向量 $C^{(i)}$，$i \in \{1, 2, \cdots, n_v\}$，对 SNF 融合后的矩阵 W 进行谱聚类得到聚类指示向量 C；然后计算每一个 $C^{(i)}$ 与 C 之间的标准互信息 $NMI^{(i)}$，如果第 i 个视角的 $NMI^{(i)}$ 的值远低于其他视角的值，则说明这个视角含有更大的噪声。在融合过程中，可以对这个视角赋予较低的权重或进行其他降噪处理。在图论中，全局静默（global silencing）[172] 和网络反卷积（network deconvolution）[173] 的方法是消除噪声的有效方法。

下面我们将对本节提出的 LJ-SNMF 模型的目标函数进行优化，从而得出一致性聚类矩阵 H^* 与各视角聚类指示矩阵 H^v 的更新规则。

4.2.4 算法优化

为最小化 LJ-SNMF 目标函数式（4.15），使用迭代更新方法，具体来说分两步进行：①固定 H^*，通过最小化目标函数值更新 $H^{(i)}$；②在上一步的基础上固定 $H^{(i)}$，更新 H^*。

（1）固定 H^*，计算 $H^{(i)}$

通过拉格朗日方法来解这个优化问题，对约束 $H^{(i)} \geq 0$ 引入拉格朗日乘子 α，在每一步优化过程中，只考虑与 $H^{(i)}$ 相关的项。不失一般性，用 A 和 H 代表相应视角的相似矩阵与聚类指示矩阵，从而目标函数简化为：

$$\begin{aligned} L &= \|A - HH'\|_F^2 + \gamma \|HQ - H^*\|_F^2 + tr(\alpha H') \\ &= tr(AA' - 2AHH' + HH'HH') + \gamma tr(HQQ'H' - 2HQH^{*\prime} + H^*H^{*\prime}) + tr(\alpha H') \\ &\propto tr(-2AHH' + HH'HH') + \gamma tr(HQQ'H' - 2HQH^{*\prime}) + tr(\alpha H') 。 \end{aligned}$$

(4.16)

求上式关于 H 的偏导，得：

$$\frac{\partial L}{\partial H} = -4AH + 4HH'H + 2\gamma HQQ' - 2\gamma H^*Q' + \alpha 。 \quad (4.17)$$

利用 KKT 条件，得到下面的更新规则：

$$H_{i,k} \leftarrow H_{i,k} \frac{2(AH)_{i,k} + \gamma (H^*Q')_{i,k}}{2(HH'H)_{i,k} + \gamma (HQQ')_{i,k}} 。 \quad (4.18)$$

（2）固定 $H^{(i)}$，更新 H^*

通过拉格朗日方法来解这个优化问题，引入拉格朗日乘子 ψ，只考虑目标函数中与 H^* 有关的项，关于 H^* 的目标函数可重写为：

$$L = \sum_{i=1}^{n_v} \gamma^{(i)} \| H^{(i)} Q^{(i)} - H^* \|_F^2 + \beta tr((H^*)'LH^*) + tr(\psi H^{*\prime})$$

$$\propto \sum_{i=1}^{n_v} \gamma^{(i)} tr(-2H^{(i)}Q^{(i)}H^{*\prime} + H^*H^{*\prime}) + \beta tr((H^*)'LH^*) + tr(\psi H^{*\prime})。 \quad (4.19)$$

求上式关于 H^* 的偏导，得：

$$\frac{\partial L}{\partial H^*} = \sum_{i=1}^{n_v} \gamma^{(i)}(-2H^{(i)}Q^{(i)} + 2H^*) + 2\beta(LH^*) + \psi。 \quad (4.20)$$

利用 KKT 条件，得到 H^* 的更新规则：

$$H^*_{ij} = H^*_{ij} \frac{\left(\sum_{i=1}^{n_v} \gamma^{(i)} H^{(i)} Q^{(i)} + \beta W H^*\right)_{ij}}{\left(\sum_{i=1}^{n_v} \gamma^{(i)} H^* + \beta D H^*\right)_{ij}}。 \quad (4.21)$$

为了便于计算，实验中我们将各视角的权重 $\gamma^{(i)}$ 设置为相同。LJ-SNMF 算法流程如下。

输入：非负矩阵 $\{X^{(1)}, X^{(2)}, \cdots, X^{(n_v)}\}$，参数 $\{\lambda^{(1)}, \lambda^{(2)}, \cdots, \lambda^{(n_v)}\}$，$\beta$，聚类数 k。

输出：聚类指示矩阵 $\{H^{(1)}, H^{(2)}, \cdots, H^{(n_v)}\}$，一致性聚类矩阵 H^*。

1. 将各视角 $X^{(i)}$ 转化为对称、相似矩阵 $A^{(i)}$；
2. 用 SNF 求出融合后的稳定矩阵 W，并计算相应的度矩阵 D；
3. 对每个 $A^{(i)}$ 标准化，使得 $\| A^{(i)} \|_1 = 1$；
4. 初始化 $H^{(i)}$，H^*，$1 \leq i \leq n_v$（利用 NNDSVD 方法初始化 $H^{(i)}$，指定任一个视角的初始值 $H^{(i)}$ 给 H^*）；
5. 迭代开始；
6. 对于 $i = 1: n_v$；
7. 固定 H^*，更新 $H^{(i)}$ [根据式（4.18）]；
8. 标准化 $H^{(i)}$，$H^{(i)} \leftarrow H^{(i)} Q^{(i)}$；
9. 固定 $H^{(i)}$，更新 H^* [根据式（4.21）]；
10. 直到更新完所有视角；
11. 重复，直到目标函数 [（式（4.15）] 收敛或达到预先设定的最大迭代次数。

4.2.5 实例分析与讨论

为验证所提出的 LJ-SNMF 算法的有效性，本节将在 3.4 节提到的两个公开的多视角数据集 i 三源文本数据集（"three-source" 数据集）与人类微生物数据集 HMD 数据集执行对比实验，实验中利用了 3 个视角的数据，详细信息见表 4.1。比较的基准算法有最好的单视角(best single view,BSV)、最差的单视角(worst single view,WSV)、Multi-view NMF、SNF、co-training SC(co-training spectral clustering)、LJ-NMF 等。

(1) 数据集描述与预处理

本节中用到的两个公开数据集和 3.4 节中的一致,不同的是:为验证 LJ-SNMF 算法的可拓展性,在这一节的实验中由两个视角增加到了三个视角,具体的统计信息如表 4.1 所示。

表 4.1 两个数据集上的统计

数据集	样本数/个	视角数/个	聚类数/个
"three-source" 数据集	169	3	6
HMP 数据集	637	3	7

对 "three-source" 数据集,依然对每个视角的数据采用 TF-IDF 方式进行标准化;对 HMP 数据集中的丰度谱数据采用样本归一化,即将每一个样本中(矩阵的列)的元素除以该样本中所有元素的和。其他预处理工作与 3.4.1 小节中相同,这里不再详述。

(2) 比较的基准算法描述

① BSV 与 WSV:在每个视角上运行 SNMF 算法,BSV 指的是最富有聚类判别信息的视角;相对而言,WSV 指判别能力最差的视角。通过对各视角进行聚类,可以获得 SNMF 在各个视角上的聚类表现。

② Multi-view NMF[77]:在 2.3.2 小节对 Multi-view NMF 做了详细介绍,需要注意的是,在本节的实验中因缺少对各视角的先验知识,所以将各视角的权重设置为等同,参数讨论见实验部分。

③ SNF[85]:首先对每个视角的数据矩阵构建相似网络;然后将所有相似网络通过 SNF 过程融合起来,形成一个最终的一致网络;最后对这个一致网络进行谱聚类,得到最终的聚类结果。关于 SNF 的详细过程可参考 4.2.4 小节描述。

④ co-training SC[71]:将协同训练[30]的思想应用到多视角谱聚类中。利用来自其他视角的有判别性的特征向量迭代更新每个视角的网络结构,最终所有视角的潜在聚类结构变得一致。

⑤ LJ-NMF[79]:固定一个共同的因子,然后执行连接的 NMF。相关描述参见 2.3.2 小节。

通过在两个多视角数据集上执行对比实验,记录以上算法分别在两个聚类评价指标上的最优表现,从而验证本章提出的基于 Laplacian 正则化的多视角对称非负矩阵分解(LJ-SNMF)模型的优越性和稳定性。两个广泛用于聚类的指标为:精度(accuracy)和标准互信息(normalized mutual information,NMI),关于这两个指标的详细信息参见 3.2.3 小节。

需要指明的是,为了保证比较的公平性,基准算法中所有关于 NMF 的算法,如 BSV、WSV、Multi-view NMF、LJ-SNMF 都采用 NNDSVD[153] 方法进行初始化。表 4.3 中显示了这 7 个算法最优的实验结果。

(3) 实验结果

在这两个多视角数据集上分别运行上述 5 种基准算法和提出的 LJ-SNMF 方法,分别给定不同模型中参数的相应取值区间,在这个区间上执行实验并报告最好的实验结果,如表

4.2 所示。

表 4.2　两个数据集上最优的聚类表现

	精度		标准互信息	
	"three-source" 数据集	HMP 数据集	"three-source" 数据集	HMP 数据集
BSV	79.88%	88.54%	69.66%	84.64%
WSV	65.68%	81.16%	58.26%	80.71%
Multi-view NMF	66.86%	77.55%	55.04%	72.87%
Co-training SC	61.54%	63.58%	58.03%	63.68%
SNF	65.68%	92.78%	56.34%	89.20%
LJ-NMF	69.82%	73.16%	60.08%	67.77%
LJ-SNMF	82.25%	94.19%	74.72%	88.52%

需要说明的是，在 Multi-view NMF 模型中，设置"一致性"约束参数 λ_v 在各视角上相等，经过多次实验运行，结果显示：当参数 λ_v 分别在"three-source"数据集和 HMP 数据集上设置为 $\lambda_v = 0.01$ 和 $\lambda_v = 0.05$ 获得表 4.2 所示的最优结果。此外，在这两个数据集上构图的方式也略有不同，对于"three-source"数据集构建全连通图，而对于 HMP 数据集则构建了稀疏图。在 BSV、WSV、LJ-NMF 和 LJ-SNMF 模型中选择近邻数为 12 构建稀疏图。

从表 4.2 可以看出，所提出的 LJ-SNMF 算法优于其他基准算法，比任意一个单视角聚类的效果都要好。LJ-SNMF 在"three-source"数据集上比表现仅次于它的 BSV 算法，高 2.37/5.06 个百分点（精度/标准互信息）；在 HMP 数据集上比表现仅次于它的 SNF 算法高 2.41 个百分点（精度），而上互信息指标上却相差不大。这种情况说明了提出的 LJ-SNMF 算法能够利用多个视角提供的互补性信息进行有效聚类；而 Multi-view NMF 中没有考虑到复杂数据之间的非线性关系，在降维过程中也没有利用到流形一致性假设，因此其效果在这两个数据集中表现得不是很理想；在 LJ-NMF 中，虽然利用了流形一致性假设，但模型中固定了一个共同的因子，造成了其假设过于严格，而且没有用图来封装原始数据之间的关系，因而其效果在这两个数据集中也不理想。

综上所述，LJ-SNMF 在建模过程中同时考虑了两个假设：一个是各视角的聚类模式趋向于"一致"的聚类解；另一个是流形一致性假设，即原始高维数据的低维嵌入应与原始数据保持一致的几何结构。这两个假设更符合数据的客观分布和人们对事物的认知，因此具有较好的性能表现。

（4）参数选择和敏感性分析

在 LJ-SNMF 模型中有两个参数：一个是"一致性"约束参数与权重参数 γ^v；另一个是 Laplacian 正则化参数 β。这两个参数反映了要对违反这两个假设惩罚的强度。不同的 γ^v 与 β 值会对模型的性能产生大的影响，在实验中将每个视角的权重设置为相等，即 $\gamma^{(i)} = \gamma^{(j)} = \gamma$，其中，$i, j \in \{1, 2, \cdots, n_v\}$，分别给定 γ 与 β 相应的取值区间，然后在该区间上运行 LJ-SNMF 算法并报告最好的聚类结果，如表 4.2 所示。

下面，将在两个数据集上分别对 γ 与 β 的敏感性进行分析。在"three-source"数据集上运行 LJ-SNMF 算法，聚类结果（精度）随参数 γ 与 β 的变化趋势如图 4.2 所示。

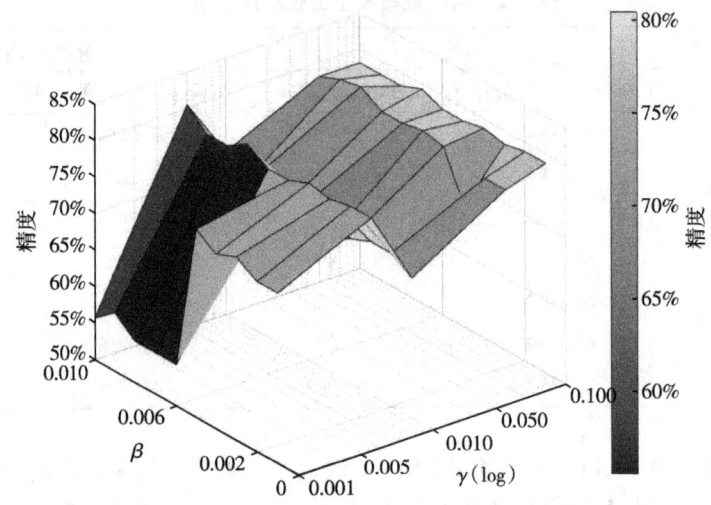

图 4.2 在 "three-source" 数据集上 LJ-SNMF 性能随参数的变化情况

如图 4.2 所示，设置参数 γ 在区间 [0.001, 0.100] 取值，β 在区间 [0.001, 0.010] 变化，得到 LJ-SNMF 在这两个参数区间上的性能表现。当 γ 与 β 分别取 0.005 和 0.010 时获得最优的聚类结果；当 $\gamma = 0.001$，$\beta \in [0.006, 0.010]$ 时，LJ-SNMF 的表现并不理想，一个可能的原因是：β 取较小值时，没有对违反流形一致性假设的聚类解进行有效惩罚，使得降维后的数据没有很好保持原始数据的结构关系。因此，必须对这两个参数进行有效的设置，使其满足本章提到了两个假设，才能达到较好的聚类表现。

在 HMP 数据集上运行 LJ-SNMF 算法，聚类结果（精度）随参数 γ 与 β 的变化趋势如图 4.3 所示。

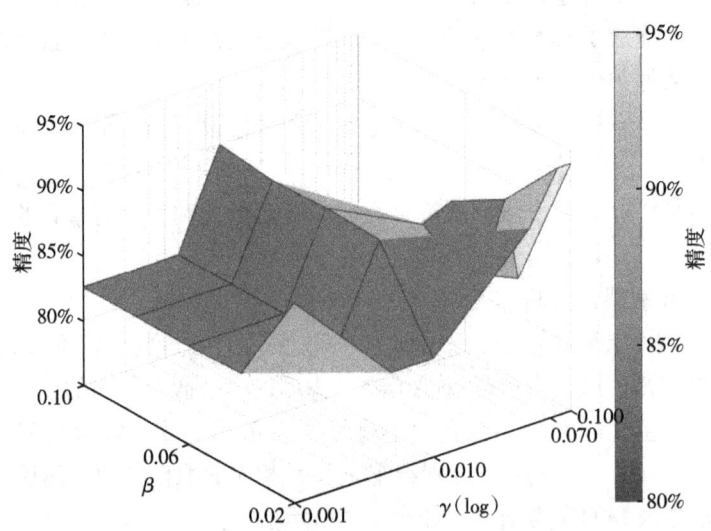

图 4.3 在 HMP 数据集上 LJ-SNMF 性能随参数的变化情况

如图 4.3 所示，在 HMP 数据集上，当"一致性"约束参数 γ 在区间 $[0.07, 0.10]$ 取值且 Laplacian 正则化参数 $\beta = 0.02$ 时，LJ-SNMF 达到了最高的精度值（94.19%），在其他情况下效果不是十分理想，这是因为：小的 β 值放松了对图结构一致性的限制，造成最终的聚类解不能很好地保持原始数据的聚类结构；而大的 β 值对流形假设的约束过于严格，产生了较大的近似误差。对于 γ，在其取较小值时，不能很好支持本节提出的假设 1（即目标函数第二项中各视角的聚类结构都趋于一个"一致"的聚类解），产生了较大的矩阵分解误差。这两种情况都会影响 LJ-SNMF 模型的性能，因此在实际应用中，应给定合理的参数区间，避免极端情况发生。这里只是给出了两个参数的经验设置，在利用该模型进行预测时，还可以采用交叉验证的方法对这两个参数进行设置。

（5）视角兼容性分析

如 4.2.3 小节所述，噪声视角可以通过测量每个视角与 SNF 融合获得的一致网络之间的标准互信息来进行检测。如果标准互信息值小，则说明这个视角对最后的一致网络贡献较小；反之，则贡献较大。在两个数据集上分别进行视角一致性分析，计算每个视角获得聚类指示向量与经 SNF 融合后获得的聚类向量之间的标准互信息，在 "three-source" 数据集上的结果如图 4.4 所示。

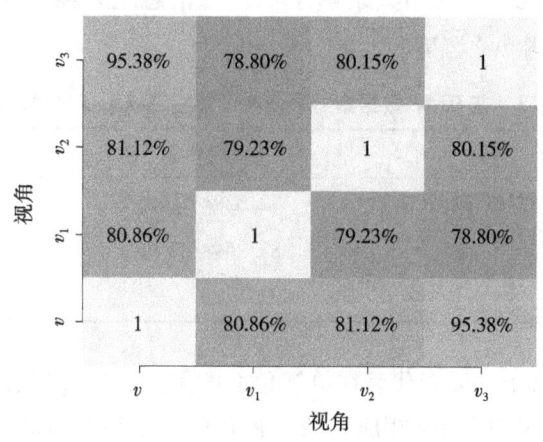

图 4.4 "three-source" 数据集上的聚类一致性矩阵

在图 4.4 中，矩阵中的元素代表两个视角之间的标准互信息，其中，v_i 代表第 i 个视角，v 代表经 SNF 获得的一致网络。图 4.4 揭示了每一个视角与最后的融合网络之间的一致性程度，矩阵中的元素值越大，则说明该视角与融合网络之间的一致性越强，反之亦然。其中，第三个视角与融合网络的标准互信息值最大（95.38%），第一与第二个视角的值相对较小，分别为 80.86% 与 81.12%，但都超过了 80%，说明各视角对最后的融合网络都有一定的贡献。没有充分的证据说明该数据集中包含噪声的视角，从另一个方面也证明了每个视角为其他视角提供了互补和兼容的信息。

在 HMP 数据集上计算各视角与最后的融合网络之间的标准互信息值，结果如图 4.5 所示。

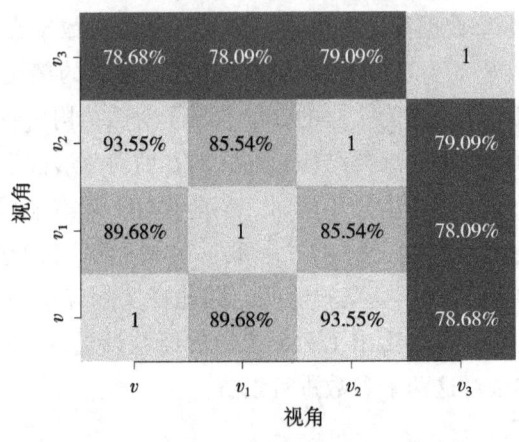

图 4.5　HMP 数据集上的聚类一致性矩阵

从图 4.5 可以看出，第二个视角 v_2 是最富有信息的，对最后的融合网络贡献最大；第一个视角 v_1 对融合网络也有积极的贡献。与其他两个视角相比，第三个视角 v_3 与融合网络之间的标准互信息值最小（78.68%），同时，v_3 与 v_1、v_2 之间互信息也很小，分别为 78.09% 和 79.09%。这种情况说明 v_3 对最后的一致聚类贡献最小，其中可能包含更多的噪声。

如果丢掉任何一个视角，仅用其余两个视角的信息进行融合聚类，LJ-SNMF 的性能（精度/标准互信息）如表 4.3 所示。

表 4.3　在 HMP 数据集上融合两个视角获得最优聚类表现

	视角 1	视角 2	视角 3
视角 1	88.54%/84.64%	92.62%/88.80%	90.42%/87.60%
视角 2		82.26%/82.96%	90.11%/86.59%
视角 3			81.16%/80.71%

在表 4.4 中，对角线上的元素代表在单视角上的聚类表现（通过 SNMF 算法获得），非对角线上的元素代表 LJ-SNMF 融合相应的两个视角的信息后获得的聚类结果。如表 4.3 所示，与单视角 SNMF 相比，LJ-SNMF 在整合任意两个视角的信息后，其性能改进是显著的。尤其是，LJ-SNMF 通过对视角 2 和视角 3 的信息进行融合，其获得的聚类性能比仅利用其中任何一个视角提高了 7.85/3.63 个百分点（视角 2）、8.95/5.88 个百分点（视角 3）。在图 4.5 中，与其他两个视角相比，视角 3 对最后的融合网络贡献最少，表明它可能包含有一些噪声信息。然而有趣的是，LJ-SNMF 在融合这个"噪声"视角后，其聚类性能仍有较大的提高，当融合视角 2 和视角 3 时，LJ-SNMF 的性能达到 90.11%/86.59%，当融合视角 1 和视角 3 时，其性能达到 90.42%/87.60%。与此同时，当 LJ-SNMF 融合所有 3 个视角的信息后，聚类性能达到最高的 94.19%/88.52%（表 4.2）。这种情况反映了一个事实：LJ-SNMF 模型能充分利用 Multi-view SNMF 和 SNF 的优势形成一个稳定的聚类指示矩阵，这个矩阵在一定程度上代表了原始数据间的真实结构联系；同时，也说明了 LJ-SNMF 模型对外部环境中的噪声信息有一定的抗干扰能力，在执行过程中能有效降低噪声的影响。通过迭代融合过

程,LJ-SNMF 在保持原始高维数据局部几何结构的同时,也充分利用了各视角彼此间的互补性信息,因而在很多情况下优于其他基准算法。

综上所述,本节提出了一种基于 Laplacian 正则化的 SNMF 融合模型,该模型的构建基于两种假设,一是各视角的网络结构具有趋于"一致"的聚类模式;二是降维后的数据应与原始高维空间中的数据保持几何结构一致性。在建模过程中,这两种假设更符合客观现实和人们对事物的认知,较好地刻画了不同对象间的复杂结构和联系。通过在两个多视角数据集上执行大量实验,结果显示,LJ-SNMF 在精度和标准互信息两个聚类指标上的表现优于其他基准算法,进一步验证了所提出的 LJ-SNMF 算法的有效性和稳定性。此外,从信息论的角度出发,提出了一种用标准互信息来衡量各视角兼容性的方法。通过执行对比实验,发现即使在存在"噪声"的情况下,LJ-SNMF 模型仍然获得比任意单个视角或两个视角的组合更高的性能提升,分析其原因,在于 LJ-SNMF 能够充分利用不同视角提供的互补性和兼容性信息有效降低噪声的影响。

作为一种图聚类方法,LJ-SNMF 模型也可用于社会网络分析中的社团发现(community finding)和重叠模式挖掘。

4.3 基于 Hessian 正则化的对称非负矩阵分解融合模型

上一节考虑了用 Laplacian 图来封装数据之间的结构关系,并通过在 multi-SNMF 模型中引入 Laplacian 正则项对违反流形一致性的情况进行惩罚,从而提升了模型的性能。然而有研究表明,Laplacian 正则化会使问题的解偏向一个常数且缺乏推理能力[81],而用二阶的 Hessian 能量(Hessian energy)则能同时克服以上两个问题。在半监督的降维任务中,Hessian 对沿流形线性变化的函数十分有利,这些函数的输出值随着输入流形中的测地线而线性变化。基于以上分析,本节将给出一种基于 Hessian 正则化的对称非负矩阵分解融合模型(HJ-SNMF),该模型不仅保持了流形一致性假设,还充分利用了数据中蕴含的二阶信息进行推理,因而,能获得更好的聚类性能。

4.3.1 建模思想概述

文献[80]首次提出了一种利用 Hessian 特征映射来进行降维的方法,与 ISOMAP[174]相比,这种方法基于两种假设:局部等距(local isometry)和连通性(connectedness)。局部等距指的是在流形 M 上一个足够小的邻域内,点 m 到邻域内其他点 m' 的测地距离等于相应的参数空间中点 θ 与 θ' 之间的欧式距离;连通性指的是参数空间 Θ 是嵌入空间 R^d 中的一个开放、连通的子集。这两种假设克服了 ISOMAP 全局等距和参数空间必须为凸子集的限制,更符合客观实际。与 Laplacian 相比,Hessian 正则化是基于映射函数的二阶导数[175],因而可以更准确地描述数据的内在局部结构特征,并预测训练样本之外的数据,具有更好的泛化性能。HJ-SNMF 在建模过程中利用 Hessian 图来封装原始高维数据之间的结构信息,通过引入正则项来保持流形一致性,可以大大改善学习的效果。

本节在 4.2 节提出的 LJ-SNMF 模型的基础上,用 Hessian 图替换原来的 Laplacian 图,给出一种充分考虑二阶信息的建模方法,该方法推理能力强、函数具有光滑性的优点,适用于很多学习任务。在 4.3.2 小节中给出了该模型的基本假设;在 4.3.3 小节中构建了基于 Hessian 正则化的对称非负矩阵分解融合模型(HJ-SNMF);在 4.3.4 小节中给出了该模型的优化准则和算法流程;在 4.2.5 小节中对该模型在两个数据集上的应用情况进行了分析。

4.3.2 基本假设和定义

在上节中,通过引入 Laplacian 正则化来保持原始数据低维表示中的几何结构与原始高维空间中的数据结构一致性,取得了较好的效果。本节在 LJ-SNMF 模型的基础上,沿用了 4.2.2 小节中提到的两种假设,不同的是用 Hessian 正则化替代了 Laplacian 正则化,因为 Hessian 正则化在预测未知数据时具有更强的推理能力和适应能力,这里不再对这两种假设进行详述(可参见 4.2.2)。

接下来,引入 Hessian 正则化的概念。给定一个光滑的流形 $M \subset R^n$,将流形上任意一个数据点 $p \in M$ 的切空间定义为 $T_p(M) \subset R^n$,p 的邻域记为 N_p,为了获得函数 $f: M \mapsto R$ 的 Hessian,需定义 $T_p(M)$ 的正交坐标系,该坐标系可通过 p 的邻域 N_p 所对应的前 d 个最大的特征向量张成的特征空间而获得。对每一个数据点 $p' \in N_p$,能够在切空间 $T_p(M)$ 中找到一个唯一的最近点 v 与之对应,也即是说,有一个平滑的映射 φ 能将 $p' \in N_p$ 唯一地映射到 $v \in T_p(M)$。因此,在切空间中 p 点的映射 f 可以表示为 $g: T_p(M) \mapsto R$,图 4.6 阐释了上述定义切 Hessian 的过程。

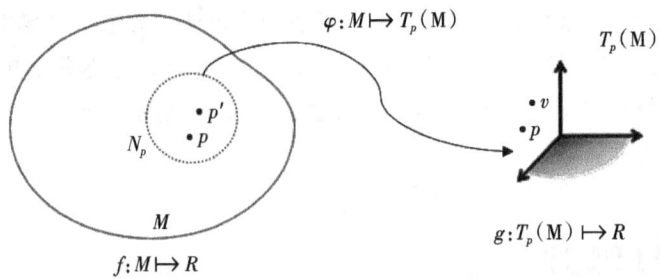

图 4.6 函数 f 在切空间中点 p 处的 Hessian 定义为函数 g 的 Hessian[176]

用数学符号形式化地表示函数 g 在点 p 处的 Hessian:

$$(H_f^{\tan}(p))_{i,j} = \frac{\partial}{\partial x_i} \frac{\partial}{\partial x_j} g(x) \big|_{x=0} \,。 \tag{4.22}$$

文献[81]指出,虽然切空间中的坐标系随流形而变化,但 Hessian 图的 F 范式并不随坐标系而变化。因此,可获得 Hessian 正则化矩阵:

$$H(f) = \int_{p \in M} \| H_f^{\tan}(p) \|_F^2 dp 。 \tag{4.23}$$

Hessian 正则化使学到的函数沿数据流形线性变化，下面对 Hessian 图的计算过程进行总结，步骤如下[80]。

①对每一个样本 x_i 找其 k 最近邻（k nearest neighbors）N_i，形成一个近邻矩阵 $X^i \in R^{k \times n}$ 并通过以下过程进行中心化：对 N_i 中任意一个样本 $x_j \in N_i$，使 $x_j = x_j - x_i$。

②对 X^i 进行奇异值分解 $X^i = UDS'$，U 的前 d 列给出了邻域 N_i 中点的切坐标。

③构建矩阵 $M^i = [1, U_{.1}, U_{.2}, \cdots, U_{.d}, U_{11}, U_{12}, \cdots, U_{dd}]$，其中，第一列为由所有值为 1 的元素构成的向量，第 2 至第 $d+1$ 列由 U 的前 d 列构成，剩余的 $d(d+1)/2$ 列由 U 的前 d 列的各种叉积和平方构成；然后对 M^i 执行正交化（Gram-Schmidt orthonormalization）生成列正交矩阵 $\hat{M}_i$，取其后 $d(d+1)/2$ 列并将其转置得到 H^i。

④构建对称的 Hessian 图：

$$H_{ij} = \sum_l \sum_r ((H^l)_{r_i} (H^l)_{r_j}) 。 \tag{4.24}$$

其中，H^l 为数据点 l 的邻域 N_l 上生成的 Hessian 图，r 为 Hessian 图对应的项，i 为 N_l 中的点，H 为所求的 Hessian 图。

为防止与全文通用的聚类指示矩阵 H 相混淆，接下来用 B 指代 Hessian 图。

显然，Hessian 图为对称、半正定的。给定原始观测数据 $X^{(i)} \in R^{m \times n}$，$i \in \{1, 2, \cdots, n_v\}$，其中，$n_v$ 代表数据集的视角个数，m 代表第 i 个视角的维度（特征数），n 为样本数。利用 4.1.2 小节给出的图正则化框架，在 4.3 节提出的 Multi-view SNMF 模型的基础上，构建多视角 Hessian 正则化目标函数：

$$R(H^*) = \sum_{i=1}^{n_v} \lambda_v tr(H^{*'} B^{(i)} H^*) 。 \tag{4.25}$$

其中，$B^{(i)}$ 为各视角上的 Hessian 图，H^* 为最后用于聚类的一致融合矩阵，λ_v 为各视角的权重，可以通过经验指定，也可将其视为一个参数进行优化求解。

通过最小化式（4.25），在每个视角上可以保持与原始高维数据的"几何结构一致性"，然后通过融合不同视角的 Hessian 所提供的结构信息，可获得具有结构保持的聚类解 H^*。在 4.3.2 小节中将在原来的 Multi-view SNMF 模型中引入该正则项，构建基于 Hessian 的 HJ-SNMF。

4.3.3 基于 Hessian 正则化的对称非负矩阵分解融合模型

给定多视角数据集 $X = \{X^{(1)}, X^{(2)}, \cdots, X^{(n_v)}\}$，其中，$X^{(i)} \in R^{m \times n}$ 代表第 i 个视角的数据表示，对应的相似矩阵用 $A^{(i)} \in R^{n \times n}$ 表示，$H^{(i)} \in R^{n \times n}$ 表示第 i 个视角的 Hessian 图，用平方损失函数来衡量矩阵分解的误差，引入"一致性"聚类约束和 Hessian 正则项后，构建 HJ-SNMF 目标函数，如下所示：

$$J=\min\left\{\sum_{v=1}^{n_v}\|A^v-H^v(H^v)^T\|_F^2+\sum_{v=1}^{n_v}\gamma^v\|H^vQ^v-H^*\|_F^2+\beta\,tr((H^*)^T(\sum_{v=1}^{n_v}\alpha^vB^{(v)})H^*)\right\}$$

(4.26)

$$\text{s.t. } H^v,\ H^*\geqslant 0,\ \alpha^v\geqslant 0,\ \sum_v\alpha^v=1。$$

其中，$Q^{(v)}=Diag(\sum_{i=1}^{m}H_{i,1}^{(v)},\sum_{i=1}^{m}H_{i,2}^{(v)},\cdots,\sum_{i=1}^{m}H_{i,k}^{(v)})$ 为第 v 个视角的辅助矩阵，作用同 Multi-view SNMF 与 LJ-SNMF 模型；$\gamma^v>0$ 代表第 v 个视角的权重；α^v 为每个视角的 Hessian 所占的权重；$\beta>0$ 为图正则化参数。在不知道先验信息的情况下，可设定不同视角的 γ^v、α^v 相等，实验环节我们将对 α^v 设置不同的权重，以充分验证模型的性能。

相比于 LJ-SNMF 模型，本节提出的 HJ-SNMF 只是将 Laplacian 正则化换成了 Hessian，因为 Laplacian 正则化在做预测的时候会偏向一个常数，不能进行有效的推理；而 Hessian 正则化包含了丰富的零空间，允许映射函数沿流形上的测地线而线性变化，这种特性使得 Hessian 在很多场景和应用中都能发挥较好的作用，如回归、半监督降维等。

接下来将对提出的 HJ-SNMF 模型的目标函数 [式 (4.26)] 进行优化，从而得出一致性聚类矩阵 H^*、各视角的聚类指示矩阵 H^v 及在每个视角上的 Hessian 正则项所对应的权重 α^v 的更新规则。

4.3.4 算法优化

为最小化 HJ-SNMF 目标函数式 (4.26)，使用迭代更新方法，将原问题分解为若干个子问题进行逐步优化，具体分三步进行：①固定 H^* 和 $\alpha^{(i)}$，通过最小化目标函数值更新 $H^{(i)}$；②在上一步的基础上固定 $H^{(i)}$ 与 α^v，更新 H^*；③学习图参数 $\alpha^{(i)}$。

(1) 固定 H^* 与 $\alpha^{(i)}$，计算 $H^{(i)}$

通过拉格朗日方法来解这个优化问题，对约束 $H^{(i)}\geqslant 0$ 引入拉格朗日乘子 ψ，在每一步优化过程中，只考虑与 $H^{(i)}$ 相关的项。不失一般性，用 A 和 H 代表相应视角的相似矩阵与聚类指示矩阵，从而目标函数简化为：

$$L=\|A-HH'\|_F^2+\gamma\|HQ-H^*\|_F^2+tr(\psi H')$$
$$\propto tr(-2AHH'+HH'HH')+\gamma tr(HQQ'H'-2HQH^{*'})+tr(\psi H')。\quad(4.27)$$

求上式关于 H 的偏导，得：

$$\frac{\partial L}{\partial H}=-4AH+4HH'H+2\gamma HQQ'-2\gamma H^*Q'+\psi。\quad(4.28)$$

利用 KKT 条件，得到下面的更新规则：

$$H_{i,k}\leftarrow H_{i,k}\frac{2(AH)_{i,k}+\gamma(H^*Q')_{i,k}}{2(HH'H)_{i,k}+\gamma(HQQ')_{i,k}}。\quad(4.29)$$

(2) 固定 $H^{(i)}$ 与 α^v，更新 H^*

通过拉格朗日方法来解这个优化问题，引入拉格朗日乘子 ψ，H^* 在迭代过程中只考虑

目标函数中与 H^* 有关的项，关于 H^* 的目标函数可重写为：

$$J = \sum_{i=1}^{n_v} \gamma^{(i)} \| H^{(i)} Q^{(i)} - H^* \|_F^2 + \beta tr((H^*)'BH^*) + tr(\psi H^*')$$

$$\propto \sum_{i=1}^{n_v} \gamma^{(i)} tr(-2H^{(i)} Q^{(i)} H^{*\prime} + H^* H^{*\prime}) + \beta tr((H^*)'BH^*) + tr(\psi H^{*\prime})。 \quad (4.30)$$

其中，$B = \sum_{i=1}^{n_v} \alpha^{(i)} B^{(i)}$，$\alpha^{(i)} > 0$，$\sum_i \alpha^{(i)} = 1$。

求上式关于 H^* 的偏导：

$$\frac{\partial L}{\partial H^*} = \sum_{i=1}^{n_v} \gamma^{(i)} (-2H^{(i)} Q^{(i)} + 2H^*) + 2\beta (BH^*) + \psi。 \quad (4.31)$$

利用 KKT 条件，得到 H^* 的更新规则：

$$H_{ij}^* = H_{ij}^* \frac{(\sum_{i=1}^{n_v} \gamma^{(i)} H^{(i)} Q^{(i)} + \beta B^- H^*)_{ij}}{(\sum_{i=1}^{n_v} \gamma^{(i)} H^* + \beta B^+ H^*)_{ij}}。 \quad (4.32)$$

其中，$B = B^+ - B^-$，可以看出，求得的一致性聚类矩阵 H^* 为非负。

（3）学习图参数 $\alpha^{(i)}$

目标函数［式（4.26）］中关于 $\alpha^{(i)}$ 的最小化问题可以通过求解其子问题［式（4.33）］来实现：

$$\min tr((H^*)^T (\sum_{v=1}^{n_v} \alpha^v B^{(v)}) H^*)$$
$$\text{s.t.} \ \alpha^{(v)} \geq 0, \ \sum_v \alpha^{(v)} = 1。 \quad (4.33)$$

从式（4.33）可以发现，当 $tr((H^*)^T B^{(i)} H^*)$ 在所有视角中最小时，子问题［式（4.33）］关于 $\alpha^{(i)}$ 的解为：$\alpha^{(i)} = 1$，而对于其他视角，$\alpha^{(j)} = 0$。这种情况意味着只有一个视角被选择，而没有利用到其他视角提供的互补性信息。

为充分利用不同视角携带的信息，本章利用了一种小的技巧[59,177]去避免这个问题。设置 $\alpha^{(i)} \leftarrow (\alpha^{(i)})^r$，这里 $r > 1$，在这种条件下，每个视角对最后的低维表示都有一定程度的贡献，因而式（4.33）可以重写为：

$$\min tr((H^*)^T (\sum_{v=1}^{n_v} (\alpha^v)^r B^{(v)}) H^*)$$
$$\text{s.t.} \ \alpha^{(v)} \geq 0, \ \sum_v \alpha^{(v)} = 1。 \quad (4.34)$$

为求解式（4.34），引入拉格朗日乘子 λ，考虑到约束条件 $\sum_v \alpha^{(v)} = 1$，构建拉格朗日函数，如下：

$$L(\alpha, \lambda) = tr((H^*)^T (\sum_{v=1}^{n_v} (\alpha^v)^r B^{(v)}) H^*) - \lambda (\sum_{v=1}^{n_v} \alpha^v - 1)。 \quad (4.35)$$

令 $L(\alpha, \lambda)$ 关于 $\alpha^{(v)}$、λ 的偏导数为 0，得到：

$$\begin{cases} \dfrac{\partial L}{\partial \alpha^v} = r(\alpha^v)^{r-1} tr(\boldsymbol{H}^{*\prime} \boldsymbol{B}^v \boldsymbol{H}^*) - \lambda = 0, & v = 1, 2, \cdots, n_v, \\ \dfrac{\partial L}{\partial \lambda} = \sum_{v=1}^{n_v} \alpha^v - 1 = 0_\circ \end{cases} \quad (4.36)$$

通过求解上式,可以获得关于 $\alpha^{(v)}$ 的闭式解:

$$\alpha^v = \dfrac{(1/tr(\boldsymbol{H}^{*\prime}\boldsymbol{B}^v\boldsymbol{H}^*))^{1/r-1}}{\sum_{v=1}^{n_v}(1/tr(\boldsymbol{H}^{*\prime}\boldsymbol{B}^v\boldsymbol{H}^*))^{1/r-1}}_\circ \quad (4.37)$$

在式(4.37)中,因 Hessian 图 $\boldsymbol{B}^v$ 是半正定的,总有 $\alpha^{(v)} \geq 0$。当 $\boldsymbol{H}^*$ 固定时,可获得 $\alpha^{(v)}$ 的解。

综合上面的分析,HJ-SNMF 算法流程如下。

输入:非负矩阵 $\{\boldsymbol{X}^{(1)}, \boldsymbol{X}^{(2)}, \cdots, \boldsymbol{X}^{(n_v)}\}$,参数 $\{\lambda^{(1)}, \lambda^{(2)}, \cdots, \lambda^{(n_v)}\}$,$\beta$,聚类数 k。

输出:聚类指示矩阵 $\{\boldsymbol{H}^{(1)}, \boldsymbol{H}^{(2)}, \cdots, \boldsymbol{H}^{(n_v)}\}$,一致性聚类矩阵 $\boldsymbol{H}^*$ 及图参数 $\alpha^{(v)}$。

1. 将各视角 $\boldsymbol{X}^{(i)}$ 转化为对称、相似矩阵 $\boldsymbol{A}^{(i)}$;
2. 求各视角 $\boldsymbol{X}^{(i)}$ 的 Hessian 图 $\boldsymbol{B}^{(i)}$;
3. 对每个 $\boldsymbol{A}^{(i)}$ 标准化,使得 $\|\boldsymbol{A}^{(i)}\|_1 = 1$;
4. 初始化 $\boldsymbol{H}^{(i)}$、$\boldsymbol{H}^*$ 和 $\alpha^{(i)}$,$1 \leq i \leq n_v$(利用 NNDSVD 方法初始化 $\boldsymbol{H}^{(i)}$,指定任意一个视角的初始值 $\boldsymbol{H}^{(i)}$ 给 $\boldsymbol{H}^*$),令 $\alpha^{(v)} = 1/n_v$;
5. 迭代开始;
6. 对于 $i = 1: n_v$;
7. 固定 $\boldsymbol{H}^*$、$\alpha^{(i)}$,更新 $\boldsymbol{H}^{(i)}$ [根据式(4.29)];
8. 标准化 $\boldsymbol{H}^{(i)}$,$\boldsymbol{H}^{(i)} \leftarrow \boldsymbol{H}^{(i)} \boldsymbol{Q}^{(i)}$;
9. 固定 $\boldsymbol{H}^{(i)}$、$\alpha^{(v)}$,更新 $\boldsymbol{H}^*$ [根据式(4.32)];
10. 根据式(4.37)更新 $\alpha^{(v)}$;
11. 直到更新完所有视角;
12. 重复,直到目标函数 [式(4.26)] 收敛或达到预先设定的最大迭代次数。

4.3.5 实例分析与讨论

为验证所提出的 HJ-SNMF 算法的有效性,本节依然利用 3.4 节提到的两个公开的多视角数据集:三源文本数据集("three-source"数据集)与人类微生物数据集(HMP 数据集)进行实验。同 LJ-SNMF,本节实验利用了 3 个视角的数据进行分析,详细信息见表 4.1。

数据集预处理、标准化工作及构图方式已在 3.2 与 4.2 节中进行了描述,这里不再介绍。比较的基准算法与 4.2.5 小节中相同,本章实验中主要针对 LJ-SNMF 与 HJ-SNMF 的性能进行比较,以阐释所提出算法的有效性,对最后的聚类结果依然采用精度与标准互信息进行评价。

（1）实验结果

在两个数据集上运行 HJ-SNMF 算法，结果如表 4.4 所示。

表 4.4 两个数据集上最优的聚类表现

	精度		标准互信息	
	"three-source" 数据集	HMP 数据集	"three-source" 数据集	HMP 数据集
LJ-SNMF	82.25%	94.19%	74.72%	88.52%
HJ-SNMF	81.07%	94.51%	73.58%	89.35%

需注意的是，以上结果的获得基于以下环境：分别对两个参数 γ 与 β 设定相应的区间，并在该区间上运行这两种算法，对每一对 γ 与 β 值执行 20 次实验，取最优值作为最终聚类结果，参数分析将在下一部分进行阐释。

从表 4.4 可以看出，同 LJ-SNMF 相比，HJ-SNMF 算法在 HMP 数据集上达到了较好的性能，而在 "three-source" 数据集上则稍弱于 LJ-SNMF。需要说明的是，在构建 Hessian 的过程中，近邻数的选择也是影响算法性能的一个关键因素，我们在实验中采用了文献[81]默认设置的近邻数（20），如对近邻数做出更为合适的选择，HJ-SNMF 算法的性能可能会有进一步的提高。

总体来说，与 4.2 节提到的其他基准算法相比，两种算法在精度和标准互信息两个指标上均获得了较好的性能表现。下面将对 HJ-SNMF 算法的参数和收敛性进行分析，以验证本章所提出假设的合理性和有效性。

（2）参数研究

同 LJ-SNMF，在 HJ-SNMF 模型中有两个参数："一致性"约束参数 γ^v 与 Hessian 正则化参数 β，两个参数反映了对违反两个假设施以惩罚的强度。为便于计算，在实验中将每个视角的权重设置为相等，即 $\gamma^{(i)} = \gamma^{(j)} = \gamma$，其中，$i, j \in \{1, 2, \cdots, n_v\}$，对每个视角的图学习参数设置为 $\alpha^{(v)} = 1/n_v$。分别给定 γ 与 β 相应的取值区间，然后在此区间上运行 HJ-SNMF 算法并记录最好的聚类结果。

下面将针对这两个数据集对 HJ-SNMF 的性能随参数 γ 与 β 的变动情况进行分析。在 "three-source" 数据集上运行 HJ-SNMF 算法，聚类结果（精度）随参数 γ 与 β 的变化趋势如图 4.7 所示。

从图 4.7 可以看出，设置参数 γ 与 β 的变化区间为 [0.0001, 1.0000]，与其他值相比，当 $\gamma = 0.005$ 时，HJ-SNMF 有较好的表现，尤其当 β 从 0.0001 逐步增加到 0.1 时，HJ-SNMF 达到最好的聚类效果；当 γ 取区间中靠近两端的值时，无论 β 取何值，HJ-SNMF 的表现都不理想。一个可能的原因是：γ 取值较小时，各视角的聚类结构可以与最后的"一致"聚类模式存在较大的距离（近似误差）；而 γ 取值较大时，严格限制了各视角的特异性，使得每个视角与彼此过于接近，这两种情况都会影响算法最后的性能。

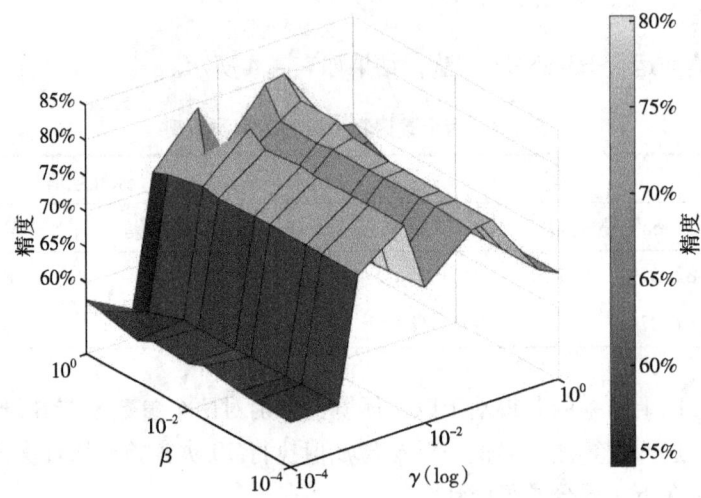

图 4.7 "three-source" 数据集上 HJ-SNMF 性能随参数的变化情况

在 HMP 数据集上运行 HJ-SNMF 算法，聚类结果（精度）随参数 γ 与 β 的变化趋势如图 4.8 所示。

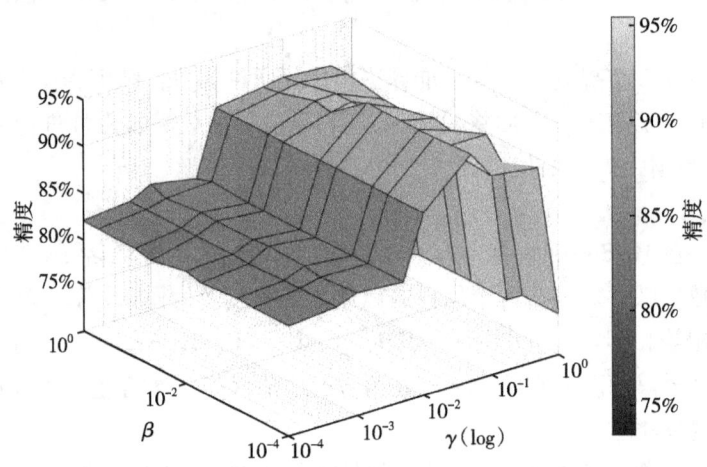

图 4.8 HMP 数据集上 HJ-SNMF 性能随参数的变化情况

从图 4.8 可以看出，在 HMP 数据集上，当 γ = 0.05 且 β 在区间 [0.0001, 0.0100] 变动时，HJ-SNMF 获得了较好的性能表现；当 γ 在较小的区间 [0.0001, 0.0100] 上取值时，给定 β 在区间 [0.0001, 1.0000] 上的所有值，HJ-SNMF 的性能都没有明显的提升，原因与"three-source"数据集相关分析类似，这也从侧面验证了我们在本章初提出的"一致性"假设的合理性。对于 Hessian 正则化参数 β，当 γ 固定时，HJ-SNMF 对其有较强的鲁棒性，一个可能的原因在于：算法充分利用了不同的视角提供的互补性信息并进行了有效的融合，使得最后形成的 Hessian 图能够消除数据中存在的一些潜在噪声的影响。

(3) 收敛性分析

为了验证所提出的 HJ-SNMF 算法的收敛性，该节在两个数据集上进行了相关实验。实验设置如下：分别在两个数据集上运行 500 次迭代，记录每一次运行的平均结果，并绘制目标函数值和聚类性能随迭代次数变化的曲线，如图 4.9 和图 4.10 所示。

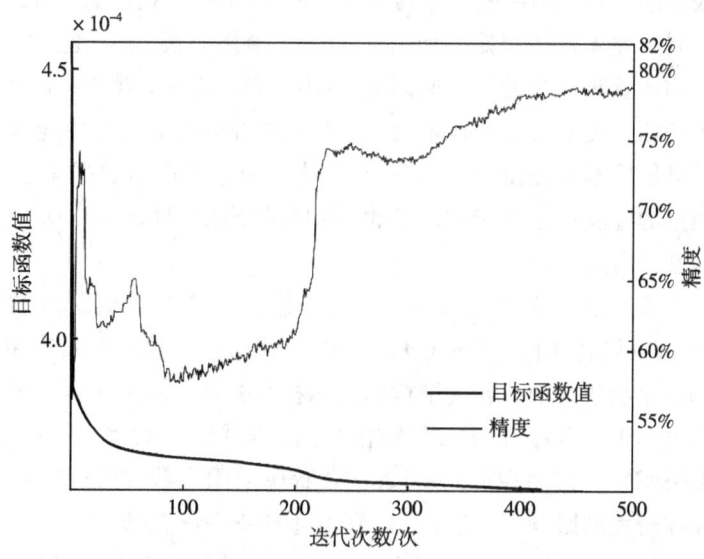

图 4.9　HJ-SNMF 在 "three-source" 数据集上的收敛性和相应的性能表现

图 4.9 显示了 HJ-SNMF 算法在 "three-source" 数据集上的收敛曲线与性能表现，粗线代表在不同迭代次数时的目标函数值，细线代表其精度值。从图 4.9 可以看出，算法在迭代 200 次以后开始收敛，同时，聚类性能开始明显提升并在迭代进行 400 次后逐步稳定下来。

以上分析说明了 HJ-SNMF 在 "three-source" 数据集上是收敛的，接下来将对 HJ-SNMF 在 HMP 数据集上的收敛性进行分析，图 4.10 显示了 HJ-SNMF 目标函数值和聚类性能随迭代次数的变化情况。

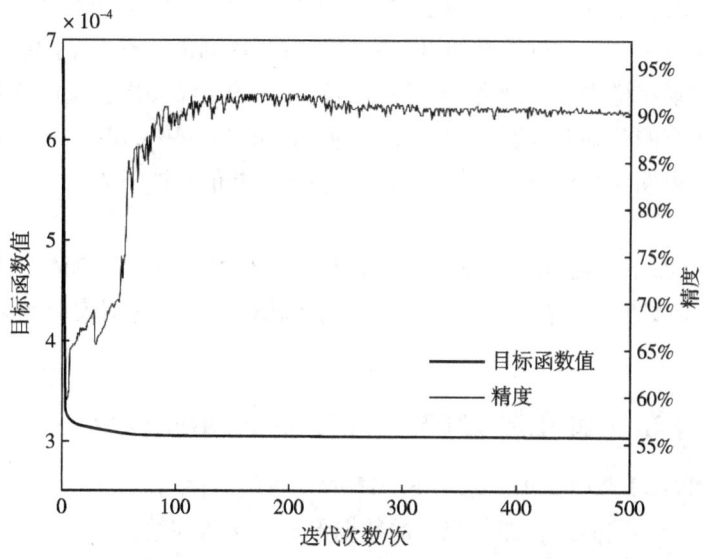

图 4.10　HJ-SNMF 在 HMP 数据集上的收敛性和相应的性能表现

如图 4.10 所示，在 HMP 数据集上，HJ-SNMF 进行 100 次迭代后开始收敛，而此刻的聚类精度达到了 90%左右（实验中的 γ 和 β 的值分别设定为 0.1 与 0.05）。从图 4.10 可以看出，在迭代次数较少的时候，精度曲线随迭代次数的增加而迅速上升；当迭代次数超过 100 次后，HJ-SNMF 的性能基本趋于稳定，而此时的性能虽然有震荡，但波动并不剧烈，基本维持在 92%左右。造成这种情况的一个原因是：HJ-SNMF 在对获得的一致性矩阵 H^* 进行聚类时，随机指定了初始聚类中心，而初始聚类中心的选择会对算法的性能有较大的影响。

以上实验结果显示了本节提出的 HJ-SNMF 算法在两个多视角数据集上是收敛的，同时在收敛的情况下模型的性能也是稳定的。这也证明所提出的 HJ-SNMF 算法在对多视角信息进行融合时的合理性和有效性。

综上所述，本节提出了一种基于 Hessian 正则化的对称非负矩阵分解融合模型（HJ-SNMF），与 Laplacian 正则化相比，Hessian 在对未知数据进行预测时具有更好的推理能力，能较好地揭示和刻画原始数据中蕴含的结构信息和相互关系。通过在两个多视角数据集上执行相关实验，结果显示 HJ-SNMF 在 HMP 数据集上的表现优于 LJ-SNMF；在"three-source"数据集上稍弱于 LJ-SNMF（因为在求 Hessian 的过程中采用了默认的近邻数，事实上，近邻数的选择对算法存在较大的影响）。此外，本节还对 HJ-SNMF 的收敛性进行了分析，通过执行大量实验，发现 HJ-SNMF 算法在这两个数据集上是收敛的。以上分析验证了所提出的 HJ-SNMF 算法的有效性和稳定性。

4.4 基于对称非负矩阵分解的预测模型

在 4.2 和 4.3 节中，利用图正则化思想提出了多视角对称非负矩阵分解（Multi-view SNMF）的两种变体：LJ-SNMF 与 HJ-SNMF，并通过大量实验证实了两种模型的有效性。但这些模型都是对已有样本的聚类，适用于数据库中现有的或已收集到的样本集。然而在现实世界中，随着网络技术、计算机技术的迅猛发展，每时每刻都会有大量的新样本产生，这就要求我们不仅要对现有样本分门别类，还要对实时样本的类型做出准确的判断。基于以上分析，本节在上述研究的基础上分别提出了基于 Multi-view SNMF、LJ-SNMF 与 HJ-SNMF 的实时样本预测模型，以期获得对新样本的较高预测精度，并能对决策人员提供有效、可靠的决策支持。

本节内容组织如下：在 4.4.1 小节中给出了基于 Multi-view SNMF、LJ-SNMF 与 HJ-SNMF 的实时样本预测模型；在 4.4.2 小节中执行了比较实验，并对实验结果进行了分析。

4.4.1 基于对称非负矩阵分解的实时样本预测模型

在 3.3、4.2 和 4.3 节中提出了基于 SNMF 的 3 种信息融合模型，这 3 种模型的共同之处在于：都基于一个共同假设，即各视角的数据形成的网络在结构上趋于一致。体现在目标函数的一致性约束项 $\|H^vQ^v-H^*\|^2$ 中，这里，H^* 代表了所有视角共同遵循的一致聚类结

构，利用 H^* 不仅可以对新样本 x_{new}^v 进行分类，还可以获得该样本在其他视角中的近似表示。下面将对这一过程进行详细阐述。

这里，为了表达方便，我们将3种模型获得的一致性矩阵统一用 H^* 表示。记，$X^{(i)} \in R^{m \times n}$，$i \in \{1, 2, \cdots, n_v\}$ 为第 i 个视角的表示，其中，m 为第 i 个视角的特征数，n 为实例的个数，n_v 为视角的个数，k 为聚类数，$A^{(i)}$ 为第 i 个视角的相似矩阵。将不同视角的信息和参数输入到3种模型中，可获得各视角共享的"一致"聚类模式：$H^* \in R^{n \times k}$。

在利用 H^* 进行预测时，首先计算 $x_{\text{new}}^{(i)}$ 与 $X^{(i)}$ 中每个样本的相似性，获得一个 n 维的相似向量 $u_{\text{new}}^{(i)}$：

$$u_{\text{new}}^{(i)} = (x_{\text{new}}^{(i)})' X^{(i)} 。 \tag{4.38}$$

接下来，利用 $u_{\text{new}}^{(i)}$、H^* 通过最小化式（4.39）所示的目标函数，获得 $x_{\text{new}}^{(i)}$ 在共享子空间中的表示：

$$\mathop{\arg\min}_{h_{\text{new}}^{(i)}} \| u_{\text{new}}^{(i)} - H^* h_{\text{new}}^{(i)} \|^2 。 \tag{4.39}$$

其中，$h_{\text{new}}^{(i)} \in R^{k \times 1}$ 代表 $x_{\text{new}}^{(i)}$ 的潜在表示。基于 $h_{\text{new}}^{(i)}$ 可以利用 KNN 的思想找出 H^* 中与其最相似的 k 个近邻，然后利用"少数服从多数"的原则确定 $x_{\text{new}}^{(i)}$ 的类别。

首先用 $\{x_{\text{new}1}^{(i)}, x_{\text{new}2}^{(i)}, \cdots, x_{\text{new}k}^{(i)}\}$ 表示 $x_{\text{new}}^{(i)}$ 在第 i 个视角中的 k 个近邻，然后找出这些近邻在原始样本中第 j 个视角对应的 $\{x_{\text{new}1}^{(j)}, x_{\text{new}2}^{(j)}, \cdots, x_{\text{new}k}^{(j)}\}$，最后可利用加权平均或直接求均值的方法得到 $x_{\text{new}}^{(j)}$：

$$\begin{aligned} & x_{\text{new}}^{(j)} = \alpha_1 x_{\text{new}1}^{(j)} + \alpha_2 x_{\text{new}2}^{(j)} + \cdots + \alpha_k x_{\text{new}k}^{(j)} \\ & s.t. \sum_{l=1}^{k} \alpha_l = 1, \quad \forall l, \quad \alpha_l > 0 。 \end{aligned} \tag{4.40}$$

通过式（4.40）可获得实时样本 $x_{\text{new}}^{(i)}$ 在另一个视角中的近似表示。

以上两种预测方法应该在数据量较大的情况下比较有效，下面将在公开获取的数据集上验证所提出的预测方法的有效性。

4.4.2 实验分析与讨论

（1）数据集描述与预处理

为验证本节提出的实时样本预测模型的性能，这里选择另外一种广泛用于信息融合的数据集：handwritten dataset。该数据集由0~9十个字符组成，每个字符包含200个不同形式的样本，为便于计算，使用一半样本（0~4）用于验证，其中，70%样本进行模型训练，30%样本用于预测。

为保证数据集中元素具有统计意义，将该数据集中的变量进行如下标准化，给定变量 $x = (x_1, x_2, \cdots, x_n)$，计算其均值 μ 及标准差 σ，则标准化后的变量 $\hat{x}$ 为：

$$\hat{x} = \frac{x - \mu}{\sigma} 。 \tag{4.41}$$

将两个视角的数据都进行上述标准化处理，然后利用4.4.1小节提出的预测方法，对新样本的分类及在另一个视角中的表示进行预测。为了描述预测模型的性能，本节除了沿用第3及第4章的两个评价指标（精度与标准互信息）外，还提出了一种近似误差的指标，用于度量预测模型生成的新样本在另一个视角中的表示与其真实表示之间的距离。

给定实时样本 $X_{\text{new}}^{(1)} \in R^{n_1 \times m}$，在另一个视角中的真实表示为：$X_{\text{new}}^{(2)} \in R^{n_1 \times p}$，预测模型生成的这些新样本的表示为：$X_{\text{pred}}^{(2)} \in R^{n_1 \times p}$，则其近似误差为：

$$errors = \frac{1}{n_1} \sum_{i=1}^{n_1} \| (X_{\text{new}}^{(2)} - X_{\text{pred}}^{(2)})_{i,} \|_2 。 \tag{4.42}$$

（2）实验结果

在训练集上分别运行典型相关分析（canonical correlation analysis，CCA）、Multi-view SNMF、LJ-SNMF 与 HJ-SNMF。其中，CCA 产生的映射变量用于预测新样本的分类及在另一个视角中的表示，其作用同 Multi-view SNMF、LJ-SNMF 与 HJ-SNMF 中的一致性矩阵 H^*。以上4种方法均利用 KNN 思想进行判别和预测。

在基于 SNMF 的3种融合预测模型中，取性能最优时的 H^* 为后续预测分析的依据，结果如表4.5所示。

表4.5 基于 SNMF 的3种融合模型的预测结果比较

	精度	标准互信息	近似误差（×10³）
CCA	86.33%	70.79%	0.01217
Multi-view SNMF	87.33%	75.08%	0.01325
LJ-SNMF	88.00%	76.30%	0.01297
HJ-SNMF	88.00%	76.30%	0.01385

需要注意的是，在利用 CCA 进行预测时，取前10对典型相关变量进行分析（第10个典型相关系数为0.8141）。从表4.5可以看出，LJ-SNMF 与 HJ-SNMF 在精度和标准互信息两个指标上达到了最好的性能，而 CCA 在近似误差上表现最好。

下面将从表现性能和近似误差两个方面对以上4种预测模型进行分析，以探讨其各自的特点和适用性。

（3）分析与讨论

表4.5给出了4种方法在预测实时样本类型时的表现性能与近似误差。可以看出，本章提出的两种基于图正则化的 SNMF 融合模型有更高的准确率，一个可能的原因是：这两种模型都利用了原始数据的结构信息来保持数据的一致性和相互联系，从而提高了其在新数据集上的泛化能力。这两种方法在训练数据足够多时，具有较好的预测性能。

另外，相较于3种基于 SNMF 的融合模型，CCA 在近似误差指标上具有更好的表现。原因在于：Multi-view SNMF、LJ-SNMF 与 HJ-SNMF 在进行预测的过程中，构建了新样本的稀疏相似矩阵，在寻找近邻的过程中也是基于稀疏图分解的一致性矩阵，因此得到的每个类别新样本的近邻关系都近乎相同，产生了较大的近似误差；而 CCA 是基于全体样本的映射，新样本的邻居是基于完整的样本空间的寻优过程，因而其近邻更能反映数据之间的真实关系。近似误差随样本数的变化趋势如图 4.11 所示。

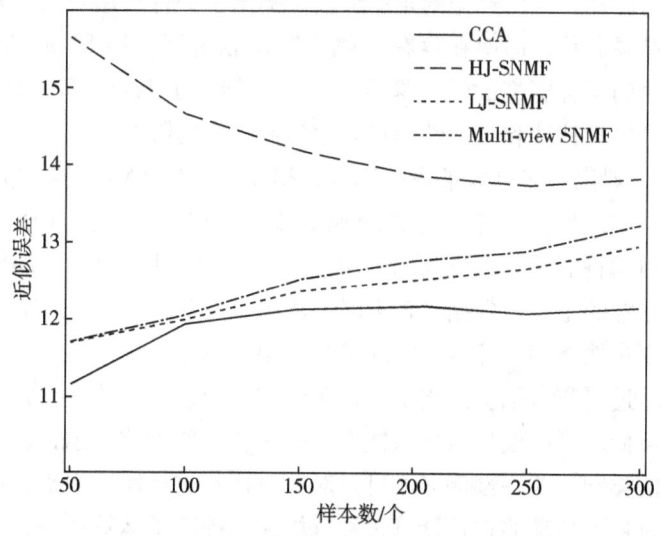

图 4.11　近似误差随样本数的变化趋势

如图 4.11 所示，CCA 的近似误差最小，而 HJ-SNMF 的最大，但图中存在一个反常的现象，即 HJ-SNMF 的近似误差随样本数的增多而逐渐变小，到 250 个样本之后基本趋于稳定；而 LJ-SNMF 与 CCA 有较好的近似误差。值得注意的是，CCA 采用的近邻搜索是基于全体样本的，而 HJ-SNMF 采用的是稀疏图，近邻数的选择会对模型的性能产生一定的影响，在实际应用中应根据不同的任务选择相应的预测模型。

总之，LJ-SNMF 与 HJ-SNMF 在预测精度上有较好的表现，而 CCA 则有较小的近似误差。本节提出的 3 种基于 SNMF 的融合模型能有效降低运算的复杂性，利用训练阶段生成的一致性矩阵来近似实时样本在子空间中的表示，避免了复杂的迭代计算过程和大量的时间开销，而预测的结果也有较高的准确性，因而在大数据分析中有较好的应用前景。

4.5　本章小结

在对多源信息进行融合的过程中，对目标对象聚类的精度是研究人员关注的一个重要问题，直接影响到系统的性能和后续的一系列应用任务。因此，不断提高模型识别的精度和泛化性能是信息融合的内在要求和应有之义。基于这种考虑，在第 3 章提出的多视角对称非负矩阵分解（Multi-view SNMF）融合模型的基础上，本章结合图正则化思想，给出了两种考虑流形一致性假设的对称非负矩阵分解融合模型：基于 Laplacian 正则化的对称非负矩阵分解融合模型（LJ-SNMF）和基于 Hessian 正则化的对称非负矩阵分解融合模型（HJ-SNMF）。这两种模型充分利用了原始数据中蕴含的空间结构信息，使最后获得的聚类一致性矩阵保持了原始数据之间的潜在关系，从而提高了模型的性能。

LJ-SNMF 通过构建鲁棒的 Laplacian 图来保持流形一致性，并结合"不同视角的聚类结构都趋于一致的聚类结构"的思想，更符合数据的客观分布和人们对事物的认知，因此具有较好的性能表现。此外，从信息论的角度出发，提出了一种利用互信息来度量不同视角兼容性的方法。实验结果显示，即使在存在"噪声"的情况下，LJ-SNMF 仍然能获得比任意单个视角或两个视角的组合更高的性能提升，进一步阐释了 LJ-SNMF 的稳定性，即能够充分利用不同视角提供的互补性和兼容性信息有效降低噪声的影响。

针对 Laplacian 正则化不能有效推理的问题，提出了 HJ-SNMF。这种方法利用原始数据的二阶信息来刻画样本之间的关系，允许测地函数对数据进行线性推理，避免了 Laplacian 在对未知数据预测时偏向常数的情形发生。因此，相较于 LJ-SNMF，HJ-SNMF 具有更好的性能表现。但需要注意的是，当数据量较大时，求解 Hessian 是一个比较费时的过程，因此在实际应用中，需要在性能和运算效率之间进行折中考虑。

最后，本章在上述研究基础上提出了一种实时样本的预测方法，当知道样本在一个视角中的表示形式时，可借此预测模型给出该样本在另一个视角中的表示，也可借助此预测模型判断这个样本所属的类别。这一预测方法可以对实时样本进行增量识别，而不用重复利用历史数据进行建模，避免了烦琐的迭代计算过程，极大地提高了运算效率，在文本分类、信息推送等领域有很广阔的应用前景。

以上对本章提出的 3 种模型的特点进行了简单概述。在实际应用中，需根据不同的数据特性和学习任务合理进行建模，以期实现对多源信息的最佳融合，得到科学、可靠的综合评定结论。

5 基于对称非负矩阵分解融合模型在跨模态检索中的应用

随着网络信息的爆发式增长，信息多元化程度日益加深，推动着信息检索技术不断向前发展。在传统的信息检索系统中，查询和被检索项共享同一个形态空间（或同构空间），"按文索文""以图搜图"等是其主要表现形式，一定程度上解决了同一模态空间内的信息资源检索问题。然而，现实应用中用户的需求往往是多样的，如用户有一段文字故事，希望能查找到有关该故事的配图信息或视频片段，此类检索可归结为不同模态空间中（文本、图像、音频、视频等）的信息资源相互检索问题。该问题的有效解决直接关系到用户的切身体验和由此产生的效益，具有较大的现实意义。

在前述研究的基础上，通过对多模态信息进行联合建模，以期找到不同形态信息的最优映射和表示，本章基于此而开展研究，组织结构如下：在 5.1 节中给出了跨模态检索的相关研究和基于 SNMF 融合模型的跨模态检索框架；在 5.2 节中对本章使用的数据集进行了描述和预处理工作；在 5.3 节中执行了相关实验并对实验结果进行了分析和讨论；在上述研究的基础上，在 5.4 节中对跨模态检索系统中存在的问题进行了梳理和归纳，并给出了若干建议和对策；在 5.5 节中对本章的研究工作进行了总结。

5.1 跨模态检索

信息技术的发展产生了大量、异构的网络资源，这些资源往往呈现出不同的表现形式，如用图片和文本对同一文档内容进行阐释，借助图像和音频对同一个故事进行描述等。这些不同形式的表现信息对传统信息检索系统提出了挑战。在传统的信息检索任务中，文本（图像）查询都是基于单模态（unimodal）的，即使用文本查询来检索文本库，使用图像查询来检索图像库[100]，这种模式隔离了不同模态之间的潜在对应关系，因而限制了其在现代信息技术中的应用。

考虑到单模态检索技术的局限性与多媒体信息的普遍性，多模态（multimodal）建模、表示与检索技术和方法在科学文献中被广泛研究[178-180]。在多模态检索系统中，查询通常采用多个内容模态的形式（如文本+图片），而检索集也以这两种模态组合的形式呈现。由于大规模多模态数据集的出现和测评，这种范式变得越来越普遍[100]；然而，大多数工作仍然是基于在单模态场景中有成功应用的一系列方法的拓展。通常的做法是，首先将来自不同模态的信息融合（通过级联）成一种"新"的特征表示，然后对这种表示进行降维以形成低维的子空间，最后将一些经典的单模态技术用于该子空间中进行检索。

虽然多模态检索系统支持多种形式的内容检索，但其本质依然是基于单模态的方法，不能对其中任意一种模态的信息进行存取，模态之间缺乏信息的交互。为了解决这个问题，跨模态（cross-modal）检索技术被提了出来，其目的是构建模型，实现信息资源在不同模态空间内的交互。在跨模态检索系统中，查询（如视频）来自一个模态，而匹配的对象则来自数据库中的另一个模态（如音轨）。这种形式的检索可被视为当前"内容标记系统"的泛化[100]，先用关键词对主要的模态内容进行标记和扩充，然后基于这个标记过的模态进行检索。基于关键词的图像[181-182]、歌曲[183-184]检索系统属于此类研究的范畴。

跨模态检索是多媒体信息检索中一个较新的研究领域[101]，通过将不同模态的信息映射到关联子空间，建立其在多种形态之间的对应关系，从而实现信息在不同模态空间中的转换。跨模态检索的一个潜在属性是：子空间中的表示应具有在不同内容模态之间泛化的能力，基于这种考虑，同一对象的不同特征间应能够建立某种跨越资源形态差异的联系。识别这种联系需要比单模态属性匹配更深层次的内容理解。例如，对包含"夕阳"的文档（由描述夕阳的文本关键词与包含夕阳的图片组成）进行检索时，图像检索系统通过匹配"红色的圆斑块"来检索包含"夕阳"的图片；文本检索系统通过匹配"夕阳"关键词来搜索相关文本；而在跨模态检索系统中，需理解关键词"夕阳"是如何与"红色的圆斑块"相匹配的。相比于单模态系统中的关键词匹配或颜色匹配，跨模态检索系统对信息资源的不同表现形式的理解更符合人们对知识的推理与认知，因此在多媒体建模中有更广阔的应用前景。

跨模态检索是对多个模态内容的联合建模，构建的模型支持关于富含多个模态信息的推理，不单是将附有图像的文本视为关键词源进行匹配，而是充分利用多模态文档的完整结构信息，将其中的主体文本与一些图像或视频片段进行配对[99]。常见的多模态文档包括网页、新闻文章等，本章拟对包含文本和图像两种模态的文档进行建模，分析第3及第4章提出的基于 SNMF 融合模型的有效性。

5.1.1 相关研究

信息检索系统的发展经历了传统的单模态检索、基于标记和注释的多模态检索和跨模态检索等阶段，期间涌现出了许多有代表性的技术和成果，这里主要针对一些概念做梳理和总结，以管窥信息检索发展的历程和现状。

（1）单模态检索

单模态检索是早期信息检索的典型范式，查询文档和被检索的文档来自同一个模态，查询文档可以是文本、图片、音频或视频等任意一种形式。在传统的单模态检索系统中，首先为给定的模态设计一个特征空间 R，然后将用户查询 q 和检索集 S 映射到这个空间中，最后通过相似性函数（如余弦相似性）值来排序检索结果。单模态检索示意如图 5.1 所示。

如图 5.1 所示，在单模态检索系统中，查询基于低层的关键词匹配，在当前文本表示和用户所采用的表示之间存在语义间隙，阻碍了单模态检索的发展，这种情况在图像检索领域表现尤为突出。

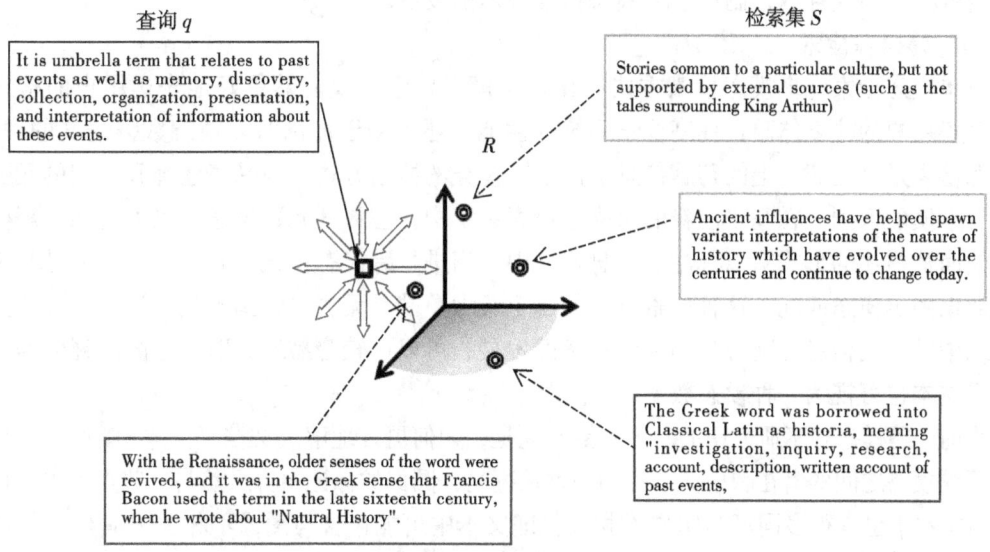

图 5.1　单模态检索示意[①]

(2) 多模态检索

与单模态检索不同的是，多模态检索系统通过整合不同模态空间中的信息资源进行检索。常用的做法有两种：一种是融合不同模态的特征形成一个"新"的向量表示[185-186]；另一种是通过学习各模态的模型，进而融合不同模型输出的预测结果[187]。多模态检索利用了不同模态间的互补性信息，在一定程度上改善了模型的性能，然而其实质依然是单模态检索方式。多模态检索示意如图5.2所示。

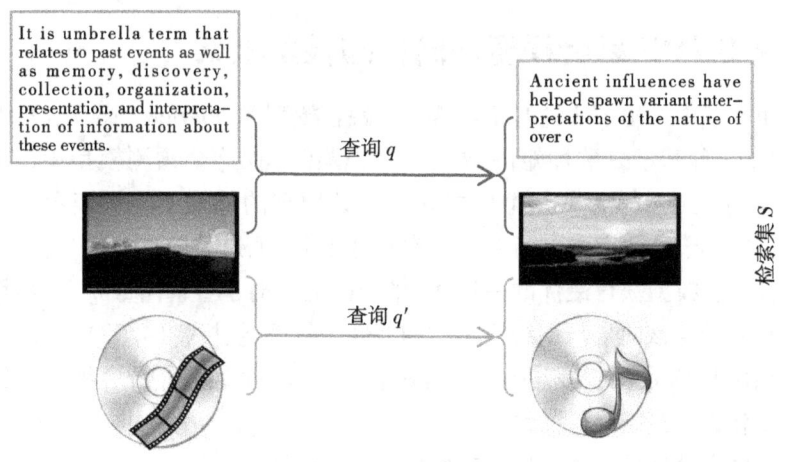

图 5.2　多模态检索示意[①]

如图 5.2 所示，在多模态检索任务中，查询由多个模态的表示组成，系统返回包含相同

---

① 摘自维基百科。

模态组合的检索结果。一个典型的问题是：多个模态的信息融合后，检索系统不能对每个模态的内容进行独立存取，制约了多模态检索技术的发展。

（3）跨模态检索

与单模态检索和多模态检索方式相比，跨模态检索不仅能够更好地表达用户的检索意图，改善用户的检索体验，提高检索系统的性能，还有助于加深对多模态数据语义的理解。跨模态检索是真正意义上的跨越信息资源形态差异的检索方式，与基于注释和标记的元数据匹配有本质的区别。在基于注释的跨模态检索系统中，注释的元数据通常以关键词、短标题和其他简洁描述的形式附以标注的信息资源中，当进行跨模态检索的时候，实质上是基于注释元数据的单模态匹配，这种检索方式的一个最大弊端是无法检索到不包含注释信息的另一种模态中的相关信息。随着自动标注技术的发展，可以比较容易地获取大量的注释数据，因此注释文本也可视为一种模态数据。

当前，跨模态检索研究中的一个关键问题是，如何更好地解决文档（文本+图像或其他形式）不同模态之间的潜在映射。常见的一种情况是：图像的标记内容虽然与一些查询关键词相关，但文本中也有很多词汇与图像不相关，即文本中可能包含与图像不相关的其他事件或内容。因此，需要构建稳定可靠的模型用以恢复文本和图像之间的潜在联系。

典型相关分析（CCA）[52]是挖掘不同模态信息特征之间潜在关系的一种常用方法，通过学习最优子空间映射矩阵，找到两组变量之间的最大线性相关。核 CCA 是 CCA 的变体，通过引入核函数解决不同特征之间的非线性映射，这两种方法在多模态学习中都有广泛的应用。

在下面的章节中，针对本书提出的基于 SNMF 的融合模型和预测方法，将给出它们在多模态检索中的应用框架。

5.1.2　基于 SNMF 融合模型的跨模态检索框架

在第 3 及第 4 章中给出了 3 种基于 SNMF 的融合模型 Multi-view SNMF、LJ-SNMF 和 HJ-SNMF，并给出了一种基于一致性矩阵 $\boldsymbol{H}^*$ 的预测模型。在这个预测模型中，$\boldsymbol{H}^*$ 有两重作用，除了与 CCA 中的典型变量作用类似之外（原始数据的低维子空间表示），还充当了映射矩阵的角色。在本节的研究中，所有工作都是基于 $\boldsymbol{H}^*$ 而进行的。

在利用 3 种融合模型获得最优的一致性矩阵 $\boldsymbol{H}^*$ 后，对于查询向量 $q^{(t)}$，t 代表该向量来自文本空间。首先计算该向量与训练样本的相似性，然后通过式（4.39）求得 $q^{(t)}$ 的子空间表示 $q_{\text{emb}}^{(t)}$，再利用 KNN 的思想找出 $\boldsymbol{H}^*$ 中与其最相似的 k 个近邻，最后将这 k 个近邻在另一个模态中的表示作为检索结果返回给用户。

基于 SNMF 融合模型的跨模态检索框架如图 5.3 所示。

如图 5.3 所示，a 为不同模态的原始数据矩阵，这里假设模态 1 为文档在图像空间中的表示，模态 2 为文档的文本表示；b 通过相似性测量构建文本—文本、图像—图像相似矩阵；c 利用本书提出的 3 种基于 SNMF 的融合模型对每个模态进行融合聚类，通过迭代融合过程，形成最终的一致性矩阵 $\boldsymbol{H}^*$，如 d 所示。以上过程生成了原始数据在低维子空间中的表示，该过程保持了原始训练样本的空间结构关系，当样本量大时，生成的子空间具有较好的泛化能力。

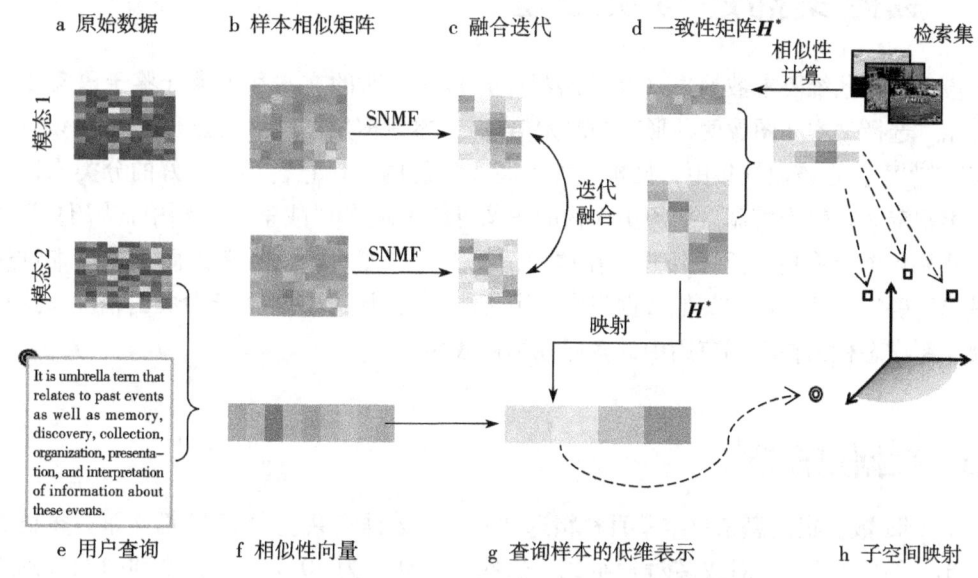

图 5.3　基于 SNMF 融合模型的跨模态检索框架①

当有一个用户查询 q（如文本查询）时，首先计算该查询向量与相应模态中所有训练文本的相似性，从而产生一个相似性得分向量，如 f 所示；然后利用一致性矩阵 H^* 计算 q 在子空间中的表示 q_{emb}，如 g 所示；同样地，计算另一个模态中的测试样本（检索集）与训练样本的相似性，再通过 H^* 获得检索集中样本的子空间表示 S_{retr}；最后根据相似性函数值（如余弦相似性）排序子空间中与 q_{emb} 相关的检索结果，并将其返回给用户。

以上所有步骤构成了基于 SNMF 融合模型的跨模态检索流程。与 CCA 相比，基于 SNMF 的融合模型有两个明显的特点：一个是 SNMF 在相似矩阵构建阶段可以采用多种形式的相似性度量方法，包括线性的和非线性的，这为准确描述数据之间的复杂关系提供了一种途径；另一个是 SNMF 在生成一致性矩阵的过程中，允许每个模态的数据保持其私有的结构信息，兼顾了不同模态数据之间的共性和每个模态的个性，相对客观地反映了原始数据的结构和属性联系；而 CCA 通过寻找两组特征（或变量）之间的最大线性相关来刻画不同表现形态数据之间的关系，当遇到弱相关的情况时，效果往往不是十分理想。

为了验证提出的基于 SNMF 的融合模型与预测方法在跨模态检索系统中的表现，在 5.2 节中采用一种广泛用于评测跨模态检索系统性能的公开数据集，并在 5.3 中给出了实验对比结果。

---

①　摘自维基百科。

5.2 数据集描述与预处理

跨模态检索系统要求数据集（文档语料库）包含成对的文本和图像（鉴于语义技术的成功应用，选择文本和图像两种形态的原始信息），本章搜集了网络上公开获取的 Wikipedia 数据集[99-100,188]。在该数据集中，文本包含了高质量的内容信息，具有更好的分类属性；而图像的类别定义则较为模糊，如历史人物的图像可能出现在"战争"类别中，"历史""生物"等类别可能具有更广泛的外延。在这种情况下，即使对于人类专家而言也很难对这些图像做出明确的判断，而在其他数据集中，则可能存在图像较文本易于分类的情况。这从侧面反映了跨模态检索在不同应用中的多样性和挑战性。

5.2.1 数据集描述

Wikipedia 数据集信息来自维基百科精选文章，该数据集共包含 2700 篇文章，每篇文章由"文本_图像对"（一对或多对）组成。这些文章被分为 30 个类，文本和图像分别被赋予相应的类标记。因为一些类目下的成员较少，故只考虑包含最大成员的前 10 个分类，详细信息如表 5.1 所示。

表 5.1 Wikipedia 数据集分类统计信息   单位：个

编号	主题	训练集	测试集	总文档数
1	艺术与建筑	138	34	172
2	生物学	272	88	360
3	地理与位置	244	96	340
4	历史	248	85	333
5	文学与戏剧	202	65	267
6	媒体	178	58	236
7	音乐	186	51	237
8	皇室与贵族	144	41	185
9	体育与休闲	214	71	285
10	战争	347	104	451
	统计	2173	693	2866

在 Wikipedia 数据集的文章中，经常包含有多个主题和多幅图片，为了生成"一对一"的映射，将每篇文章按照其章节标题分割为多个章节，并根据原始文章中的布局将每个图像

分配给相应的章节。通过以上过程生成了 7114 个内容更精炼的章节，删除了没有对应图片和字数少于 70 个字的文本章节，最后产生了 2886 个文档（文本_图像对）。

将获得的 Wikipedia 数据集随机划分为测试集和训练集，其中，训练集样本 2173 个，测试集样本 693 个，详细统计信息见表 5.1。

5.2.2 预处理与标准化

在获得 Wikipedia 数据集后，需对文本和图像两个模态的数据进行预处理工作。利用 LDA（latent dirichlet allocation）模型对文本数据进行处理，获得文本关于其主题的概率分布；对于图像数据，首先利用尺度不变特征变换（scale invariant feature transformation，SIFT）技术抽取每个训练图片的描述子，然后基于这些描述子利用 K 均值聚类算法学习一个码本（codebook），最后根据描述子在码本上的计数为每个图片生成一个关键词向量。

以上两种处理方法都是基于词袋模型（bag-of-words，BOW）的，在生成文本和图像的表示后，需对其归一化，使得每个文本和图像向量的分量之和为 1。

经过以上预处理和标准化过程后，文档（文本_图像对）可直接用于跨模态检索实验。需要注意的是，不同的数据处理方法可能对结果产生较大的影响，这里直接沿用文献 [99-100] 中的做法。

5.2.3 评价指标

跨模态检索任务有两种，"以图搜文"和"以文搜图"。检索结果的评价采用准确率—召回率曲线（precision-recall，PR）和均值平均正确率（mean average precision，MAP），其计算公式如下。

在信息检索中，准确率（precision，P）指的是检索到的相关文档占检索到文档数的比例；召回率（recall，R）指的是检索到的相关文档与相关文档总数的比例，用公式描述为：

$$P = \frac{|\{doc_{rel}\} \cap \{doc_{retr}\}|}{|\{doc_{retr}\}|}, \quad (5.1)$$

$$R = \frac{|\{doc_{rel}\} \cap \{doc_{retr}\}|}{|\{doc_{rel}\}|} \text{。} \quad (5.2)$$

其中，$|\{doc_{rel}\}|$ 代表相关文档数，$|\{doc_{retr}\}|$ 代表检索到的文档数。一般情况下，检索系统很难同时满足高的准确率和召回率要求，在系统测评中通常采用 PR 曲线来描述准确率随召回率的变化情况。

准确率、召回率及 PR 曲线只反映了检索系统在单次查询时的性能，难以明确表示两个查询结果的优劣。因此，引入平均准确率（average precision，AveP）与 MAP 来测量检索系统的平均性能，其公式如下：

$$AveP = \frac{1}{R}\sum_{r=1}^{R}\frac{r}{position(r)}。 \tag{5.3}$$

其中，R 为相关文档的总数，$position(r)$ 代表第 r 个相关文档在检索结果中的位置。可以看出，AveP 测量的是在召回率从 0 到 100% 逐步提高的同时，相应的准确率的均值。

在多个查询情况下，采用 MAP 来衡量检索系统的总体性能：

$$MAP = \frac{1}{Q}\sum_{q=1}^{Q}AveP(q)。 \tag{5.4}$$

其中，Q 为查询的总数目，$AveP(q)$ 代表第 q 个查询的平均准确率。AveP 反映的是系统在所有相关文档上性能的单值指标，系统检索出的相关文档越靠前，其 AveP 值越高，相应的 MAP 值也越大。

5.3 结果验证与分析

在训练集上分别运行基于 SNMF 的融合模型，取性能最优时的一致性矩阵 H^* 作为映射矩阵，并在测试集上执行跨模态检索任务（"以图搜文""以文搜图"），检索相关性以主题相关为依据。实验对比的基准算法有 CCA（即相关匹配，correlation matching，CM）、语义匹配（semantic matching，SM）[99-100] 与偏最小二乘回归（partial least square regression，PLSR）[189-190]。

在 5.3.1 小节中给出了各模型在 MAP 上的得分信息及在每个类别（主题）上的 MAP 得分情况；在 5.3.2 小节中给出了几种模型的 PR 曲线图。

5.3.1 MAP 指标上的性能表现

如 5.2 节所述，MAP 反映了检索系统在所有查询上的平均准确率，可用于评价不同检索方法全局性能的优劣，表 5.2 给出了不同方法在所有查询上的 MAP 得分。

表 5.2 检索性能（MAP 得分表）

实验方法	以文搜图	以图搜文	平均性能
CCA	0.1929	0.2449	0.2189
SM	0.2184	0.2264	0.2224
PLSR	0.2143	0.2478	0.2310
Multi-view SNMF	0.2126	0.2620	0.2373

从表 5.2 可以看出，相比于其他跨模态检索方法，Multi-view SNMF 在"以图搜文"任务中有最优的检索性能，比表现次优的 PLSR 高 5.73%，平均性能高 2.73%。在"以文搜

图"任务中,表现最好的为 SM,比表现次优的 PLSR 高出 1.91%。在平均性能上 Multi-view SNMF 依然有最好的性能表现。需要注意的是,当 CCA 主成分个数设置为 5,Multi-view SNMF 参数 λ 设置为 0.04,并将其获得的子空间表示用 PLSR 变换后,获得了以上结果。在 Multi-view SNMF 中,通过 H^* 获得文本和图像测试集的映射后,用 PLSR 进行变换能更好地捕获这两个模态数据的关联性,因此,性能比仅用 Multi-view SNMF 要好。

表 5.2 给出了 MAP 在所有主题上的平均准确率,为更清晰描述各方法在 MAP 指标上的差异,图 5.4 和图 5.5 给出了针对"以文搜图"与"以图搜文"两种检索任务中 4 种方法在各个主题上的 MAP 表现。

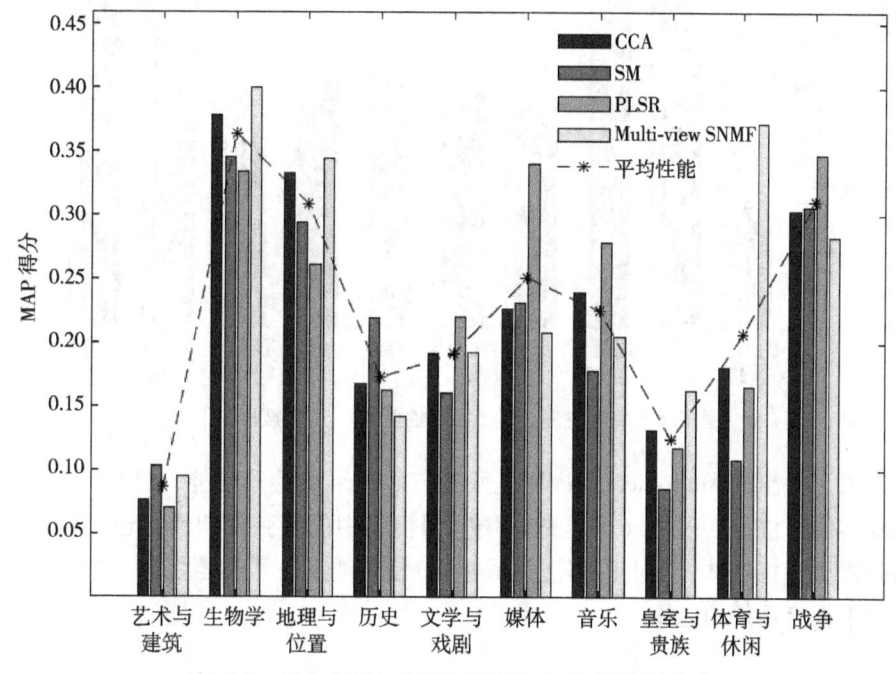

图 5.4 每个主题上的 MAP 性能 ("以图搜文")

如图 5.4 所示,Multi-view SNMF 在检索主题为"生物学""地理与位置""皇室与贵族""体育与休闲"4 类主题时效果最好,而在其他主题上也有不错的表现。SM 从语义角度将两个模态的数据分为若干类,每个文档用属于不同主题的概率得分向量来表示,当这些文档具有明确的分类信息时,SM 往往能取得不错的效果,反之亦然。从图 5.4 可以看出,SM 在"艺术与建筑""历史"等主题上有较好的性能表现,而在"文学与戏剧""音乐""体育与休闲"等主题上表现不佳。一个可能的原因是主题为"历史"与"文学与戏剧"的文档其分类边界往往不是十分清晰,在执行检索任务时,检索系统会将其视为同一类文档返回给用户。PLSR 结合了主成分分析(PCA)和 CCA 的优点,在去除原始数据中噪声的同时也保留了其最大相关信息,因而相较于 CCA,具有更明显的优势。如图 5.4 所示,PLSR 在"媒体""文学与戏剧""音乐""战争"4 个主题的得分具有最佳的表现。

在"以文搜图"任务中,各方法没有明确的优劣之分(图 5.5)。与"以图搜文"相比,"以文搜图"具有较低的整体检索性能,可能的原因在于共享的子空间中被检索的图像是按主题分布的,如果算法的聚类性能欠佳,则会在每个文本查询上产生较低的 AveP（平均准确率）。

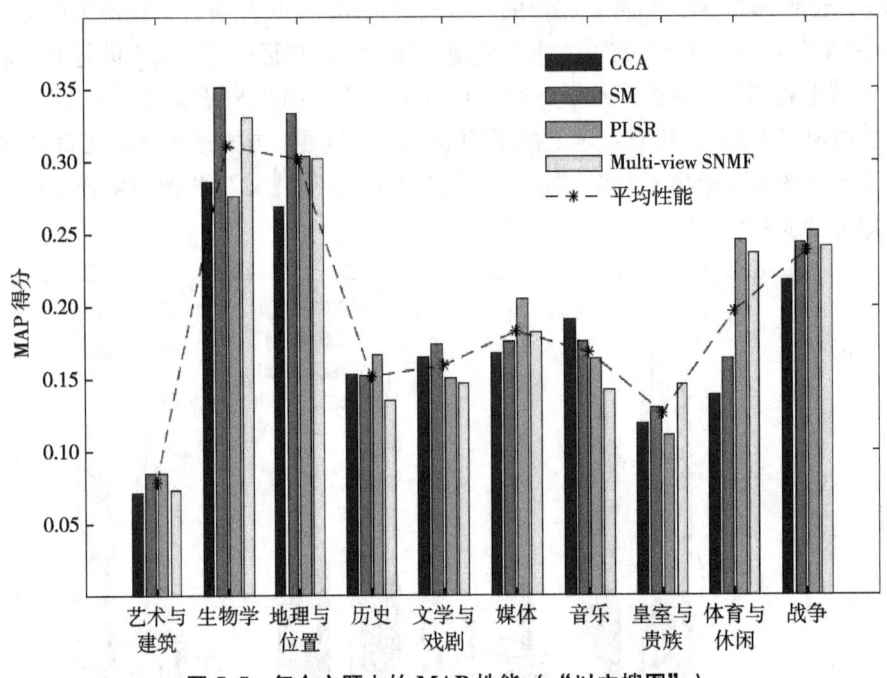

图 5.5　每个主题上的 MAP 性能（"以文搜图"）

总体来说,提出的 Multi-view SNMF 模型有较好的平均检索性能（MAP）,其构建文档—文档相似性的方法灵活多样（可以是向量空间模型中的余弦相似性,也可以是其他核函数,或者是聚类随机森林、图上的邻接关系等）,较好地反映了文档之间的结构关系,因此在许多任务中都有很好的应用。

5.3.2　PR 指标上的性能表现

PR 反映了检索系统的准确率随召回率逐步提升时的变化趋势,是衡量检索系统性能的一个关键指标。本小节将给出 4 种方法在两类检索任务中所有查询的平均 PR 值曲线,采用线性插值法。图 5.6 和图 5.7 分别给出了"以图搜文"和"以文搜图"任务中的 PR 曲线。

如图 5.6 所示,在用图像检索文本时,Multi-view SNMF 模型取得了最好的表现。当召回率逐步提升到 60% 之后,所有模型的准确率开始下滑；而当召回率在区间 [5%,70%] 中变化的时候,Multi-view SNMF 模型表现最为稳定且性能最优,表明了更好的泛化能力。这一属性在特定的快速检索系统中尤为重要,如疾病查询、人机对话等应用中,用户最关切的是检索结果中前几个页面返回的信息；而在满足一定的召回率水平下,保持高的准确率是这类系统的应有之义。总之,以上结果表明了 Multi-view SNMF 模型中基于聚类"一致性"的假设能有效提高跨模态检索系统的性能,也指明了同一事物的不同模态（文本、图像）

之间存在空间上趋于一致的聚类结构。

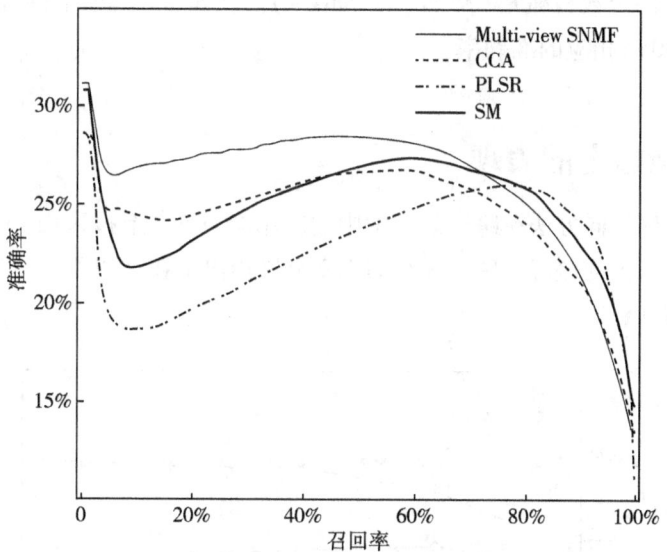

图 5.6 图像查询上的 PR 曲线（"以图搜文"）

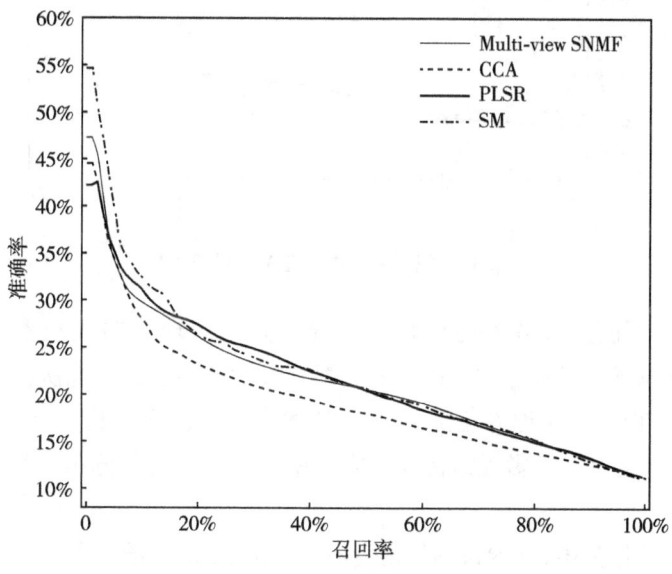

图 5.7 文本查询上的 PR 曲线（"以文搜图"）

从图 5.7 可以看出，4 种方法在文本查询上表现相当，在召回率小于 10%时，其准确率下降最为明显（仍然保持在 30%以上）；而在召回率大于 10%时，其下降趋势相对较缓。这种情况说明了检索结果列表中越靠前的项，其相关性也越强；而随着检索到的相关文档数的不断增多（直到召回率达到 10%附近），其检索到的不相关文档也随之增多，而且增速更快；在召回率大于 10%时，曲线的斜率几乎保持不变，表明了图像信息在子空间中呈离散、按主题分布的状态。

以上两个指标（MAP、PR）在一定程度上代表了检索系统的性能水平，是两种较为常用的评价方法；然而在一些特定的应用中，用户往往关心的是检索到前 K 个文档（文本或图像）中相关文档的个数，即 P@K（precision@K）。在 5.3.5 小节中将给出 4 种方法在 $K=$ 5，10，15，20，30 时相应的准确率。

5.3.3 其他指标上的表现

为更全面地阐释不同方法在跨模态检索中的应用能力，本节拟采用 P@K 值来衡量这些方法在两种检索任务上的表现。图 5.8 和图 5.9 分别给出了在"以图搜文"与"以文搜图"任务中各算法的表现。

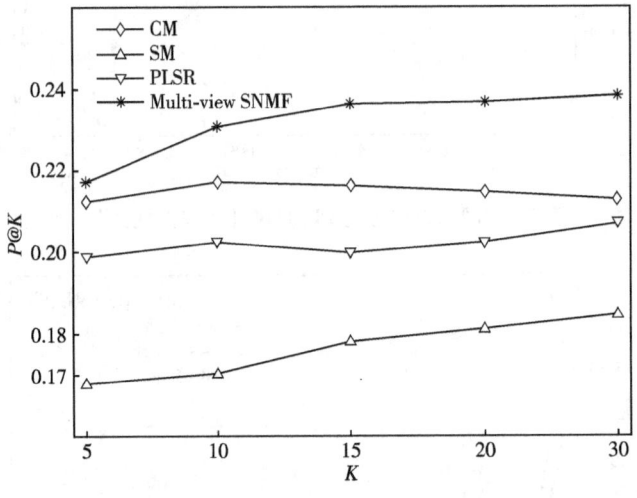

图 5.8 "以图搜文"任务中的 P@K

在"以图搜文"任务中，4 种方法均有相对稳定的表现（曲线较平坦），如图 5.8 所示。其中，Multi-view SNMF 在各 P@K 水平上都有最优的表现；性能次优的为 CCA（CM），曲线斜率几乎为 0，而其他 3 种方法随 K 的逐渐增大呈缓慢递增趋势（但整体斜率较小），这种情况说明了文本信息在投影后的特征子空间中呈离散、均匀分布，与文献［101］中的观点表述一致。

在"以文搜图"任务中，P@K 的性能与在"以图搜文"任务中的表现迥异，如图 5.9 所示。

在图 5.9 中，4 种方法的 P@K 值随 K 的逐渐增大呈递减趋势，这说明了图像信息在投影后的子空间中可能具有按主题聚类的特性，这种情况在 Multi-view SNMF 中表现尤为明显，一个可能的原因是 Multi-view SNMF 模型生成的特征子空间（一致性矩阵 H^*）具有明确的聚类意义，而图像信息在该子空间中的投影具有比文本信息更明显的主题聚类特性，这方面内容超出了本书研究的范围，在此不做过多论述。此外，在该任务上表现最好的为 SM 方法，在 K 取不同的值时均有较好的性能，究其原因在于该方法考虑了原始数据更高层次的语义信息，在数据表示方面有一定的优势，而其他 3 种方法都是基于数据的原始特征。

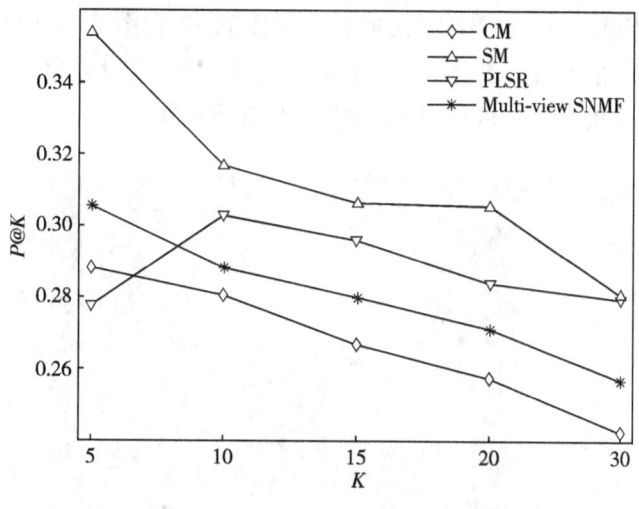

图 5.9 "以文搜图"任务中的 P@K

总之,在"以图搜文"任务中 Multi-view SNMF 模型具有较好的 P@K 值,而在"以文搜图"任务中 SM 具有一定的优势。如何更合适地对原始多模态数据进行表示,进而提高其在子空间中的关联能力是改善跨模态检索性能的关键。许多相关研究(如 SM)都是基于数据表示开展的,而基于关联模型(如 CCA)的研究相对较少,这也是本书研究的一个出发点。

此外,对于每个查询而言,设定检索到的文档数为其相关文档总数(该查询所属主题下文档的数目),计算此刻的召回率,该值也反映了检索系统在每个主题查询下的相对准确率(relative precision,RP),公式如下:

$$RP(q_i) = \frac{|\{doc_{rel}\}|}{|\{category_i\}|} = R \text{。} \quad (5.5)$$

其中,$|\{doc_{rel}\}|$ 为检索到的相关文档的个数,$|\{category_i\}|$ 为查询 q_i 所属类别下文档的总数目。有别于 P@K,该指标更加灵活、直观地刻画了不同查询下的系统检索性能,表 5.3 给出了 4 种方法在所有查询上的平均 RP 值。

表 5.3 4 种方法在两种任务中的 RP 值

	CCA (CM)	SM	PLSR	Multi-view SNMF
"以图搜文"	0.2046	0.1984	0.2050	0.2287
"以文搜图"	0.2055	0.2264	0.2387	0.2283
平均性能	0.2051	0.2124	0.2219	0.2285

从表 5.3 可以看出,Multi-view SNMF 在"以图搜文"任务中有最好的性能,PLSR 在"以文搜图"任务中有最好的表现;然而,就两个任务的整体表现而言,Multi-view SNMF 比 PLSR 高出 2.97%,说明了 Multi-view SNMF 具有较好的平均召回率,该指标对搜索任务来说尤为重要。

为进一步阐释 Multi-view SNMF 方法的特性，图 5.10 和图 5.11 给出了在各主题上的 MAP 混淆矩阵。首先计算所有查询在 10 个主题上的 MAP 得分矩阵，然后在所有真实类（ground truth）上求均值，最后得到 10×10 的 MAP 混淆矩阵。

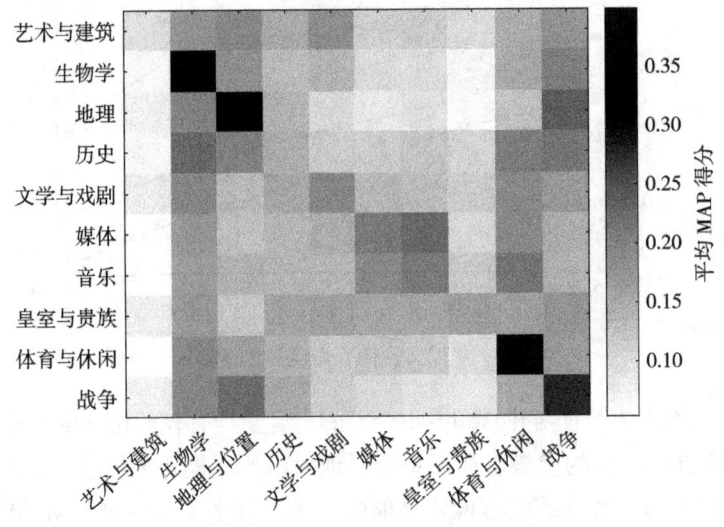

图 5.10 "以图搜文"任务中的 MAP 混淆矩阵

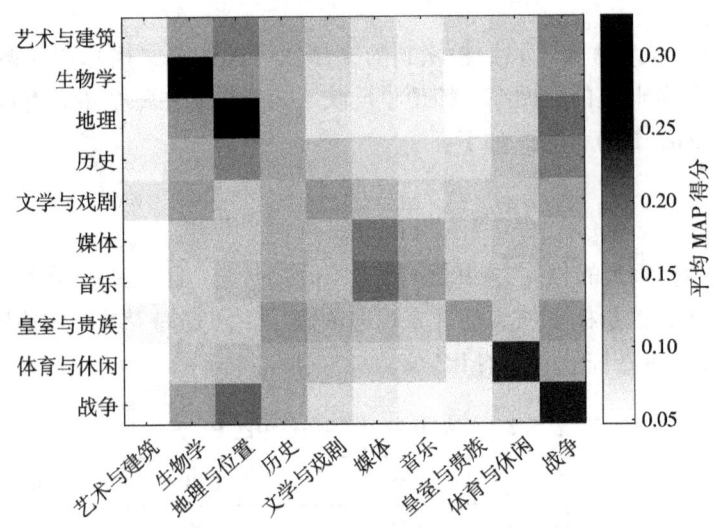

图 5.11 "以文搜图"任务中的 MAP 混淆矩阵

如图 5.10 和图 5.11 所示，行代表真实的主题类（查询模态），列是关于预测的主题类（检索模态），对角线元素指的是预测到的真实主题类上相应查询的平均 MAP 得分，通常情况下，对角线的元素具有较大的值。从以上两个图可以看出，文本查询（"以文搜图"任务）得到的 MAP 混淆矩阵较图像查询（"以图搜文"任务）更为清晰，可能的原因是子空间中的文本信息具有更直接、更易区别的类别标记。例如，一段描述封建王朝的文本信息具有较为清晰的"历史"标签；而一张包含"黄鹤楼"的图片，可能同时被赋予"艺术与建筑"和"地理与位置"两个标签。值得注意的是,对于许多误分类查询而言,这种误分类是合乎情理的[99]。以文本查询为例,"文学与戏剧""媒体""音乐"3个主题类别往往相互混淆,而与"战争""艺术与建筑"的主题类别却不相关;"历史""战争"等主题类别的文本也容易误分类,因其描述信息中均使用了诸如年代、人物、事件等相似的词汇信息。

综上所述,基于SNMF融合模型的跨模态检索方法表现出了更好的整体性能(MAP、RP等指标),这种方法将多视角聚类和不同模态之间的关联结合起来,在一定程度上提高了跨模态检索系统的性能。但在论证和实验过程中,也出现了一些值得进一步深入研究的问题,这些问题的解决将会对多模态学习、跨模态检索等理论的发展与完善产生一定的积极推动作用,并在实际应用中产生较大的效益。

在5.4节中总结了一些跨模态检索中的问题,并提出了若干对策和解决方案,以期能够进一步提高跨模态检索系统的性能。

5.4 现实问题与对策

跨模态检索在迎合用户查询、提高用户满意度方面有较广阔的应用前景,受到了研究人员广泛、一致的关注,并取得了大量的研究成果。随着跨模态检索技术在不同领域的应用,也出现了一些难以明确和解决的问题,这些问题的解决关系到检索系统性能的提高,并最终会影响到用户的体验。结合本章实验,现总结如下。

5.4.1 最优的聚类结构与最优的关联

在多视角(多模态)聚类任务中,目标是构建不同视角的潜在子空间表示,这种表示反映了原始数据之间的结构关系。然而,具有好的聚类意义的表示是否准确描述了不同模态数据之间的关联,并具有检索意义?

通过基于SNMF融合模型获得训练集上的最优聚类结构 H^*,并将测试集数据投影到 H^* 张成的子空间中,随后在不同任务上执行跨模态检索实验。结果表明,最优的聚类结构并没有带来检索性能的提高;相反,某种水平上的聚类矩阵能够带来检索性能的显著改善。可能的原因是映射后的信息只是聚类意义上的数据表示(可理解为一种更高层次上的抽象表示),这种表示并没有学习到两个模态之间最强的关联。因此,最优的聚类并不是适合跨模态检索任务的最佳标准,这个结果与文献[191]提出的观点一致。

5.4.2 较小的重构误差与较好的关联

在机器学习任务中,通过最小化重构误差来近似原始数据。对于单模态的数据而言,较小的重构误差代表着学习到的表示包含更多的原始信息。然而,这种表示除了包含不同模态之间共享的信息外，还包含该模态独有的信息。在跨模态检索任务中，共享信息是建立不同模态之间关联的桥梁，单模态的独有信息对检索系统性能的提高是不利的。

因此，通过控制较小的模型重构误差而学习到的不同模态的表示并不一定能够产生较好的关联，进而带来检索系统性能的提升。

5.4.3 低层的关联与抽象层的关联

在跨模态检索系统中，数据表示和数据关联是两个最重要的任务。数据表示位于第一阶段，低层的数据表示通常指的是原始数据经过简单预处理之后的文档信息，如 TF-IDF 标准化；而高层表示指的是原始数据经过语义处理后的抽象层表示，如主题概率分布等。在获得多个模态的数据表示后，哪个层次上的表示能更好地服务于不同模态之间的关联？

文献［99-100］中指出语义层的关联能带来检索性的提升。然而需要注意的是，语义处理固然能够概括或抽象原始样本的关键信息，但也可能会丢失部分对数据关联起重要作用的信息。在5.3节的实验中，基于语义的表示（SM）在两个任务上并没有带来检索性能的显著改善。

因而，不能简单地根据数据处理的水平来判断关联学习的性能，应将这两个阶段统一起来进行学习。

5.4.4 流形学习与实时样本上的泛化

流形学习也是一种常用的跨模态检索技术[192-193]，通过引入 Laplacian 图获得不同模态数据的子空间表示，然后在该子空间中计算查询样本和检索集之间的相似性得分。这种方法在训练集上往往有很好的表现，然而对于训练集之外的样本，泛化能力较差。在实际应用中，由于系统的存储能力和用户的响应时间，不太可能将实时样本和数据库中已有的样本累积起来进行联合学习，只能对数据库中与查询相似的记录进行 K 近邻搜索，并按相似性得分将结果返回给用户。

如何结合流形学习的优势，将查询有效、准确地投影到流形空间上，是跨模态检索面临的一个主要问题。

随着跨模态检索技术在不同领域的应用，许多新的问题也将涌现出来。如何有效解决这些问题并逐步改善系统的性能，是信息检索领域亟待解决的任务，现将一些建议和对策罗列如下，以供参考。

①构建鲁棒的子空间模型，如 CCA、KCCA 的同构子空间、FLSR 的主元相关子空间等。不同模态的样本在这些子空间中应该有较为准确的映射，能较好地反映数据之间的结构与关联。

②训练数据尽可能多和全。在采样均匀的情况下，样本量越大、类别越多，构建的子空间越稳定，相应地对实时样本的表示也越精确。

③结合使用多种方法，如可以首先通过某种融合模型（如 Multi-view SNMF）对训练数

据和测试数据进行建模和映射，然后结合 CCA、PLSR、SVM 或其他方法进行更高层次的语义抽象，最后对不同模态的语义表示进行检索。

④构建不同模态数据之间在多个层次表示上的关联，如文本信息中可能包含一些代表不同抽象水平的词汇，此时如果只将图像信息抽象为某一水平的表示，则有可能产生不好的，甚至错误的关联。因此，有必要构建不同模态信息在多个表示层次上的关联。

以上几个方面总结了跨模态检索中存在的问题，并给出了若干建议。在实际应用中，应结合不同的任务和数据特性，选择合适的建模方法。

5.5 本章小结

多模态数据中包含着丰富的语义信息和隐性知识，而这些知识仅依靠单模态数据是无法获取的。多模态数据催生了大量的跨模态检索应用需求，然而，现有的信息检索系统大多是基于单模态的，也有一些提供多模态检索服务，如"以文搜图"时，检索系统先通过"以文搜文"查询包含相似文本信息的网页，然后返回网页中与相似文本相关的图像信息，这样会造成一些漏检和误检现象发生。因此，构建可靠、准确的跨模态检索模型，以满足用户个性化、多样化的查询请求成为一个亟待解决的问题。

基于以上考虑，本章将提出的基于 SNMF 的融合模型应用到跨模态检索任务中。通过在两种任务（"以文搜图"与"以图搜文"）中执行大量对比实验，结果显示 Multi-view SNMF 在 MAP、每个主题上的 MAP、PR 曲线、召回率等指标上均具有较好的整体表现，证实了 Multi-view SNMF 融合模型在跨模态检索中的有效性。

利用 Multi-view SNMF 在训练集上生成的子空间表示，用 4.4 节中提出的预测方法将实时样本（测试集）映射到该子空间中，获得了比 CCA、SM 等更好的检索性能。这一思路可以应用到流形学习中，为解决实时样本在语义空间中的投影及进行跨模态检索提供了一种可行的途径。

最后，在大量实验和相关文献研究的基础上，本章针对跨模态检索中存在的问题进行了梳理和总结，并提出若干建议和对策，以期实现对多个模态信息的最佳融合和检索系统性能的不断提升。

6 其他多视角信息融合模型及应用

在上述章节中，我们系统而深入地分析了以非负矩阵分解及其变体为代表的一类信息融合模型，这类信息融合模型因在实际应用中具有良好的可解释能力和可靠的性能表现，受到了日益广泛的关注，在图像处理、信息检索、生物信息学、文本挖掘等领域都发挥着重要的作用。然而，信息融合是一门覆盖众多学科领域和方向的技术，仅从矩阵分解或多视角聚类角度来阐释其内在机制和应用，难免有失偏颇，本章及后续章节将着重论述近年来涌现出来的具有代表性的多视角信息融合模型，以使更多学者和研究人员能更全面了解和把握多视角学习的相关理论、技术、方法与最新进展。

本章结合近几年发表在国际著名期刊和会议的有关多视角信息融合的论文，期刊如 *Nucleic Acids Research*、*Bioinformatics*，会议如 "Proceedings of the National Academy of Sciences of the United States of Ameria" "IEEE International Conference on Computer Vision" "IEEE Conference on Computer Vision and Pattern Recognition" 等，重点阐述多视角学习在文本挖掘、生物信息学、图像处理等领域的应用。

6.1 多层异构模块的发现与识别

在多视角学习框架中，不同视角（特征）通过同一样本子集可以建立某种联系，如在生物信息领域，小 RNA（miRNA）、DNA 甲基化、基因之间的协同调控关系[194]，基因—药物之间的协同调控关系[195-197]，miRNA 与 mRNA（messenger RNA）之间的协同调控关系[198-203]等。这里，通过构建复杂网络及设计相关的模块发现算法可对有效揭示系统内部复杂的调控机制起到较好的促进作用。

多层异构模块发现与识别的思路为：针对不同视角（特征）的测量数据中，通过联合建模，分别找出起协同作用的特征子集，然后利用统计方法或信息论方法将这些识别出的特征子集（模块）进行关联，从而得出在相应于某一样本子集的特征集合及它们之间的关联。图 6.1 给出了详细的阐释性例子。

如图 6.1 所示，a：DNA 甲基化、miRNA 表达和基因表达数据集。在该数据集中，矩阵中的行代表样本，相应的列分别代表 DNA 甲基化、miRNA 表达、基因表达值，用方框圈出的部分代表相同的样本子集具有相关的特征谱表示；b：通过联合矩阵分解，得出的 3 种视角的特征子空间表示，最后被映射到统一的子空间中，其中，每个点代表样本在子空间中的表示；c：联合矩阵分解的一个阐释性例子。

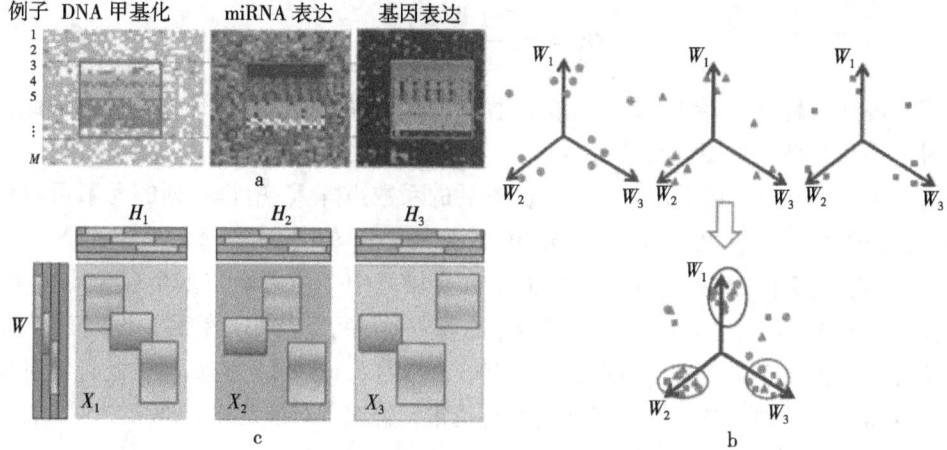

图 6.1 多层异构模块发现与识别阐释性例子[194]

该联合矩阵分解模型的目标函数可表示为：

$$\min \sum_{i=1}^{3} \| X_i - WH_i \|_F^2$$
$$\text{s.t } W \geq 0; \quad H_i \geq 0。 \quad (6.1)$$

其中，W 为分解后的基矩阵；H_i 为系数矩阵，均为非负。在求解 W、H 的过程中，类似地，用多乘迭代方法，通过固定其他变量，获得该变量的更新准则，如下。

利用线性代数的知识，可将联合非负矩阵分解的目标函数转化为：

$$\sum_{i=1}^{3} \| X_i - WH_i \|_F^2 = \sum_{i=1}^{3} [tr(X_i X_i^T) - 2tr(X_i H_i^T W^T) + tr(WH_i H_i^T W^T)]$$
$$+ tr(\psi W^T) + \sum_{i=1}^{3} (\varphi_i H_i^T)。 \quad (6.2)$$

其中，$\psi = [\psi_{ij}]$，$\varphi_i = \varphi_{ij}^i$。分别求式（6.2）关于 W、H 的偏导，用 L 代表式（6.2），得到：

$$\frac{\partial L}{\partial W} = \sum_{i=1}^{3} [-2X_i H_i^T + 2WH_i H_i^T] + \psi, \quad (6.3)$$

$$\frac{\partial L}{\partial H_i} = -2W^T H_i + 2W^T WH_i + \varphi_i, \quad i = 1, 2, 3。 \quad (6.4)$$

基于 KKT 条件可知，$\psi_{ij} W_{ij} = 0$，$\varphi_{ij}^I (H_i)_{ij} = 0$，可获得下面关于 W_{ij}、$(H_i)_{ij}$ 的等式，如下所示：

$$-\sum_{i=1}^{3} [-2X_i H_i^T + 2WH_i H_i^T] + \psi = 0, \quad (6.5)$$

$$-(W^T X_i)_{ij} (H_i)_{ij} + (W^T WH_i)_{ij} (H_i)_{ij} = 0。 \quad (6.6)$$

可得到下面的更新公式：

$$W_{ij} = W_{ij} \frac{(X_1 H_1^T + X_2 H_2^T + X_3 H_3^T)_{ij}}{(W(H_1 H_1^T + H_2 H_2^T + H_3 H_3^T))_{ij}}, \quad (6.7)$$

$$H_{ij} = H_{ij} \frac{(W^T X)_{ij}}{(W^T W H)_{ij}}。 \qquad (6.8)$$

这里，因在求解 H_i（$i=1$，2，3）的过程中，H_1、H_2、H_3 之间是独立的。因此，在式（6.3）中，我们用统一的更新公式表示。

在获得 H_1、H_2、H_3 的表示之后，因分解后的系数矩阵 H_i 中每一列的元素可看作为隶属于相应类的概率，加之非负矩阵分解"软聚类"的特性，每一个 miRNA、基因、mRNA……可能在多个类中发挥作用，类似于社交网络中个体可能在多个社会团体中任职。因此，文献［194］采用了 Z-score 方法对 H_i 的每一列进行标准化，然后，设定某一阈值 T，如果标准化后的值大于 T，那么该特征（miRNA、基因或 mRNA）应归属于此类。利用这种方法，可获得每个类的成员，然后将这些不同视角的类成员对应起来，即形成多个特征之间的协同模块。

张世华等人[194]利用该方法在模拟数据集上进行了实验，结果显示，上述方法能够精确发现蕴含在该数据中的模式，图 6.2 阐释了利用该方法发现协同模块的例子。

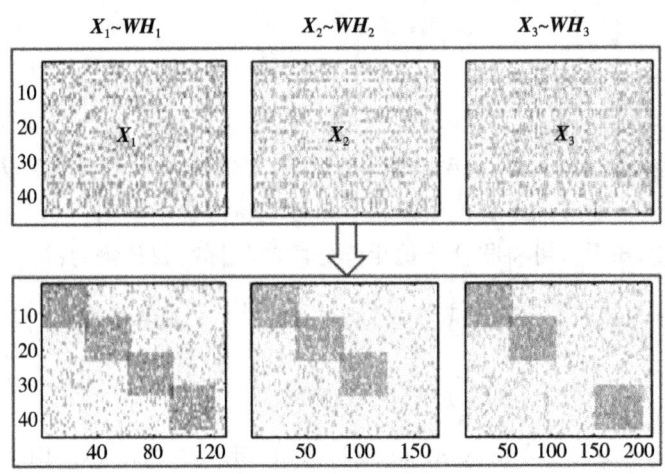

图 6.2 多维模式发现的例子

如图 6.2 所示，通过式（6.1）可发现潜在的聚类模式，这些模式可能共享相同的样本或相同的特征。可以看出，这种方法和思想在生物标记物发现、疾病机制分析等方面有较大的理论意义和实际应用价值。例如，旨在分析特定疾病的机制，我们可搜集关于该种疾病的若干样本，这些样本具有不同的生物特征测量，如基因芯片测量、DNA 甲基化、miRNA 表达测量等，通过对这些表达矩阵进行联合分解，可获得关于该疾病的基因、DNA 甲基化、miRNA 等协同模块，对这些模块进行分析，可进一步探索有关疾病的内在机制。

在利用上述多视角数据进行分析时，需关注的一个重要方面是：聚类成员的确定，即为每一个聚类指派样本或特征。因非负矩阵分解是一种基于"软聚类"的方法，有别于 K 均值聚类、谱聚类等硬聚类方法，因此，在为每一个类指定聚类成员时，需结合非负矩阵分解的原理进行指派。这里，常用的有两种思想：一种是设定某个固定的阈值 T，对分解后的矩阵 $H_i(i=1，2，3)$ 的每一列中的元素，如果其相应分量大于该阈值 T，则将其归入到该类中,这里阈值 T 的设定大多凭经验人为设置,没有统一的标准,不同的数据集其阈值也存在差异,在实际应用中不易控制;另一种方法是结合统计学方法和非负矩阵分解的思想,为 $H_i(i=1,2,3)$ 中每一行(即特征)设置不同阈值,该阈值不是固定的,每个特征可能有不同的阈值,常用的做法是 3σ 法则[203],即对每个特征而言,其阈值介于该特征的均值 μ 和 $\mu+3\sigma$ 之间,具体公式可表述为:

$$\begin{aligned} Active\_Th(p) &= S_1(p) \times F(p) + S_2(p) \times (1-F(p)) \\ &= \mu(p) + 3\sigma(p) \times (1-F(p))_\circ \end{aligned} \quad (6.9)$$

其中,$S_1(p) = \mu(p)$,$S_2(p) = \mu(p) + 3\sigma(p)$。

$$\mu(p) = \frac{\sum_{i=1}^{k} h_i(p)}{k}, \quad (6.10)$$

$$\sigma^2(p) = \frac{\sum_{i=1}^{k}(h_i(p) - \mu(p))^2}{k-1}, \quad (6.11)$$

$$F(p) = \frac{1}{1 + \sigma^2(p)}_\circ \quad (6.12)$$

其中,$\mu(p)$ 为特征 p 在 k 个聚类中的均值,$h_i(p)$ 为该特征的第 i 个分量,$\sigma(p)$ 为该特征的标准差。

从式(6.9)可以看出,对于每个特征,都有一个激活阈值与其相应,对所有特征而言,其激活阈值并不相同,这点有别于上述对所有特征设置固定阈值的做法,因此,该方法具有更加灵活、自适应的特性。

为了更方便理解 3σ 法则的内在机制,这里我们结合统计学中标准差的思想,将标准差、均值、观测数据覆盖范围等用图 6.3 表示。

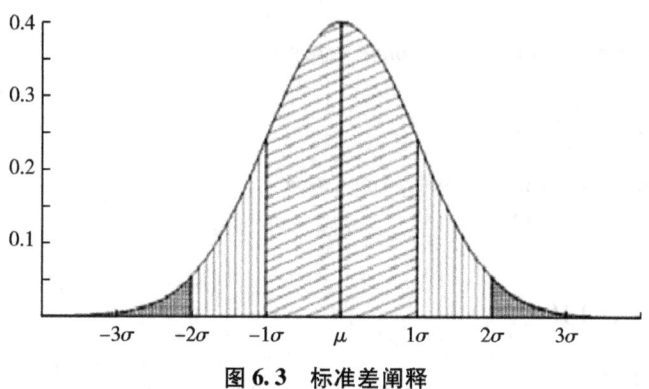

图 6.3 标准差阐释

如图 6.3 所示,标准差测量数据如何分散在平均值附近。3σ 或 3 个"标准差"是一个统计值。如图 6.3 所示的一个正态分布,1 个 σ(标准差)大约覆盖 66% 的观测数据,2 个 σ 包括所有观测值的 95%,而 3 个 σ 包含比例高于 99% 的观察结果。这个事实被称为经验规则或 σ 规则,代表 Walter Shewhart 确定的边界点的 3 个 σ 可用于表示普通和可预测的事件与异常和不可预测事件的差异[204]。

3σ法则主要应用于时间序列数据中基因激活时间点（timepoint）的确定，同时，该法则也可用于其他特征选择过程中。

除了对多视角、多特征数据进行处理之外，该方法也可用于疾病数据的时间序列分析，对于深入探索疾病的发生、发展具有重要的临床指导意义。同时，关于该方面的研究需要多学科、多领域的研究人员参与进来，共同推动人类重大疾病的研究发展。

因近年来研究人员在多视角学习、异构网络挖掘、模块识别、高阶关系挖掘等领域取得的重要贡献，这里我们整理了相关代码，以供广大研究人员和同行参考，并提出宝贵意见。

联合矩阵分解部分代码摘录如下。

（1）非负矩阵分解模型

```
function [W,H] = NMF_ed(X,K,maxiter,speak)
% (Single) NMF using euclidean distance update equations
%Lee D,and Seung,H. S,(2001),'Algorithms for Non-negative Matrix Factorization',Adv. Neural Info. Proc. Syst. 13,556-562.
% INPUT：
% X：N (dimensionallity) x M (samples) non negative input matrix
% K：Number of components
% maxiter：Maximum number of iterations to run
% speak：prints iteration count and changes in connectivity matrix elements unless speak is 0
%OUTPUT：
% W：N x K matrix
% H：K x M matrix

% iterations between print on screen and convergence test
print_iter = 50;
if min(min(X)) < 0
    error('Input matrix elements can not be negative');
    return
end
% initialize random W and H
[n,m] = size(X);
W = rand(n,K);
H = rand(K,m);

% use W * H to test for convergence
Xr_old = W * H;
```

```
for iter = 1:maxiter
    % Euclidean multiplicative method
    H = H.*(W'*X)./((W'*W)*H+eps);
    W = W.*(H*X')'./(W*(H*H')+eps);
    % print to screen
    if (rem(iter,print_iter)==0) & speak,
        Xr = W*H;
        diff = sum(sum(abs(Xr_old-Xr)));
        Xr_old = Xr;
        eucl_dist = nmf_euclidean_dist(X,W*H);
        errorx = mean(mean(abs(X-W*H)))/mean(mean(X));
        disp(['Iter = ',int2str(iter),...
            ',relative error = ',num2str(errorx),...
            ',diff = ',num2str(diff),...
            ',eucl dist ' num2str(eucl_dist)])
        if errorx < 10^(-5),break,end
    end
end
```

(2) 度量两个矩阵差异的 Frobenius 范数
```
function err = nmf_euclidean_dist(X,Y)
    err = sum(sum((X-Y).^2));
```

(3) 联合非负矩阵分解模型
```
function [W,H1,H2,H3] = TriNMF_mm(X1,X2,X3,K,maxiter,speak)


% Multiple NMF using euclidean distance update equations:
%Lee,D,and Seung,H.S.,(2001),'Algorithms for Non-negative Matrix Factorization',Adv. Neural Info. Proc. Syst. 13,556-562.
% INPUT:
% X1 (N,M1): N (dimensionallity) x M1 (samples) non negative input matrix
% X2 (N,M2): N (dimensionallity) x M2 (samples) non negative input matrix
% X3 (N,M3): N (dimensionallity) x M3 (samples) non negative input matrix
% K: Number of components
% maxiter: Maximum number of iterations to run
% speak: prints iteration count and changes in connectivity matrix elements unless speak is 0
%OUTPUT:
```

```
% W: N x K matrix
% H1: K x M1 matrix
% H2: K x M2 matrix
% H3: K x M3 matrix

% iterations between print on screen and convergence test
print_iter = 20;

% test for negative values in X1 X2 and X3
if (min(min(X1)) < 0) || (min(min(X2)) < 0) || (min(min(X3)) < 0)
    error('Input matrix elements can not be negative');
    return
end

% test for same rows in X1 X2 and X3
[n1,m1] = size(X1);
[n2,m2] = size(X2);
[n3,m3] = size(X3);

if (n1~=n2) || (n1~=n3)
    error('Input matrices should have the same rows');
    return
end
n=n1;

% initialize random W,H1 and H2
W=rand(n,K);
H1=rand(K,m1);
H2=rand(K,m2);
H3=rand(K,m3);

% use W * H to test for convergence
Xr_old1=W*H1;
Xr_old2=W*H2;
Xr_old3=W*H3;

for iter=1:maxiter
```

```
% Euclidean multiplicative method
H1 = H1. * (W' * X1) ./ ((W' * W) * H1 + eps);
H2 = H2. * (W' * X2) ./ ((W' * W) * H2 + eps);
H3 = H3. * (W' * X3) ./ ((W' * W) * H3 + eps);
W = W. * ([H1 H2 H3] * [X1 X2 X3]')'./(W * ([H1 H2 H3] * [H1 H2 H3]') +eps);

    if (rem(iter,print_iter) = = 0) & speak,
        Xr1 = W * H1;
        Xr2 = W * H2;
        Xr3 = W * H3;
        diff = sum(sum(abs(Xr_old1 - Xr1))) + sum(sum(abs(Xr_old2 - Xr2))) + sum(sum(abs(Xr_old3 - Xr3)));
        Xr_old1 = Xr1;
        Xr_old2 = Xr2;
        Xr_old3 = Xr3;
        eucl_dist1 = nmf_euclidean_dist(X1,W * H1);
        eucl_dist2 = nmf_euclidean_dist(X2,W * H2);
        eucl_dist3 = nmf_euclidean_dist(X3,W * H3);
        eucl_dist = eucl_dist1 + eucl_dist2 + eucl_dist3;
        errorx1 = mean(mean(abs(X1-W * H1))) / mean(mean(X1));
        errorx2 = mean(mean(abs(X2-W * H2))) / mean(mean(X2));
        errorx3 = mean(mean(abs(X3-W * H3))) / mean(mean(X3));
        errorx = errorx1 + errorx2 + errorx3;
        disp(['Iter = ',int2str(iter),...
            ',relative error = ',num2str(errorx),...
            ',diff = ',num2str(diff),...
            ',eucl dist ' num2str(eucl_dist)])
        if errorx < 10^(-5),break,end
    end
end
```

(4) co-module 识别函数

```
function [Co_module,RX1,RX2,RX3,WW,HH1,HH2,HH3] = TriNMF_module1(X1,X2,X3,W,H1,H2,H3)
% Compute the maximum in columns of W and rows in H1 H2 and H3 to determine
% the module meber and output the co-module based on W and H1,H2,H3 matrices.
% Co_module is the list of sample and SNPs,genes,MicroRNA in a co-module.
```

```
% RX,WW,HH1,HH2,HH3 are the reordered X,W,H1,H2,H3 matrices.
%
m1 = size(H1,2);
m2 = size(H2,2);
m3 = size(H3,2);
n = size(W,1);
K = size(W,2);

[C,clustID] = max(W',[],1);
[C1,clustID1] = max(H1,[],1);
[C2,clustID2] = max(H2,[],1);
[C3,clustID3] = max(H3,[],1);

% Bi-Module
for i=1:K
    a=find(clustID1==i);
    module1{i,1}=a';

    b=find(clustID2==i);
    module2{i,1}=b';

    c=find(clustID3==i);
    module3{i,1}=c';

    r=find(clustID==i);
    Co_module{i,1}=r'; Co_module{i,2}=a'; Co_module{i,3}=b'; Co_module{i,4}=c';
end

% Out the reordered H1,H2,X1,X2 matrices as
[clustIDE,orderID] = sort(clustID);
[clustIDE1,orderID1] = sort(clustID1);
[clustIDE2,orderID2] = sort(clustID2);
[clustIDE3,orderID3] = sort(clustID3);

for i=1:m1
    HH1(:,i) = H1(:,orderID1(i));
    XX1(:,i) = X1(:,orderID1(i));
```

```
end

for i = 1:m2
    HH2(:,i) = H2(:,orderID2(i));
    XX2(:,i) = X2(:,orderID2(i));
end

for i = 1:m3
    HH3(:,i) = H3(:,orderID3(i));
    XX3(:,i) = X3(:,orderID3(i));
end

for i = 1:n
    WW(i,:) = W(orderID(i),:);
    RX1(i,:) = XX1(orderID(i),:);
    RX2(i,:) = XX2(orderID(i),:);
    RX3(i,:) = XX3(orderID(i),:);
end
```

注：以上几个函数采用了张世华老师 co-module 发现算法的思想，在此对张老师团队的工作表示感谢，参考文献已在正文中引用，具体可登录张世华老师主页了解相关文献、软件信息：http://page.amss.ac.cn/shihua.zhang/。

6.2 其他基于非负矩阵分解的方法

协同模块（co-module）发现算法以非负矩阵分解为代表，下面将详细阐释其变体在异构网络模块挖掘中的原理及应用。

6.2.1 基于网络正则化的异构网络协同模块发现算法

在前述章节中，我们阐述了网络正则化的作用，常用的正则化技术有 L1 正则化、L2 正则化，还有常用的图正则化（Laplacian 正则化）等，下面以一个具体的例子（microRNA—基因调控模块识别）介绍图正则化技术在协同模块发现中的应用。

microRNA（miRNA）通过序列特异性方式靶向 mRNA，而在抑制 mRNA 翻译或介导 mRNA 降解中发挥重要的调节作用[205]。miRNA、转录因子和 mRNA 结合形成复杂的调控系统，协同地确定许多细胞行为和疾病的进展[206-208]。很多研究已经在识别那些基因编码 miR-

NA[209-212]、预测多个基因组内 miRNA 的靶基因[213-215] 及基于微阵列数据表征 miRNA 表达模式的问题上执行了大量的模拟实验[216]。此外，越来越多的实验室及研究人员在同一子集的样本上通过高通量技术产生 miRNA 和 mRNA 的表达谱，提供了研究 miRNA-mRNA 动态调控关系的数据基础和全局视角[217-218]。然而，绝大多数 miRNA 仍具有未知功能，推动 miRNA 和基因之间协同调控的机制尚不清楚。

一些探索性研究试图破译 miRNA、基因和蛋白质如何在系统水平上相互作用。例如，细胞网络中的 miRNA 全局调控[219-222] 或细胞途径中的组合 miRNA 调节[223-224]。其他研究人员基于它们的组合调控网络研究了转录和 miRNA 层之间的协调[225]。所有这些研究都提供了对 miRNA—基因调控的见解。例如，miRNA 倾向于靶向细胞网络中高度连接的基因或蛋白质。然而，我们仍远未了解 miRNA 调控基因的潜在机制，并且有关 miRNA 调控网络的全面研究现在才刚刚开始[226]。

对生物网络模块化组织的认识将极大地促进了我们对复杂细胞系统的理解[227-229]。然而，研究人员对 miRNA—基因调控系统中存在的模块却知之甚少，也几乎不清楚这些模块在特定生物过程和关键调控组件中的作用。识别功能性 miRNA—基因调控模块是一项具有挑战性的任务，原因如下。

①一个基因可以被多个 miRNA 调控[230]，并且一个 miRNA 可以调控大量基因[231]。鉴于这种多样性，我们搜索的目标必须是 miRNA—基因的组合，即一组 miRNA 及其共同调控的基因集合。

②miRNA-mRNA 靶标关系在不同的组织和生物条件之间各异。

③尽管 miRNA 与 mRNA 存在物理上的相互作用，但最终 miRNA 调节影响细胞中蛋白质的表达量而不是 mRNA 的量。因此，miRNA 的表达水平并不总是与其靶基因的表达水平负相关。

④基因组数据通常是嘈杂和不完整的。

miRNA 调控的复杂性和微妙性对异构数据的集成提出了严峻的挑战。一些研究根据预测的 miRNA 基因目标信息重构 miRNA—基因调控模块，并考虑 miRNA 和基因之间的一致表达模式，或者测量每对 miRNA 和基因之间（负）相关性[232-235]。这些方法在研究 miRNA 和基因之间的协同调控关系时都取得了一定成效，然而，这些用于发现 miRNA—基因调控模块的方法仅仅关注一种或两种数据，并且受到若干限制。例如，Peng 等人提出了一种基于整合的 miRNA—基因网络中"枚举最大二派系"（bi-cliques）的序列整合方法[235]。该方法对数据中的噪声敏感，并产生太多的星形结构（一个 miRNA，多个基因），不能用于探索 miRNA 的组合调控机制。此外，这些方法都没有考虑 miRNA 和基因调控的协同或转录调控和蛋白质—蛋白质互作用网络的拓扑组织。

在本节中，我们将介绍一种基于多基因组数据整合的计算框架，用于重构 miRNA 调控模块。这里，有 3 种数据用于整个分析过程：已预测的 miRNA—基因互作用数据、miRNA 和基因的表达谱、基于蛋白质—蛋白质互作用和 DNA—蛋白质互作用网络而构建的基因—基因互作用网络。预测的 miRNA—基因靶标用于静态超集，而 miRNA 和基因的动态表达谱用于鉴定同时活跃的靶标关系，这种信号通过基因/蛋白质相互作用的协调而得到增强，因为 miRNA 调控的最终效应是调节基因/蛋白质活性。为了增强信号、噪声分离并提高模块的可解释性，该方法通过应用稀疏性罚项来找寻成员函数的稀疏解决方案，图 6.4 给出了该计算框架一个具体的阐释性例子。

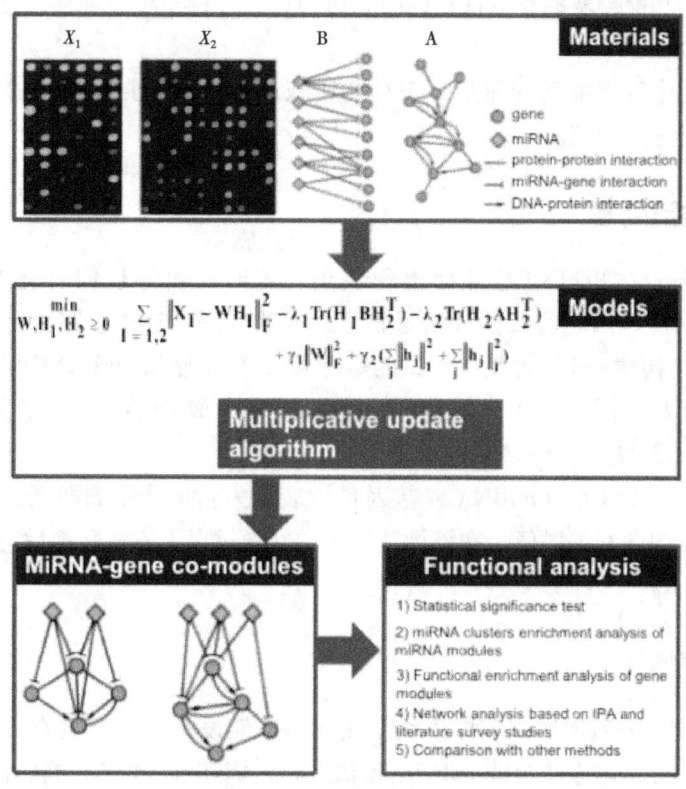

图 6.4 网络正则化的异构网络协同模块发现算法[①]

miRNA—基因模块被定义为一组 miRNA（miRNA 模块）和一组基因（基因模块）的联合。如图 6.4 所示，该算法的输入为：①对同一组样品测量的 miRNA 表达谱、基因表达谱（由矩阵 X_1 和 X_2 表示）；②基因—基因互作用网络（用矩阵 A 表示），包括蛋白质—蛋白质相互作用和 DNA—蛋白质相互作用；③基于测序数据预测的 miRNA—基因调控互作用的列表（用矩阵 B 表示），该矩阵可以表示为图 6.4 所示的二部图。这些矩阵构成了整个算法的输入。图 6.4 中间部分为该算法的目标函数，该目标函数包括 5 个部分：在第一部分中，存在一个默认的假设，即两个表达谱矩阵（miRNA 表达谱 X_1、基因表达谱 X_2）存在一个共同的基矩阵 W，该部分将 X_1、X_2 分解为共同的基矩阵 W 和两个相应的系数矩阵 H_1、H_2；在该目标函数的第二、第三部分中，引入了网络正则化约束，其目的为了保证获得的结果更具生物学意义，使得先验知识能够在算法迭代过程中起到约束作用，促使联系紧密的基因能够聚在同一个生物模块中；目标函数中的后两个部分为稀疏性约束项，目的在于获得易于解释的聚类解。

---

① 引自相关英文文献。

分解的矩阵组件提供有关 miRNA—基因调控模块的信息，然后基于共享的组分（W 中的列）识别协同模块：在 H_1 和 H_2 相应的行中具有显著的关联值。

在得到 miRNA 和基因的聚类模块之后，可对其进行生物功能富集分析，通过查阅相关文献，验证获得的功能模块的有效性；同时，可与相关异构模块发现算法进行对比，以验证所提出方法的有效性。

以上步骤为整个计算框架的流程，在具体实施过程中，需要对算法的一些细节进行处理，在后续部分会一一介绍。

6.2.1.1 数据预处理

基因、miRNA 表达矩阵中经常会出现负值，这时，须将它们转化为非负值。文献 [236] 提出了一种将基因表达数据转化为非负元素的方法。具体思路为：给定一个大小为 $s \times l$ 的矩阵 M，可构建一个大小为 $s \times 2l$ 的矩阵 M'，对于原始矩阵 M 中的每一个非负元素 $M_{ij} \geq 0$，令 $M'_{ij} = M_{ij}$，同时，令 $M'_{i, l+j} = 0$；对原始矩阵 M 中的每一个负元素 $M_{ij} < 0$，令 $M'_{ij} = M_{ij}$，同时，令 $M'_{i, l+j} = -M_{ij}$。

简而言之，每一个变量（miRNA 或基因）被表示为新矩阵中的两列，一列包含该变量的非负值，另一列包含其绝对值。在该计算框架中，通过以上方法转换后的矩阵作为该算法的输入，即 X_1 和 X_2。

6.2.1.2 问题描述

为了识别 miRNA—基因协同调控模块，该计算框架设计了一个具有 3 个组成部分的目标函数：第一个部分是基于非负的 miRNA 和基因表达矩阵 X_1 和 X_2 的联合非负矩阵分解模型；第二个部分考虑了基因—基因互作用的影响；第三个部分则考虑预测的 miRNA—基因互作用的影响。通过优化该目标函数，可获得关于 X_1 和 X_2 的联合分解，它们共同揭示了表达数据中固有的 miRNA—基因调控模块，并且基于先验信息满足了约束条件。

（1）基于 miRNA 和基因表达谱的非负矩阵分解模型

由于我们的目标是识别 miRNA—基因协同调控模块，因此，假设 miRNA 和基因表达矩阵 X_1 和 X_2 存在共同的基矩阵 W，两个表达矩阵分别具有维数 $s \times m$ 和 $s \times n$，并且将被分解为 W 和两个系数矩阵 H_1 和 H_2。可用以下目标函数来定义：

$$F(W, H_1, H_2) = \sum_{I=1,2} \| X_1 - WH_1 \|_F^2 。 \qquad (6.13)$$

式（6.13）的解通常不是唯一的，并且可能对表达谱中的噪声敏感，这些限制因素可能混淆模块发现过程。基于这些原因，可通过将先验知识引入到目标函数中来优化过程，以获得更合理的生物模块。

（2）网络正则化约束

在图 6.4 所阐释的计算框架中，先验知识包括预测的 miRNA—基因互作用和基因—基因互作用网络，这种半监督学习方法的本质是为模块识别框架定义约束，使得在这两个数据集中连接的任何变量更可能被置于同一个模块中。除了使得最后的结果更具生物相关性之外，这些约束还可以通过缩小搜索空间来极大地促进系统模块组合的发现。

令 A 代表基因—基因互作用网络的邻接矩阵，B 表示 miRNA—基因二部图网络的邻接矩阵，可通过最大化以下目标函数来强制执行必连（must-link）约束：

$$obj1 = \sum_{ij} a_{ij} h_i^T h_j = tr(\boldsymbol{H}_2 \boldsymbol{A} \boldsymbol{H}_2^T) \text{。} \tag{6.14}$$

该项确保具有已知相互作用的基因具有相似的系数谱（coefficient profiles）。

同样地，基因和 miRNA 之间的相互作用可以通过以下目标函数来进行约束：

$$obj2 = \sum_{ij} b_{ij} h_i^T h_j = tr(\boldsymbol{H}_1 \boldsymbol{B} \boldsymbol{H}_2^T) \text{。} \tag{6.15}$$

(3) 网络正则化的联合非负矩阵分解模型

该模型的输入是 miRNA 和基因表达矩阵 X_1 和 X_2，维数分别为 $s \times m$ 和 $s \times n$，预测的 miRNA—靶基因互作用 $m \times n$ 的矩阵 B，以及 $n \times n$ 基因—基因互作用网络矩阵 A。为了识别 miRNA—基因调控模块，现将前面部分中定义的 3 个目标函数合并为一个优化函数，如下所示：

$$F(\boldsymbol{W}, \boldsymbol{H}_1, \boldsymbol{H}_2) = \sum_{I=1, 2} \| \boldsymbol{X}_I - \boldsymbol{W} \boldsymbol{H}_I \|_F^2 - \lambda_1 tr(\boldsymbol{H}_2 \boldsymbol{A} \boldsymbol{H}_2^T) - \lambda_2 tr(\boldsymbol{H}_1 \boldsymbol{B} \boldsymbol{H}_2^T) \text{。} \tag{6.16}$$

其中，参数 λ_1 和 λ_2 是 A 和 B 中定义的必连约束的权重。目标函数第一项支持具有 miRNA 和基因表达谱的模块，这些模块在公共的基矩阵 W 中相关；第二项包含了基因—基因互作用网络中的所有必连约束；第三项术语总结了 miRNA—基因二部图网络中的所有必连约束。

(4) 稀疏的联合非负矩阵分解模型

非负矩阵分解方法的一个重要特征：它经常生成数据的稀疏表示，使我们能够发现基于部分构成整体的模式。然而，研究显示：非负矩阵分解表示对数据质量和算法选择较为敏感[237]，研究人员已提出了几种方法来控制 W 和/或 H 因子中的稀疏程度[238,239]，如常用的 L1 范式已被应用于各种稀疏问题的求解中。

在 (3) 中所提出的整合模型中，为了获得系数矩阵 H_1、H_2 的稀疏表示，采用了文献[239] 中提出的策略，可定义为：

$$F(\boldsymbol{W}, \boldsymbol{H}_1, \boldsymbol{H}_2) = \sum_{I=1, 2} \| \boldsymbol{X}_I - \boldsymbol{W} \boldsymbol{H}_I \|_F^2 - \lambda_1 tr(\boldsymbol{H}_2 \boldsymbol{A} \boldsymbol{H}_2^T) - \lambda_2 tr(\boldsymbol{H}_1 \boldsymbol{B} \boldsymbol{H}_2^T)$$
$$+ \gamma_1 \| \boldsymbol{W} \|_F^2 + \gamma_2 \left(\sum_j \| h_j \|_1^2 + \sum_{j'} \| h_{j'} \|_1^2 \right) \text{。} \tag{6.17}$$

其中，h_j、$h_{j'}$ 分别为系数矩阵 H_1、H_2 的第 j 列和第 j' 列。$\gamma_1 \| \boldsymbol{W} \|_F^2$ 对 W 的行进行了约束，$\gamma_2 \left(\sum_j \| h_j \|_1^2 + \sum_{j'} \| h_{j'} \|_1^2 \right)$ 对 H_1、H_2 的列施以稀疏性惩罚。

以上为本小节所阐述的基于网络正则化的异构网络协同模块发现算法的整体框架，可以看出，通过对分解的矩阵施加稀疏性约束，可获得更具生物意义的模块。该方法具有一定的代表性，在实际应用中往往通过先验知识向原始的目标函数中（如联合非负矩阵分解模型）引入正则化约束，通常会达到更好的效果。

miRNA 在基因调控中起着至关重要的作用。然而，我们对关于 miRNA 和基因之间发生的组合调控与合作机制却知之甚少。来自相同患者的 miRNA 和基因表达谱数据、miRNA—基因互作用网络和基因—基因互作用网络的可用性为发现和准确表征 miRNA—基因调控模块提供了前所未有的机会。随着基因组数据数量和多样性的增加，本节所描述的框架可以为协同调控机制的系统解释提供新的途径，特别地，它适用于多维基因组数据（在同一组样品上测得的多个生物谱数据）问题和具有独立先验的识别变量之间的已知关系（如miRNA—基因和基因—基因关系）。

文献 [200] 基于60个癌症样本的基因表达和药物反应数据，分析了基因—药物协同模块。然而，在该研究中获得的模块质量受到样本量少和噪声输入数据的影响，而本节提出的整合框架，可以结合已知的基因—基因互作用信息、基因—药物关系甚至药物—药物相似性来改进模块发现过程。

目前，由于高通量测序技术的发展，积累了大量的多组学数据，包括拷贝数变异、DNA甲基化、组蛋白修饰、miRNA表达、基因表达、微生物组数据，所有这些都产生于同一组样品上，为异构数据整合提供了契机。与此同时，关于不同基因组变量之间关联的研究也受到越来越多的关注，本节描述的新方法可以作为一个强大的计算框架，用于同时集成各种数据以发现复杂的调控模式。

6.2.1.3 相关代码

为了方便对该整合框架进一步了解，将一些主要的函数代码摘录如下，这些代码同样来自张世华老师团队的主页，在此表示感谢！

（1）基于网络正则化的联合非负矩阵分解模型

```
function [W,H1,H2] = DNMF_mm(X1,X2,A,B,r1,r2,L1,L2,K,maxiter,speak,fid)
% Multiple NMF using euclidean distance update equations：
% INPUT
% X1（N,M1）：N（dimensionallity） x M1（feature 1）non negative input matrix
% X2（N,M2）：N（dimensionallity） x M2（feature 2）non negative input matrix
% A（M2,M2）：M2 x M2,non negative input matrix
% B（M1,M2）：M1 x M2,non negative input matrix

% r1：limit the growth of W
% r2：limit the growth of H1 and H2
% L1：weigh the must link constraints in A
% L2：weigh the must link constraints in B
% K：Number of components
% maxiter：Maximum number of iterations to run
% speak：prints iteration count and changes in connectivity matrix elements unless speak is 0
%fid：file identifier which is used to store the changes record

% OUTPUT：
% W：N x K matrix
```

```
% H1: K x M1 matrix
% H2: K x M2 matrix

print_iter = 1; % iterations between print on screen and convergence test
% test for negative values in X1 and X2
if (min(min(X1)) < 0) || (min(min(X2)) < 0)
    erro r('Input matrix elements can not be negative');
    return
end

% test for same rows in X1 and X2
[n1,m1] = size(X1);
[n2,m2] = size(X2);
if n1 ~= n2
    error('Input matrices should have the same rows');
    return
end
n = n1;

% initialize random W, H1 and H2
W = rand(n,K);
H1 = rand(K,m1);
H2 = rand(K,m2);

% use W * H to test for convergence
Xr_old1 = W * H1;
Xr_old2 = W * H2;

for iter = 1 : maxiter
    % Euclidean multiplicative method
    % Update W
    W = W.*([H1 H2]*[X1 X2]')'./(W*([H1 H2]*[H1 H2]'+r1*eye(K))+eps);
    % Update H1 H2
    HH1 = H1.*(W'*X1 + L2/2*H2*B')./((W'*W+r2*ones(K))*H1+eps);
    H2 = H2.*(W'*X2 + L1*H2*A + L2/2*H1*B)./((W'*W+r2*ones(K))*H2+eps);
    H1 = HH1;
```

```
% iter
% print to screen
if (rem(iter,print_iter) == 0) & speak
    Xr1 = W * H1 + eps;
    Xr2 = W * H2 + eps;
    diff_step = sum(sum(abs(Xr_old1-Xr1))) + sum(sum(abs(Xr_old2-Xr2)));

    diff2 = - L1 * trace(H2 * A * H2');
    diff3 = - L2 * trace(H1 * B * H2');
    diff4 = r1 * sum(sum(W .* W));
    diff5 = r2 * (sum(sum(H1) .^ 2) + sum(sum(H2) .^ 2));

    Xr_old1 = Xr1;
    Xr_old2 = Xr2;
    eucl_dist1 = nmf_euclidean_dist(X1,W * H1);
    eucl_dist2 = nmf_euclidean_dist(X2,W * H2);
    diff1 = eucl_dist1 + eucl_dist2;
    diff = diff1 + diff2 + diff3 + diff4 + diff5;
    errorx1 = mean (mean (abs(X1 - W * H1))) / mean (mean(X1));
    errorx2 = mean (mean (abs(X2 - W * H2))) / mean (mean(X2));
    errorx = errorx1 + errorx2;
    fprintf (fid,'%s\n',[sprintf('Iter = \t'),int2str(iter),...
        sprintf(' \t relative error = \t'),num2str(errorx),...
        sprintf(' \t diff_step = \t'),num2str(diff_step),...
        sprintf(' \t diff = \t'),num2str(diff),...
        sprintf(' \t diff1 = \t'),num2str(diff1),...
        sprintf(' \t diff2 = \t'),num2str(diff2),...
        sprintf(' \t diff3 = \t'),num2str(diff3),...
        sprintf(' \t diff4 = \t'),num2str(diff4),...
        sprintf(' \t diff5 = \t'),num2str(diff5)]);
    if errorx < 10^(-5)
        break,
    end
  end
end
```

(2)搜索最优的分解因子

```
function [W,H1,H2] = DNMF_residue_comodule(X1,X2,A,B,r1,r2,L1,L2,K)
%
% INPUT:
% X1 (N,M1): input profile matrix
% X2 (N,M2): input profile matrix
% A (M2,M2): input adjacent matrix
% B (M1,M2): input adjacent matrix

% r1: limit the growth of W
% r2: limit the growth of H1 and H2
% L1: weigh the must link constraints in A
% L2: weigh the must link constraints in B
% K: Number of components

% avoid this kind of colomn or row: sum == 0
index = find(sum(X1,1) == 0);
X1(:,index) = X1(:,index) + eps;

index = find(sum(X2,1) == 0);
X2(:,index) = X2(:,index) + eps;

index = find(sum(A,1) == 0);
A(:,index) = A(:,index) + eps;

index = find(sum(B,1) == 0);
B(:,index) = B(:,index) + eps;

% set the iteration number and initiate the output matrices
nloop = 5;
verbose = 1;

[n,m1] = size(X1);
[n,m2] = size(X2);

bestW = zeros(n,K);
bestH1 = zeros(K,m1);
```

```
bestH2 = zeros(K,m2);

bestobj1 = 1000000000;
bestobj2 = 1000000000;
fid = fopen(['record_K' int2str(K) '_L1=' num2str(L1) '_L2=' num2str(L2) '_r1=' num2str(r1) '_r2=' num2str(r2) '.txt'],'wt+');
for iloop = 1: nloop
    if verbose
        fprintf(fid,' iteration %d\n',iloop);
    end
    
    maxiter = 500;
    speak = 1;
    [W,H1,H2] = DNMF_mm(X1,X2,A,B,r1,r2,L1,L2,K,maxiter,speak,fid);
    % compute residue
    newobj1 = sum(sum((X1 - W * H1).^2));
    newobj2 = sum(sum((X2 - W * H2).^2));
    
    if (newobj1 < bestobj1) || (newobj2 < bestobj2)
        bestobj1 = newobj1;
        bestobj2 = newobj2;
        bestW = W;
        bestH1 = H1;
        bestH2 = H2;
    end
end
fclose(fid);
% compute the modules according to bestW, bestH1 and bestH2
W = bestW;
H1 = bestH1;
H2 = bestH2;
```

(3) 协同模块发现算法

```
function [Co_module] = DNMF_comodule(W,H1,H2,tt,isdouble)
% INPUT
% W: common basis matrix
% H1: coefficient matrix
```

```
% H2: coefficient matrix
% tt: a given threshold for z-score.
% isdouble: a flag
% OUTPUT
% Co_module: the index list of microRNAs and Genes in a Co-module.
% Compute the mean(meadia) and std in columns of W and rows in H1,H2 to determine the mod-
ule member and output the Co-module based on W and H1,H2 matrices.
%
m1 = size(H1,2);
m2 = size(H2,2);
n = size(W,1);
K = size(W,2);

MW = mean(W,1);
MH1 = mean(H1,2);
MH2 = mean(H2,2);
VW = std(W,0,1);
VH1 = std(H1,0,2);
VH2 = std(H2,0,2);

% Co-Module identifying
if isdouble
    for i = 1:K
        c1 = find(H1(i,:) > MH1(i) + tt * VH1(i));
        % tranform the double microRNA index into origin index
        c1(c1 > m1/2) = c1(c1 > m1/2) - m1/2;
        c1 = unique(c1);

        c2 = find(H2(i,:) > MH2(i) + tt * VH2(i));
        % tranform the double gene index into origin index
        c2(c2 > m2/2) = c2(c2 > m2/2) - m2/2;
        c2 = unique(c2);

        Co_module{i,1} = c1;
        Co_module{i,2} = c2;
    end
else
```

```
    for i = 1: K
         c1 = find( H1(i,:) > MH1(i) + tt * VH1(i));
         c2 = find( H2(i,:) > MH2(i) + tt * VH2(i));
         Co_module{i,1} = c1;
      Co_module{i,2} = c2;
    end
end
```

以上为本节所介绍的计算框架的部分代码，算法的细节可参考文献［197］的详细介绍和推导。下面将详细介绍另一篇较早出现于 *Nature Biotechnology* 上的颇具代表性的协同模块发现算法——Ping-pong[200]。

6.2.2 基因—药物协同模块发现（Ping-pong algorithm）

微阵列技术已经成为生物学和生物医学研究的标准工具，它们提供了细胞的全基因组转录状态的成本效益，但嘈杂的"快照"（snapshots）信息阻碍了对基因组转录的深入全面的探索和理解。将不同条件下的许多此类细胞快照结合起来，有助于从全局的视角研究细胞系统生物学的内在原理和机制[240-243]。

尽管已经提出了许多用于从海量数据中提取全局属性的方法，但是大多数算法一次仅推断出关于一个数据集的结构信息[244-250]。然而，随着涵盖基因调控的不同方面及样本其他属性的高通量数据的出现，对多个噪声数据集组合分析的需求日益增强。特别是具有挑战性的应用涉及多视角数据集，在这种数据集中，使用了探测其表型不同方面的测定法研究了相同的细胞样本。开创性工作试图将 60 多种人类癌细胞系中大量化合物的活性谱与受试药物的分子结构特征联系起来[251]，它们的目标是提供对潜在靶分子和这些细胞系内活性调节剂的了解。随后，使用未处理样品的微阵列分析、蛋白质谱和 microRNA 表达水平，来表征这些细胞系[252-254]。一些研究试图将这些数据与药物反应谱进行整合[253,255-256]。在这里，将介绍一种整合分析方法，该方法考虑到大规模数据的复杂性，系统地研究这些方法在推断药物——基因相互作用和药物转录反应方面的识别能力。

将大数据集的类似元素（如基因、药物、样本）划分成簇或模块，降低了数据的复杂性并促进了它们的分析。一方面，研究有限数量模块的特性比在多种条件下观察数千个基因的表达水平更简单（或其他生物成分谱数据）；另一方面，对于一个模块的定量测量，如其基因的平均表达水平，比单个元素的测量更加稳健，因为基因成员的波动往往会相互抵消，这与基于芯片的高通量测序技术产生的噪声数据特别相关。

迭代签名算法（iterative signature algorithm，ISA）[257]是根据各种标准对大规模数据（通常在数百种条件下测试的数万个基因探针）进行模块化分析的最先进方法之一[258-259]，并已用于众多生物学研究[260-261]。简而言之，ISA 从一组表达数据中鉴定出由共表达基因组成的转录模块及该一致表达最明显的实验条件。该算法有几个优点：①基因和样本可以分配给多个模块（而标准聚类产生互斥单元），从生物学的观点来看，这是很好的动机，因为剪接变体可以与相同的探针杂交，并且相同的基因可以在几个过程中起作用，这些过程在不同的实验条件下诱导；②仅需要在阵列子集上的相干基因表达，允许获取特定于上下文和组合共调节的微妙信号。鉴于微阵列数据中的实验噪声，这些信号可能太弱而无法从许多聚类算法使用的所有样本的相关性中提取；③因为 ISA 不需要计算相关矩阵，所以它在计算上是高效的，甚至适用于非常大的数据集。

大多数旨在整合来自不同来源海量数据的算法仅以顺式方式（sequential manner）进行。例如，已经分配给某个聚类的基因集合经常用预定义的基因（如具有相同功能注释或属于不同数据集的聚类基因）进行"富集显著性"检验[262]。然而，这样的程序仅通过后验整合来自其他数据集的信息，而不是同时通过共同分析几个数据集来产生连贯一致的基因集合（聚类）。

一些研究使用简单的相关性来衡量数据之间的相似性，文献[263]提出了一种更先进的方法来预测来自基因表达数据的药物反应，其使用诸如随机森林和最近邻方法的分类器[263]。然而，这些分类器独立地确定每种药物的预测因子，没有提供结构化或简化药物反应数据的手段。文献[264]设计了一种新的 MA-networker 算法，通过使用回归分析将基因表达与染色质——免疫沉淀数据结合起来[264]。相较于相关性分析，这种方法的优点在于不需要对整个谱进行相似性计算，然而，该方法不提供关于最相关细胞系的信息，也不试图降低数据的复杂性。对不同类型数据进行整合分析的其他方法（如贝叶斯网络）不太适合非常大的数据集，因为这些算法需要庞大的计算能力[265-267]。

本节将详细介绍一种模块化分析方法，该方法将模块分析从一种类型的数据（如基因表达数据）扩展到两种类型数据（如基因表达和药物反应数据）的大规模数据集之上，这两种类型的数据共享一个共同维度（如基因表达矩阵和药物反应矩阵都有一个共同维度——细胞系）。例如，考虑由 NCI-60（其中细胞系代表共同维度）提供的基因表达和药物反应数据的两个集合的情况。在下面的介绍中，使用术语协同模块（co-module，同前述章节）来表示从两个数据集生成的这种构建块（building block）。协同模块基本上是某些基因、药物和细胞系的（加权）集合，使得其基因在其细胞系中表达，并且其药物在相同细胞系中诱导相似的反应谱。就这种协同模块而言，在两个数据集上表示相干特征降低了数据的复杂性，这种约简的模块化使得研究基本生物学通常更加容易，并且可以预测更强大的药物——基因关联。

本节所阐释的模块化方法，在考虑噪声或复杂数据时，在恢复植入的药物基因链接方面优于标准算法，重要的是，该协同模块可用于仅使用未处理细胞的基因表达数据，来预测尚未发现的相互作用。

图 6.5 阐释了不同的协同模块发现算法（对于成对的数据集）。

如图 6.5 所示，每种方案的目的是鉴定基因（G）和药物（D）的子集，其中（一些）细胞系（C）在基因表达数据 E 和药物反应数据 R 中表现出相似的谱，这些子集被称为"协同模块"并表示为 MGD（如果针对细胞系的子集定义，则命名为 MGCD）。a：ISA（$E \cdot R^T$）对所有细胞系中基因和药物之间的相关矩阵（$E \cdot R^T$）进行模块化分析；b：ISA（E）和 ISA（R）先从 E 中提取转录模块，并从 R 中提取药物反应模块，之后匹配包含相似细胞系

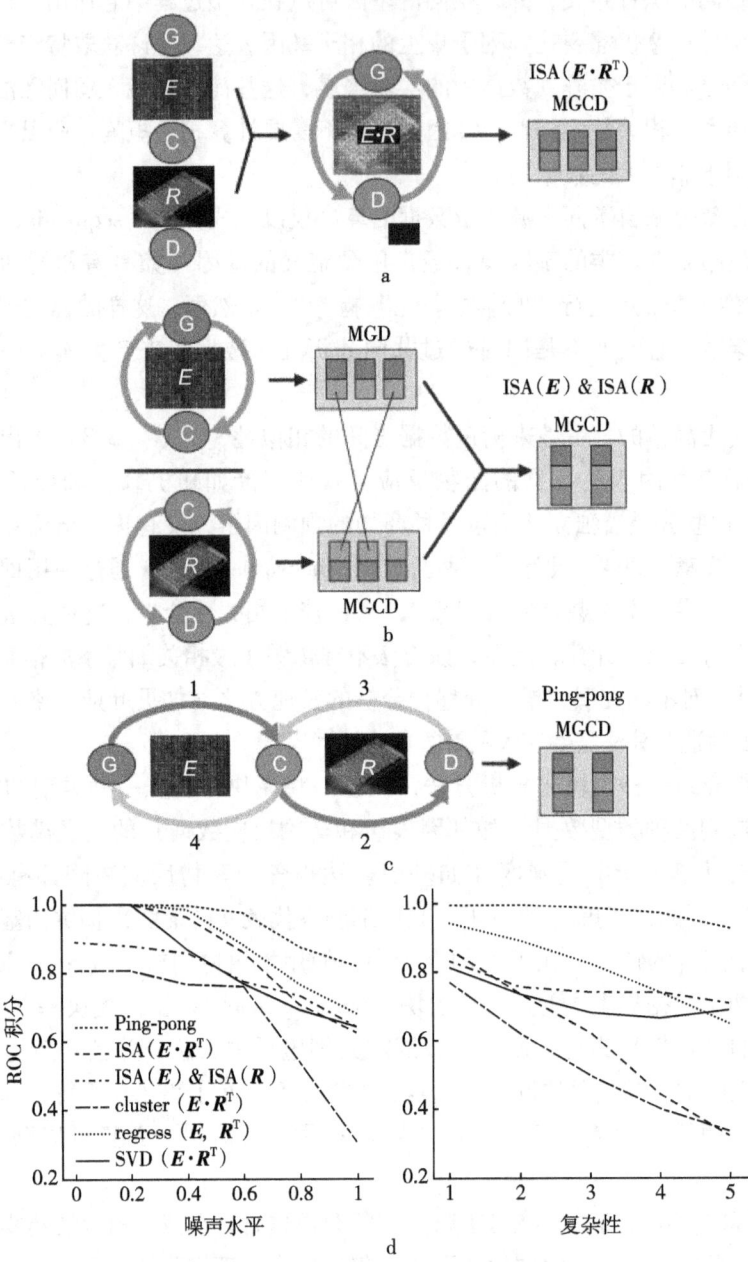

图 6.5 不同的协同模块发现算法比较

集合的那些成分以构建协同模块；c：Ping-pong 算法（PPA）通过在两个数据集之间交替迭代的细化两个数据集的相干模式，直到收敛；d：在计算机模拟数据集中测试了 3 种模块化方法，以及层次聚类、基于回归的"关联"和相关矩阵 $E \cdot R^T$ 的 SVD。这些数据是根据简单的模型产生的，该模型允许基因集合在某些细胞系中共表达，并且允许影响某些细胞系生长的药物集合有共同的反应模式。这些组中的一些组对于基因和药物都是相同的，而其他组则是独立的。目的是从这些数据中重构分基因和药物集合，这些分基因和药物集合分别在同一组细胞系中表现出连贯表达和反应谱。当在模型的潜在结构与不同分析方法预测的药物—基因关联进行比较时，用 AUC 来评估模型的性能，图 6.5d 左图展示了模型性能随噪声水平变化的函数；右图展示了模型性能随复杂性变化的函数（由共同的基因、药物或细胞系中的计算机模块之间的"cross-talk"定义）。在此建模框架内，PPA 表现最佳，所有模块化方法均优于层次聚类。

下面，将详细阐释 PPA 的具体细节。

前述几种模块化方法的主要区别在于数据集的模块化是在（ISA（$E \cdot R^T$））之后，[ISA（E）和 ISA（R）之前]还是与数据集成（PPA）同时应用的。实际上，PPA 可以被视为 ISA 对多个数据集的直接生成，从一组候选基因开始（实际上我们使用了数百个随机种子），可获取的表达数据用于识别这些基因表现出的一致表达的细胞系，如图 6.5c 所示。首先，药物反应数据用于选择在这些细胞系中引发类似反应的药物（箭头 2）；然后，使用这组药物通过消除具有不相干反应谱的那些细胞系，并且添加在这些药物之间表现相似的其他药物来细化细胞系组（箭头 3）；最后，这组精选的细胞系用于探测在这些细胞系中共表达的基因（箭头 4）。重复以上这种交替过程，直到其收敛到稳定的基因、细胞系和药物组。我们将这些集合称为协同模块，它将模块的概念从单个数据集扩展到多个数据集。

图 6.6 给出了 PPA 的数学描述框架，其中编号为 1 至 4 的步骤对应于图 6.5c 中的相应编号的箭头。

For a given threshold combination (t_C: condition threshold, t_G: gene threshold, t_D: drug threshold) the Ping-pong algorithm (PPA) is summarized in the following pseudocode:

- $n = 0$; $g^{(0)} = \mathbf{random}(N_G) \in [0,1]^{N_G}$ (initial random *seed*)

- while ($|\hat{g}^{(n)} - \hat{g}^{(n-1)}| + |\hat{d}^{(n)} - \hat{d}^{(n-1)}| + |\hat{c}^{(n)} - \hat{c}^{(n-1)}| + |\hat{c}^{(n)}||\hat{c}^{(n)}| > \varepsilon$)

  1. $c = E_G^T \cdot \hat{g}^{(n)}$; $c_j^{(n+1)} = \begin{cases} c_j: \text{if } |c_j - \mu(c)| > t_c \sigma(c) \\ 0: \text{otherwise} \end{cases}$ ($j = 1, \ldots, N_C$)

  2. $d = R_c \cdot \hat{c}^{(n)}$; $d_k^{(n+1)} = \begin{cases} d_k: \text{if } |d_k - \mu(d)| > t_D \sigma(d) \\ 0: \text{otherwise} \end{cases}$ ($k = 1, \ldots, N_D$)

  3. $\bar{c} = R_D^T \cdot \hat{d}^{(n)}$; $\bar{c}_l^{(n+1)} = \begin{cases} \bar{c}_l: \text{if } |\bar{c}_l - \mu(\bar{c})| > \bar{t}_c \sigma(\bar{c}) \\ 0: \text{otherwise} \end{cases}$ ($l = 1, \ldots, N_C$)

  4. $g = E_C \cdot \hat{c}^{(n)}$; $g_m^{(n+1)} = \begin{cases} g_m: \text{if } |g_m - \mu(g)| > t_G \sigma(g) \\ 0: \text{otherwise} \end{cases}$ ($m = 1, \ldots, N_G$)

  5. $n = n+1$

- $g^* = g^{(n)}$; $\hat{c}^* = \hat{c}^{(n)}$; $\hat{d}^* = \hat{d}^{(n)}$

图 6.6 Ping-pong 算法[200]

如图 6.6 所示，从随机种子开始，该算法将基因、细胞系和药物的加权列表识别为 4 个线性映射的迭代的固定点，阈值化处理紧随其后（对应于图 6.5c 中的 4 个编号箭头）。权重（或得分）是基因、生物条件和药物向量的组分 x_i，$x \in \{g, c, d\}$，其向量长度分别为

N_G、N_C、N_D。$|x|$、$\mu(x)$、$\sigma(x)$ 分别代表向量 x 的范式、均值和标准差。$\bar{x}=x/|x|$ 为标准化向量，E_G、E_C 分别为基因和生物条件标准化后的表达矩阵，同样地，R_D、R_C 代表药物、生物条件标准化的反应矩阵。

下面，为了更清楚地展示 PPA 的性能和优势，我们将文献［200］中应用 PPA 算法在 NCI-60 数据上的结果报告如下，如图 6.7 所示。

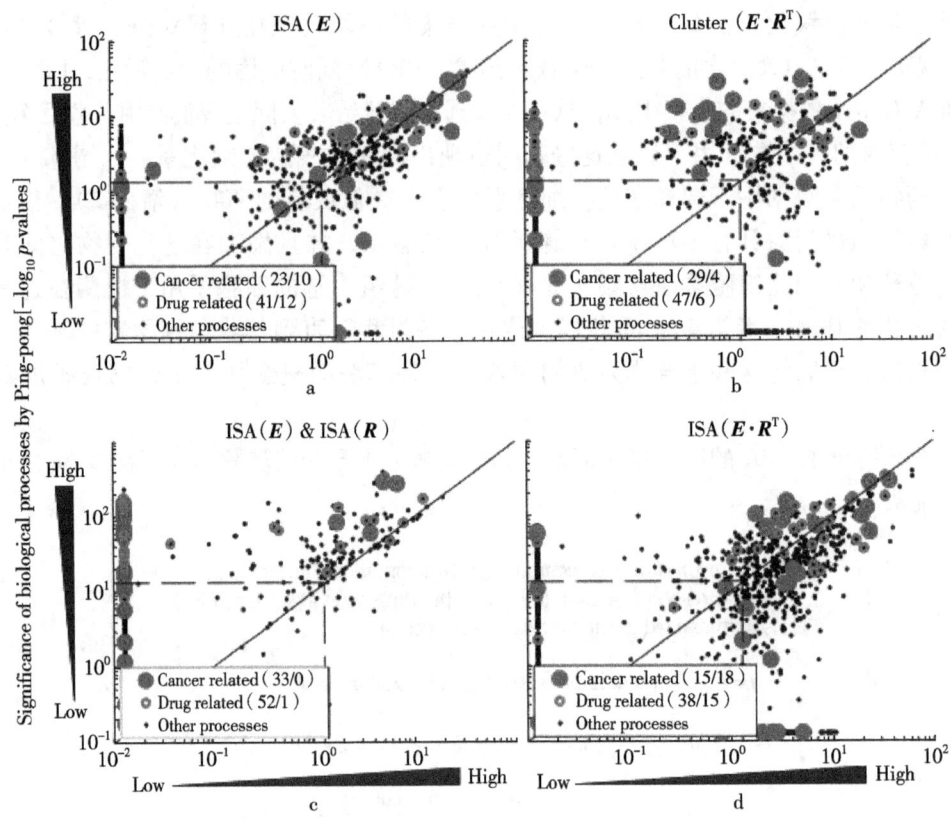

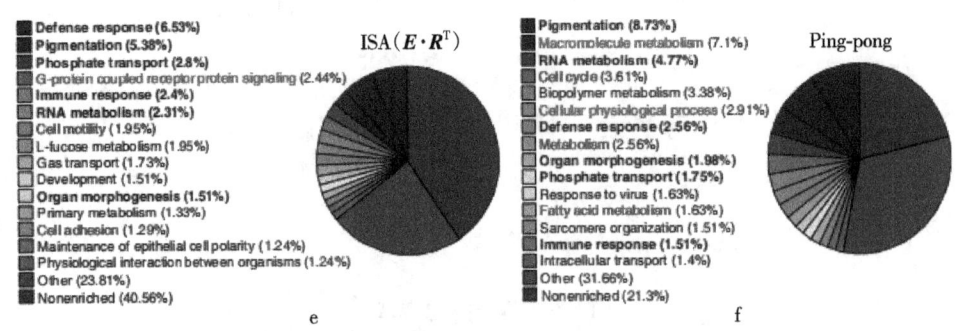

图 6.7　不同方法覆盖生物过程的比较[200]

从图 6.7 可以看出，对于生物过程的每一个 GO 类，计算了显著性得分［-log10（转换的 Bonferroni 校正的 P 值）］以用于归因于通过不同算法获得的（协同）模块基因的富集。

维持所有模块的最高分,以表明每个生物过程的覆盖程度。图 6.7a 至图 6.7c 将 PPA 的得分与其他算法的得分进行比较:ISA 仅应用于表达数据(图 6.7a)、Cluster ($E \cdot R^T$)(图 6.7b)、ISA (E) 和 ISA (R)(图 6.7c)及 ISA ($E \cdot R^T$)(图 6.7d)。需要注意的是,显著性得分对数刻度显示以三角形表示显著性增加的方向,沿水平线和垂直线出现的点对应于表现出与 PPA 和所指示的算法分别生成的任何(协同)模块没有显著关联的过程。据报道[268],参与癌症发展的生物过程以较大的点标出,而与药物有关的生物过程(根据 DrugBank,至少受到 5 种药物的影响)以较小的点标出。对于这两种类型的过程,我们在图例中指出每种算法(PPA/替代方法)最好地表示了多少过程。859 个 PPA 协同模块倾向于覆盖药物相关过程,其灵敏度高于其他算法;癌症相关过程的捕获灵敏度与 2251 个 ISA ($E \cdot R^T$) 模块更相似,但具有更高的显著性。除了 ISA (E) 和 ISA (R) 之外,其他过程的准确度相似,只有 27 个协同模块。(图 6.7e 和图 6.7f)分别计算由 ISA ($E \cdot R^T$) 和 PPA 产生的具有生物学意义模块的比例,以比较这些算法的特异性。对于每个模块,计算最佳拟合显著的生物过程(如果有的话)以确定每个生物过程最富集模块的数量。饼状图显示了 ISA ($E \cdot R^T$) 和 PPA 生成的最多模块匹配数的前 15 个生物过程,与 ISA ($E \cdot R^T$) 模块相比(41%),PPA 模块中更多的部分富含与癌症和药物相关的过程,而 PPA 模块中更低比例的部分(21%)并未富集任何生物过程。

比较和评估协同模块中的基因成员如下。

对 GO 类中每个生物过程,对相关基因集的过表达计算其显著性得分,与其他特定算法产生的所有模块的显著性得分。对于每个生物过程,我们选择最高分(在每个算法的所有模块中)以指示每个算法的模块化分解所表示的该生物过程的好坏程度。然后,我们绘制了该算法(PPA)获得的所有生物过程的得分与另一个算法的得分,如图 6.7a 至图 6.7d 所示。这些散点图提供了一个全局视图,表明了哪些算法倾向于以更高的准确度覆盖注释的生物过程。以上所述强调了与药物代谢(根据 DrugBank)或癌症相关的某些生物过程,以更精确地描述不同算法生成的模块捕获相应基因的准确程度。

作为一种补充方法,该计算框架还通过不同算法产生的模块化分解来表征哪些生物过程最佳。为此,我们为每个模块确定了具有最高显著性得分的生物过程,然后计算归因于每个过程的模块数(或根本没有过程),同时还计算了具有最多数量的模块的 15 个生物过程得分覆盖率,以及与无明显生物过程相关联模块的得分,如图 6.7e 和图 6.7f 所示。

为了更详细描述该整合框架的原理和其他细节,我们将该计算框架的相关部分代码摘录如下。

(1) ISA 算法

function[cs gs tr p_bp p_mf p_cc p_kegg lab_go lab_kegg] =   newISA (data,gene_info,cond_info,tests,tr1,tr2,gene_sparsity,gs_sign,cs_sign,annot_file_go,annot_file_kegg)

% INPUTS

% data:(cell) if 1 element then normalization is done by the program if 2 elements (norm_data1, norm_data2)

% then normalization was done by the user

% rows = conditions / cols = genes
% gene_info: contains the Gene Symbols
% cond_info: arbitrary condition information
% tests: number of random seeds fed into the algorithm
% tr1: vector containing the cond thresholds to sweep
% tr2: vector containing the gene thresholds to sweep
% gene_sparsity: how sparse the seeds should be
% gs_sign: sign of gene scores (1=+,0=+/-)
% cs_sign: sign of cond scores (1=+,0=+/-)
% annot_file: annotation filename (as it can be found on the www.geneontology.org website

%% OUTPUTS
% cs: condition scores
% gs: gene scores
% tr: thresholds where the given module was found
% p_bp: #modules * #GO BP terms matrix, -log10 enrichment p-values
% p_mf,p_cc: same for MF and CC
% lab: GO term labels

% Missing inputs
if nargin==0
    error('No data matrix is given!')
end

global norm_data1 norm_data2

if nargin<10
    annot_file_go = 'gene_association.goa_human';
end

if nargin<11
    annot_file_kegg = 'hsa';
end

if nargin<9
    cs_sign = 0;
end

```
if nargin<8
    gs_sign = 1;
end

if nargin<7
    gene_sparsity=1;
end

if nargin==5
    tr2 = tr1;
end

if nargin<5
    tr1 = 1:.5:3;
    tr2 = tr1;
end

if nargin<4
    tests = 100;
end

if length(data)==1
    G = data{1};
    norm_data1 = normalize(normalize(G,1),2);
    norm_data2 = normalize(normalize(G,2),1);
end

if length(data)==2
    norm_data1 = data{1};
    norm_data2 = data{2};
end

if nargin<3
    cond_info = cell(size(G,1),1);
    for i=1:size(G,1)
        cond_info{i} = num2str(i);
```

```
        end
end

if nargin<2
    gene_info = cell(size(G,2),1);
    for i=1:size(G,2)
        gene_info{i} = num2str(i);
    end
end

%% Finding modules
disp('Scanning thresholds...');
cs = [];
gs = [];
tr = [];
[rows cols] = size(norm_data1);
h = waitbar(0,'Scanning thresholds...');
for i=1:length(tr1)
    for j=1:length(tr2)
        waitbar(((i-1) * length(tr2) + j)/(length(tr1) * length(tr2)),h);
        [a,b] = ISA_v3a_silent(tests,tr1(i),tr2(j),gene_sparsity,cs_sign,gs_sign);
        if ~isempty(cs) && ~isempty(a)
            if rows < cols
                C = abs(corrz(cs,a));
            else
                C = abs(corrz(gs,b));
            end
            sel = find(max(C,[],1) < .99);
            a = a(:,sel);
            b = b(:,sel);
        end
        cs = [cs a];
        gs = [gs b];
        tr = [tr repmat([tr1(i);tr2(j)],1,size(a,2))];
    end
end
close(h);
```

```
drawnow

%% Sweeping
disp('Sweeping Up...')
[cs gs tr] = SweepUp(cs,gs,tr,tr1,tr2);
disp('Sweeping Down...')
[cs gs tr] = SweepDown(cs,gs,tr,tr1,tr2);

% GO annotation
if nargout>3 && nargin>1
    [p_bp p_cc p_mf lab_go] = GO_annot(annot_file_go,gene_info,gs);
    [p_kegg lab_kegg] = KEGG_annot(annot_file_kegg,gene_info,gs);
end
```

(2) Ping-pong 算法

初始化：

```
if length(tests)==1
    tests0 = size(imposed3,2);
    tests1 = max(0,tests-tests0);
    
    if sparsity==0
        col_weights1 = (2*rand(rows1,tests1)-1);
    else
        col_weights1 = zeros(rows1,tests1);
        for i=1:sparsity
            r = ceil(rows1*rand(tests1,1));
            r = rows1*(0:tests1-1)'+r;
            col_weights1(r) = (2*rand(length(r),1)-1);
        end;
    end
    col_weights1 = [col_weights1 imposed3];
else
    col_weights1 = tests;
end
```

PP_speed 函数：

```
if isempty(col_weights1)
```

```
        fin_col_weights = [ ];
        fin_row_weights1 = [ ];
        fin_row_weights2 = [ ];
        fin_trh = [ ];
        fin_rec = [ ];
        return
end

iterations = 0;

if size(trh,2) = = 1
    trh = repmat(trh,1,size(col_weights1,2));
end

rec = ones(1,size(col_weights1,2));  % Initalize recurrences

if signs(1) = = 1
    col_weights1 = abs(col_weights1);
end
if signs(1) = = -1
    col_weights1 = -abs(col_weights1);
end

if signs(2) = = 1
    old_row_weights1 = signature6b(data1T,col_weights1,trh(2,:));
end
if signs(2) = = -1
    old_row_weights1 = signature6c(data1T,col_weights1,trh(2,:));
end
if signs(2) = = 0
    old_row_weights1 = signature6a(data1T,col_weights1,trh(2,:));
end

if signs(3) = = 1
    old_row_weights2 = signature6b(data2T,col_weights1,trh(4,:));
end
if signs(3) = = -1
```

```
        old_row_weights2 = signature6c(data2T,col_weights1,trh(4,:));
end
if signs(3) = = 0
        old_row_weights2 = signature6a(data2T,col_weights1,trh(4,:));
end

if signs(1) = = 1
        col_weights2 = signature6b(data2,old_row_weights2,trh(3,:));
end
if signs(1) = = -1
        col_weights2 = signature6c(data2,old_row_weights2,trh(3,:));
end
if signs(1) = = 0
        col_weights2 = signature6a(data2,old_row_weights2,trh(3,:));
end


if signs(1) = = 1
        col_weights1 = signature6b(data1,old_row_weights1,trh(1,:));
end
if signs(1) = = -1
        col_weights1 = signature6c(data1,old_row_weights1,trh(1,:));
end
if signs(1) = = 0
        col_weights1 = signature6a(data1,old_row_weights1,trh(1,:));
end

old_col_weights = .5 * (col_weights1+col_weights2);

fin_col_weights = [];
fin_row_weights1 = [];
fin_row_weights2 = [];
fin_trh = [];
fin_rec = [];
totseed = size(old_row_weights1,2);


fprintf('Processed seeds:          ');
fprintf('\b\b\b\b\b\b %3.0f %%',0);
```

```
while( ~isempty(old_col_weights) && (iterations < max_iterations))
    iterations = iterations + 1;

        if signs(3) = =1
            row_weights2 = signature6b(data2T,old_col_weights,trh(4,:));
        end
        if signs(3) = =-1
            row_weights2 = signature6c(data2T,old_col_weights,trh(4,:));
        end
        if signs(3) = =0
            row_weights2 = signature6a(data2T,old_col_weights,trh(4,:));
        end

        if signs(2) = =1
            row_weights1 = signature6b(data1T,old_col_weights,trh(2,:));
        end
        if signs(2) = =-1
            row_weights1 = signature6c(data1T,old_col_weights,trh(2,:));
        end
        if signs(2) = =0
            row_weights1 = signature6a(data1T,old_col_weights,trh(2,:));
        end

        if signs(1) = =1
            col_weights2 = signature6b(data2,row_weights2,trh(3,:));
        end
        if signs(1) = =-1
            col_weights2 = signature6c(data2,row_weights2,trh(3,:));
        end
        if signs(1) = =0
            col_weights2 = signature6a(data2,row_weights2,trh(3,:));
        end

        if signs(1) = =1
            col_weights1 = signature6b(data1,row_weights1,trh(1,:));
        end
        if signs(1) = =-1
```

```
        col_weights1 = signature6c(data1,row_weights1,trh(1,:));
end
if signs(1)==0
        col_weights1 = signature6a(data1,row_weights1,trh(1,:));
end

col_weights = .5*(col_weights1+col_weights2);
% Check convergence & Similarity

d0 = diagcorrz(col_weights,old_col_weights);
dd = diagcorrz(col_weights1,col_weights2);
c1 = dd>ctrh1;
c2 = diagcorrz(row_weights1,old_row_weights1)>ctrh2;
c3 = diagcorrz(row_weights2,old_row_weights2)>ctrh2;

c = c1.*c2.*c3;
cnv = find(c);

c0 = d0-dd > ctrh2-ctrh1; % (1-dd)>10*(1-d0);

old_row_weights1 = row_weights1;
old_row_weights2 = row_weights2;
old_col_weights = col_weights;

%%%% Filter & Throw out converged ones %%%%
if ~isempty(cnv)
        %%%% Add converging genes %%%%
        fin_col_weights = [fin_col_weights col_weights(:,cnv)];
        fin_row_weights1 = [fin_row_weights1 row_weights1(:,cnv)];
        fin_row_weights2 = [fin_row_weights2 row_weights2(:,cnv)];
        fin_trh = [fin_trh trh(:,cnv)];
        fin_rec = [fin_rec rec(cnv)];
end

ncnv = find(~c & any(old_col_weights~=0) & ~c0);

old_row_weights1 = old_row_weights1(:,ncnv);
```

```
            old_row_weights2 = old_row_weights2(:,ncnv);
            old_col_weights = old_col_weights(:,ncnv);
            trh = trh(:,ncnv);
            rec = rec(ncnv);

            C = corrcoef([fin_col_weights old_col_weights]);
            C = (abs(C)>ctrh2);
            lim = size(fin_col_weights,2);
            if size(old_col_weights,2) > 0
                C = tril(C,0);
                sel = find(sum(C,2)==1);
                sel_a = sel(sel>lim);
                sel_a = sel_a-lim;
                sel_b = sel(sel<=lim);

                new_rec = [fin_rec rec] * C;
                fin_rec = new_rec(1:lim);
                rec = new_rec(lim+1:end);
                old_col_weights = old_col_weights(:,sel_a);
                old_row_weights1 = old_row_weights1(:,sel_a);
                old_row_weights2 = old_row_weights2(:,sel_a);
                trh = trh(:,sel_a);
                rec = rec(sel_a);

                fin_col_weights = fin_col_weights(:,sel_b);
                fin_row_weights1 = fin_row_weights1(:,sel_b);
                fin_row_weights2 = fin_row_weights2(:,sel_b);
                fin_trh = fin_trh(:,sel_b);
                fin_rec = fin_rec(sel_b);
            end
            fprintf(['\b\b\b\b\b\b %3.0f %%'],round(100*(1-size(col_weights1,2)/totseed)));
        end
        fprintf(['\b\b\b\b\b\b %3.0f %%\n'],round(100));

        temp = 1:size(fin_row_weights2,1);
        so = (temp * fin_row_weights2)./sum(fin_row_weights2,1);
```

```
[sv sp] = sort(so);
fin_col_weights = fin_col_weights(:,sp);
fin_row_weights1 = fin_row_weights1(:,sp);
fin_row_weights2 = fin_row_weights2(:,sp);
fin_rec = fin_rec(sp);

%%%% get robustness score
if ~isempty(fin_rec)
    cs1 = fin_col_weights./repmat(sqrt(sum(fin_col_weights.^2,1)),size(fin_col_weights,1),1);
    gs1 = fin_row_weights1./repmat(sqrt(sum(fin_row_weights1.^2,1)),size(fin_row_weights1,1),1);
    ds1 = fin_row_weights2./repmat(sqrt(sum(fin_row_weights2.^2,1)),size(fin_row_weights2,1),1);
    lam1 = sum(gs1.*ISA_multiply(data1T,cs1),1);
    lam2 = sum(ds1.*ISA_multiply(data2T,cs1),1);
    lam3 = sum(cs1.*ISA_multiply(data1,gs1),1);
    lam4 = sum(cs1.*ISA_multiply(data2,ds1),1);
    fin_rob = sqrt(lam1.*lam2.*lam3.*lam4);
else
    fin_rob = [];
end
```

Ping-pong 算法：

```
function [cs gs ds tr rc rob] = ping_pong_v7(tests,trh,signs,sparsity,imposed)
% these global variables have to be defined outside the function:
% global data1 data1T data2 data2T
% the input parameters:
% tests: number of initial seeds (or the seeds themselves)
% trh: thresholds...
% trh(1): condition threshold (for data_matrix1)
% trh(2): gene threshold
% trh(3): condition threshold (for data_matrix2)
% trh(4): drug threshold
% signs: [a b c] = [cond-,gene-,drug signs] ("0"=+/-,"1"=+,"-1"=-)
% sparsity (condition/seed), sparsity = 0 means random number
% imposed: forced seeds to be convereged
```

```
%
% the outputs:
% cs: condition scores
% gs: gene scores
% ds: drug scores
% tr: list of thresholds (3 x #co-modules)
% rc: recurrence of each co-module
% rob: robustness score of the co-module

global data1 data1T data2 data2T

if nargin<2
    signs = [0 0 0];
end

if nargin<3
    trh = [1 1 1 1];
end

if nargin<4
    sparsity = 1;
end

if nargin<5
    imposed3 = [];
end

max_iterations = 50;
ctrh1 = .8;
ctrh2 = .99; % correlation limit for convergence
min_genes = 5;
min_rec = 1;
warning off all
% Initialize values
[rows1,cols1] = size(data1);
[rows2,cols2] = size(data2);
```

```
%Run algorithm
initialize_ping_pong_3;
% PP_speed_median;
PP_speed;
cs = fin_col_weights;
gs = fin_row_weights1;
ds = fin_row_weights2;
tr = fin_trh;
rc = fin_rec;
rob = fin_rob;

%Merging
C = corrcoef(gs);
C = (C>.99);
C = tril(C,0);
sel = find(sum(C,2)==1);
cs = cs(:,sel);
gs = gs(:,sel);
ds = ds(:,sel);
tr = tr(:,sel);
rc = rc(sel);
rob = rob(sel);
```

6.2.3 基于三因子联合非负矩阵分解的协同模块发现算法

非负矩阵分解用于协同模块发现，在前述章节中已有介绍，这里不再赘述。值得注意的是，先前的模块发现算法大多都没有在系统层面，对同一个分子层和不同的分子层考虑模块之间的关联。在现实应用中，不仅要识别来自同一个调控层中的模块及两个不同层中的协同模块，还要确定这些已识别模块之间的关系。此外，这些结果可以通过多层的模块网络阐明，其中每个节点代表一个模块，每条边代表两个模块之间存在的交互关系。

为此，本节将介绍一种新的基于三因子联合非负矩阵分解的多层模块识别方法：netNMF，通过以网络方式整合大规模成对数据集来构建模块网络，详细流程如图 6.8 所示。将该方法应用于来自 TCGA 的同一组 748 个乳腺癌样本的 12 106 个基因和 804 个 miRNA 的表达谱，并鉴定了由 69 个 miRNA—基因共模块组成的双层 miRNA—基因模块网络、99 个 miRNA 模块链接和 88 个基因模块链接，这有助于我们了解 miRNA 和基因如何相互合作以执行某些生物功能的内在机制。

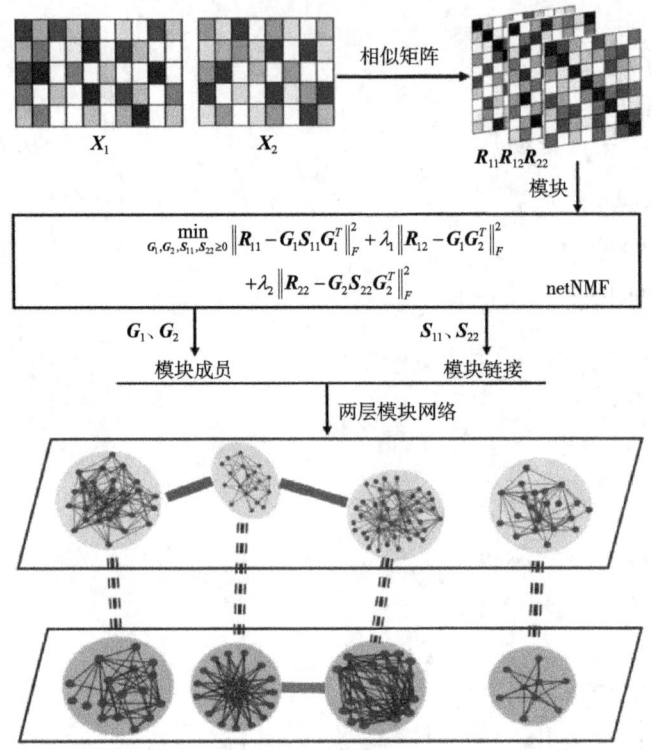

图 6.8　netNMF：通过整合成对基因组数据用以发现两层模块网络的阐释性例子

如图 6.8 所示，通过 Pearson 相关计算 3 个相关矩阵 R_{11}、R_{12}、R_{22}，代表成对输入数据矩阵 X_1 和 X_2 中两种类型特征之间的相似性。netNMF 同时分解 R_{11}、R_{12}、R_{22} 以获得潜在的协同模块及它们之间的关联。基于分解后的矩阵 G_1 和 G_2 的第 i 个列向量，可识别出第 i 个协同模块；两个模块之间（如第 i 和第 j 个模块）的关联强度由 $S_{11}(i,j)$ 或 $S_{22}(i,j)$ 决定，这里，$S(i,j)$ 表示矩阵 S 中的第 i 行第 j 列的元素值。通过这种方式，两层模块网络可以被构建，在该模块网络中，一个节点代表一个模块，它们之间的连边代表模块连接的强度。

下面将详细介绍 netNMF 方法的原理及推导。

（1）netNMF 目标函数构建

非负矩阵分解常见的目标函数是两因子分解模型，而三因子分解模型也是一类重要的矩阵分解技术：$X \approx FSG$[269-270]。这种分解形式提供对矩阵 X 进行双聚类的一个框架（分别对分解后的矩阵 F、S 进行聚类）。分解后的因子矩阵 S 不仅能提供额外的自由度以使近似更加紧密，而且还能指示所识别的聚类之间的关系，尤其对于对称的相似矩阵 R 而言，能够将其分解为 $R \approx GSG^T$ 的形式。相似矩阵能够捕获原始特征矩阵内在的模块或聚类结构[271-272]，这里，netNMF 同时分解 3 个相似矩阵（由 X_1 和 X_2 中计算而来），它结合了经典的两因子和三因子非负矩阵分解的思想，其目标函数可表示如下：

$$o = \min_{G_1, G_2, S_{11}, S_{22}} \|R_{11} - G_1 S_{11} G_1^T\|_F^2 + \lambda_1 \|R_{12} - G_1 G_2^T\|_F^2 + \lambda_2 \|R_{22} - G_2 S_{22} G_2^T\|_F^2$$
$$\text{s.t.} \quad G_1, G_2, S_{11}, S_{22} \geq 0 \text{。} \tag{6.18}$$

其中，R_{11}、R_{22} 为对称的相似矩阵，相应的维度分别为 $n_1 \times n_1$ 和 $n_2 \times n_2$，R_{12} 为两组特征之间

的相似矩阵，其大小为 $n_1 \times n_2$，这 3 个相似矩阵中的元素值都为非负值；λ_1、λ_2 为参数，用以平衡目标函数中 3 项的权重。

在式（6.18）中，第二项中 $\|R_{12} - G_1 G_2^T\|_F^2$ 识别了两种类型（不同分子层）模块之间一对一的关系，并且可被视为在 $S_{12} = I$ 约束下一个三因子非负矩阵分解的变体 $\|R_{12} - G_1 S_{12} G_2^T\|_F^2$，通常被用于强制 G_1 识别的第 i 个模块只能与 G_2 识别的第 i 个模块相关；其他两项旨在识别一种类型的模块及通过矩阵 S_{11} 和 S_{22} 探索模块之间的关系。

与 NMF 优化问题类似，式（6.18）所示的目标函数是非凸的，难以找到全局最优解。采用多乘更新准则来求解这个问题，以发现局部最优。与典型的 NMF 求解问题相同，采用拉格朗日乘子法，得到矩阵 G_1、G_2、S_1、S_2 的更新法则如下：

①固定 G_1、G_2 和 S_2，更新 S_1：

$$(S_1)_{ij} \leftarrow (S_1)_{ij} \frac{(G_1^T R_1 G_1)_{ij}}{(G_1^T G_1 S_1 G_1^T G_1)_{ij}} \circ \qquad (6.19)$$

②固定 G_1、G_2 和 S_1，更新 S_2：

$$(S_2)_{ij} \leftarrow (S_2)_{ij} \frac{(G_2^T R_2 G_2)_{ij}}{(G_2^T G_2 S_2 G_2^T G_2)_{ij}} \circ \qquad (6.20)$$

③固定 S_1、S_2 和 G_2，更新 G_1：

$$(G_1)_{ij} \leftarrow (G_1)_{ij} \frac{(2R_1 G_1 S_1 + \lambda_1 R_{12} G_2)_{ij}}{(2G_1 S_1 G_1^T G_1 S_1 + \lambda_1 G_1 G_2^T H_2)_{ij}} \circ \qquad (6.21)$$

④固定 S_1、S_2 和 G_1，更新 G_2：

$$(G_2)_{ij} \leftarrow (G_2)_{ij} \frac{(2\lambda_2 R_2 G_2 S_2 + \lambda_1 R_{12}^T R_1)_{ij}}{(2\lambda_2 G_2 S_2 G_2^T G_2 S_2 + \lambda_1 G_2 G_1^T G_1)_{ij}} \circ \qquad (6.22)$$

这里，对参数 λ_1、λ_2 建议设置为 $\lambda_1 = \frac{n_1}{n_2}$、$\lambda_2 = \frac{n_1^2}{n_2^2}$。

通过循环执行②—④步的更新公式，指导目标函数值收敛或达到最大迭代次数为止，得到的因子矩阵被用作下游的分析。

（2）确定模块联系

给定三因子对称非负矩阵分解 $R \approx GSG^T = \sum_{i=1}^{k}\sum_{j=1}^{k} s_{ij} g_i g_j^T$，其中，$g_i$ 代表矩阵 G 的第 i 列，s_{ij} 为矩阵 S 的第 i 行第 j 列的元素值，分解后的潜向量 $g_i s$ 能重构原始的关系矩阵 R，并且 s_{ij} 能视为在重构 R 矩阵过程中的 $g_i g_j^T$ 的权重。也就是说，在 $g_i(i = 1, 2, \cdots, k)$ 标准化条件下，s_{ij} 的值越大，基于 g_i 和 g_j 选择的特征的组合相应地在 R 中的元素值也越大，表明了在由 g_i 和 g_j 决定的模块之间的相似性也越大。因此，我们可以利用 S 中的对角元素来评估已识别模块的质量，并使用非对角元素来确定不同模块之间的可能连接。

标准化 $g_i(i = 1, 2, \cdots, k)$，使得 $g_i^* = \frac{g_i}{\|g_i\|_2}$，更新 $s_{ij}: s_{ij}^* = \|g_i\|_2 s_{ij} \|g_j\|_2$，以使其值可以比较。这样，$R \approx GSG^T = \sum_{i=1}^{k}\sum_{j=1}^{k} s_{ij}^* g_i^* (g_j^*)^T$。通过采用这种标准化策略，我们可

以通过 Z-score 来判定两个模块之间（第 i 个和第 j 个模块）是否存在联系。具体来说，如果 s_{ij}^* 大于某个给定的阈值，则在一定程度上表明识别的两个模块之间存在关联。

下面将以一个具体的例子来阐明 netNMF 的应用。

以 CGP（cancer genome project，癌症基因组计划）数据集为例，将 netNMF 方法应用于该数据集上（包含基因表达和药物反应两种数据），最后得到 88 个匹配的基因—药物系统模块，这些模块平均由 200 个基因和 3 种药物构成。75%（88 个中的 66 个）的基因模块至少富集在一个 BP（biological process，生物过程）项或 KEGG（kyoto encyclopedia of genes and genomes，京都基因与基因组百科全书）信号通路中，它们总共覆盖了 984 个不同的 BP 项和 110 个 KEGG 通路，其中，最频繁的富集项是白细胞活化和淋巴细胞活化。

对每一种药物模块，汇总了其靶标和靶向通路。对于包括一种以上药物的 68 种药物模块，33 个模块（49%）中的药物具有相同的靶标或靶向通路。例如，第 10 个药物模块中的 GSK690693 和 MK-2206 都对 PI3K 信号传导途径有影响；第 72 个药物模块中的 5 种药物（RDEA119、CI-1040、PD-0325901、Selumetinib 和 Trametinib）均为 MEK 抑制剂并靶向 ERK MAPK 信号通路。

（3）匹配的基因—药物协同模块表现出密切的关联

基因模块中富集的 BP 项和匹配的药物模块靶向的信号传导通路表现出强烈的相关性。在 10 个基因—药物协同模块中，药物靶标出现在相应的基因模块中。例如，在第 18 个基因—药物协同模块中，基因模块和药物模块都与细胞周期停滞有关，该模块中的 197 个基因显著富集于有丝分裂细胞周期的 G1/S 转换的负调控，阻止细胞从有丝分裂细胞周期的 G1 期进入 S 期。通过 p53 介导的 DNA 损伤反应对细胞周期停滞的正调节，导致细胞周期停止或减少，以及一些其他对细胞周期过渡的负调节。Nutlin-3a 是该模块中的两种药物之一，它靶向的基因 MDM2 和肿瘤抑制基因 p53 包含在该基因模块中，Nutlin-3a 抑制 MDM2 和 p53 之间的相互作用，使 p53 稳定，然后选择性地诱导癌细胞的衰老；另一种药物 XMD15-27，靶向 CAMK2，其被报道为细胞周期机制的调节剂。CAMK2 涉及与多种细胞信号传导通路相关的细胞周期，其抑制作用对各种癌症的细胞周期进展具有各种作用（促进或抑制），其抑制作用对各种癌症的细胞周期进展具有各种促进或抑制作用[273]。

又如，第 60 个基因—药物协同模块中包括 211 个基因和 4 个药物，该模块中的基因与色素沉淀具有显著的功能相关性，如发育色素沉淀、黑色素代谢和生物合成过程。这 4 种药物分别是 PLX4720、SB590885、Selumetinib 和 Dabrafenib，其中，PLX4720、SB590885 和 Dabrafenib 靶向 BRAF，Selumetinib 靶向 MEK1 和 MEK2，这些药物都靶向 ERK MAPK 信号通路。BRAF 一直是黑色素瘤药物开发的有吸引力的目标[274]，MEK1 和 MEK2 是 MAPK 信号通路中的关键组分；此外，发现 BRAF 丝氨酸/苏氨酸激酶（S/T 激酶）的 V600E 突变发生在 50% 以上黑色素瘤上[275]。与单独 BRAF 抑制相比，BRAF 和 MEK 抑制黑色素瘤与 BRAF V600 突变相结合，可以延缓耐药性的出现，降低患者的毒性作用，从而提高无进展生存率[276]。

（4）连接的基因（或药物）模块具有相似的功能

通过 netNMF，在基因模块之间检测到了 113 个联系，其中，58 对基因模块有显著的重叠；并且在药物模块之间检测到 122 个联系。在 113 对基因模块之间，65 对中的两个基因模块都富含至少一个 GO BP 项或 KEGG 信号通路,并且这 65 对中的 28 对具有相同的生物学功能;14 对药物模块具有共同的靶标或靶向的通路。例如,基因模块 11 和 29 都富集于细胞周期转移;然而,几乎没有差别:基因模块 11 涉及 G2／M 周期转变,而基因模块 29 关注 G1/S 周期转变。

此外,对于没有共同富集的 GO 项的基因模块对,发现它们倾向于涉及相关的 BP 项。例如,基因模块 10 和 36,它们分别富集于 B 细胞受体(BCR)信号通路和脂筏装配。最近的研究报道,脂筏参与许多涉及 B 细胞活化的细胞表面事件,包括 BCR 信号传导,脂筏充当 BCR 信号传导的平台,并且可能在配体结合后促进 BCR 信号传导的扩增[277]。

对于药物模块,药物模块 10 和 14 分别靶向 AKT1/AKT2 和 mTOR,所有这些都是它们共同靶向通路——PI3K 信号通路的组成部分。药物模块 1 和 15 分别影响不同的信号传导通路,即 ERK MAPK 信号通路和 RTK 信号通路,但这两种通路高度相关;RTK 和 ERK MAPK 信号通路均在细胞增殖和分化调节中起作用[278]。这两种途径之间发生串扰,RTK 的刺激在多步骤过程中触发 MAPK 的激活[279]。

所有这些分析表明,netNMF 可以揭示模块之间具有生物学意义的联系,从而深入了解其组织机制和过程。

(5)双层模块网络预测基因和药物之间的潜在关系

对于 CGP 数据集,通过 netNMF 可构建一个双层的模块网络,如图 6.9 所示。这种双层的模块网络使我们不仅能够全面探索基因模块中具有特定生物功能的基因模块之间的关联(或具有不同药物靶标的药物模块和药物水平的靶向通路),还能够全面探索药物与药物、基因与基因之间的多对多的关系。

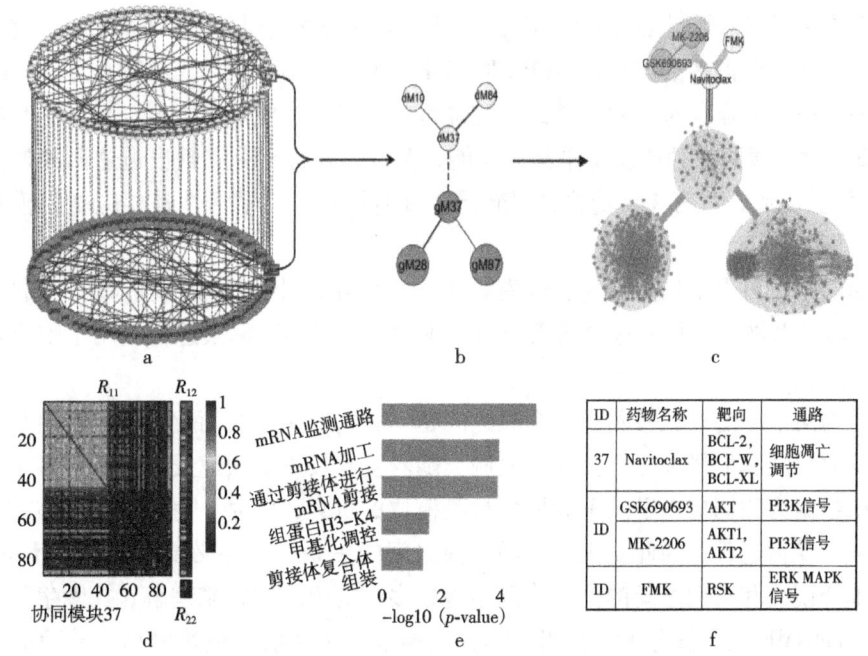

图 6.9 CGP 数据集上的双层模块网络的阐释性例子

如图 6.9 所示，a：该基因—药物协同模块网络共包括 88 个基因—药物协同模块、顶层中药物模块之间的 122 个连接和底层中基因模块之间的 113 个连接；b：以模块 37 为中心的子网；c：药物模块 37 和 84 都只含有一种药物，药物模块 10 包括靶向相同通路的两种药物（图 6.9f）；d：由 44 个基因和一种药物组成的协同模块 37 的热图（方形盒）；e：图 6.9b 基因模块中前 5 个富集的生物项；f：图 6.9b 中药物模块的详细信息。

从图 6.9 可以看出，以模块 37 为中心的子网（图 6.9b 和图 6.9c）包括 3 个基因模块和 3 个药物模块，其中，处于中心的协同模块 37，其成员基因和药物表现出不同的共表达模式（图 6.9d）。这些基因模块都参与 mRNA 转录相关的 BPs（图 6.9e）。包含 44 个基因的模块 37 显著富集于组蛋白 H3K4 甲基化的调控，H3K4 甲基化涉及转录激活[280]，如 H3K4-me1、H3K4-me2 和 H3K4-me3。该模块与基因模块 87 和 28 有连接关系，基因模块 87 主要参与剪接体符合装配的过程，可以催化核 mRNA 剪接[281]。剪接体由小核 RNA 和蛋白因子组成，它能从转录的前 mRNA 中去除内含子。对于另一个基因模块 28，其最可能富集的两个功能分别是 mRNA 加工和通过剪接体的 mRNA 剪接[282]。此外，它显著富集与 mRNA 的监测通路，这是一种检测和降解异常 mRNA 的质量控制机制。简而言之，这 3 个基因模块显示出显著的功能关联，分别参与 mRNA 转录过程的不同方面。

对于药物层，中心药物模块 37 只包含一种药物——Navitoclax，靶向凋亡抑制蛋白 BCL-2、BCL-XL 和 BCL-W（图 6.9f），因此，Navitoclax 可以引发肿瘤细胞凋亡，特别是对于过度表达 BCL-2、BCL-XL 和 BCL-W 的癌症。模块 84 中的药物 FMK 靶向 RSK 蛋白家族，这是一组高度保守的 Ser / Thr 激酶，作为 ERK MAPK 信号级联的下游效应子，RSK 在各个阶段起着翻译控制的作用[282]。另一种药物模块 10 包括两种药物：MK-2206 和 GSK690693，两者都是 AKT 抑制剂，但具有不同的作用方式，MK-2206 是一种变构 AKT 抑制剂，而 GSK690693 是一种三磷腺苷竞争性 AKT 抑制剂，它们的组合显示出协同和细胞毒性效应，以比使用单一药物低得多的浓度影响 PI3K-AKT 信号传导通路[283]。AKT 位于 PI3K-AKT 通路下游的关键信号节点，对于调节转录和翻译等基本细胞功能非常重要，此外，ERK MAPK 通路和 PI3K-AKT 通路在肿瘤发生中具有功能相关性，并且已有文献报道这两种通路之间的普遍串扰[284]。因此，所有 4 种药物都对转录活性有影响，转录活性是相应基因模块富集的主要功能（图 6.9e）。

从上面的分析可得出相关结论：以模块 37 为中心的子网络中的成员具有不同的生物学相关性。我们可以进一步利用这种两级子网来预测新的药物靶标候选物或用于临床癌症治疗的潜在药物组合。

复杂生物网络中的模块检测是一个关键问题，它将复杂系统简化为具有特定功能的几个小部分，从而帮助我们研究分子活动的机制。随着生物技术的快速发展，来自多个维度的大规模基因组数据为我们提供了从不同层面检测模块的机会，同时，由于通过个体模块的合作成功地完成了生物过程，因此，识别不同模块之间的关系也成为必要。用来自不同层面的、识别出的单个模块和它们之间的关联，能够构建多层的模块网络来理解、探索生物系统是如何运作的。netNMF 通过整合 3 种相似矩阵，能构建一个两层的模块网络，从而能够以一种更精确的方式来同时发现模块模式和它们之间的关系。该计算框架也能容易扩展到多于两种特征类型的数据，而且，分子之间先验的互作用知识也能被整合到该框架中（通常以基于网络的罚项形式），以使得网络中连接的特征更可能被置于同一个模块中，这样将会改善模块发现的精度，也能提高模块的生物学解释能力。

（6）相关代码

下面将 netNMF 相关代码附上，以供广大同行参考。

1) netNMF 整合分析两个视角的特征数据

```
function [H1,H2,S1,S2,residual] = NetNMF(A1,A2,A12,parameters)
% ‖ A1 - H1S1H1' ‖ + lamda1 * ‖ A12 - H1H2' ‖ + lamda2 * ‖ A2 - H2S2H2' ‖
% input:
% A1,A2,A12:three similarity matrices obtained from the original feature matrices
% output:
% H1:the factorized factor matrix of A1
% H2:the factorized factor matrix of A2
% S1:the weight matrix of hi * (hj)' obtained from A2
% S2:the weight matrix of hi * (hj)' obtained from A2
% residual: the residual error according to different iteration number

k = parameters.k;
tol = parameters.tol;
max_iter = parameters.max_iter;

[nr1,nc1] = size(A1);
[nr2,nc2] = size(A2);
[nr,nc] = size(A12);

if (nr1 ~= nc1) ‖ (nr2 ~= nc2) ‖ (nr1 ~= nr) ‖ (nr2 ~= nc)
    error('The input data matrices can not be applied to the algorithm!')
end

H1 = abs(randn(nr1,k));
H2 = abs(randn(nr2,k));
S1 = abs(randn(k,k)); S1 = (S1 + S1')/2;
S1 = sum(S1) - diag(S1); S1 = S1/max(max(S1));
S2 = abs(randn(k,k)); S2 = (S2 + S2')/2;
S2 = sum(S2) - diag(S2); S2 = S2/max(max(S2));

lamda1 = nr1/nr2;
```

```
lamda2 = (nr1 / nr2).^2;

iter = 1;
residual = zeros(max_iter,4);

res = Inf;
ForRes = Inf;

while ((res > tol) && (iter < max_iter))
    % step1:fix H1 H2,update S1 S2
    numerator = H1' * A1 * H1;
    denominator = (H1' * H1) * S1 * (H1' * H1);
    S1 = S1 .* (numerator ./ max(denominator,1e-10));
    clear denominator numerator

    H2A2 = H2' * A2;
    numerator =  H2A2 * H2;
    HTH2 = H2' * H2;
    HTHS = HTH2 * S2;
    denominator = HTHS * HTH2;
    S2 = S2 .* (numerator ./ max(denominator,1e-10));
    clear denominator numerator

    % step 2a:Fix H2,S1,S2,update H1
    numerator = 2 * A1 * (H1 * S1) + lamda1 * (A12 * H2);
    denominator = 2 * H1 * (S1 * (H1' * H1) * S1) + lamda1 * H1 * (H2' * H2) + eps;
    H1 = H1 .* (numerator ./ denominator);
    clear denominator numerator

    % step 2b:Fix H1,S1,S2,update H2
    numerator = 2 * lamda2 * A2 * (H2 * S2) + lamda1 * (A12' * H1);
    denominator = 2 * lamda2 * H2 * (S2 * (H2' * H2) * S2) + lamda1 * H2 * (H1' * H1) + eps;
    H2 = H2 .* (numerator ./ denominator);
    clear denominator numerator
```

```
residual(iter,1) = norm((A1 - H1 * S1 * H1'),'fro').^2;
residual(iter,2) = lamda1 * norm((A12 - H1 * H2'),'fro').^2;
residual(iter,3) = lamda2 * norm((A2 - H2 * S2 * H2'),'fro').^2;
residual(iter,4) = residual(iter,1) + residual(iter,2) + residual(iter,3);

res = abs(residual(iter,4) - ForRes);
ForRes = residual(iter,4);
iter = iter + 1;

 val = max(max(S1));
 sqrtval = sqrt(val);
 S1 = S1 ./ val;
 H1 = H1 .* sqrtval;
 H2 = H2 ./ sqrtval;
 S2 = S2 .* val;
 clear val sqrtval


end
final_iter = iter - 1;
residual = residual(1:final_iter,:);
```

2)三因子非负矩阵分解

```
function [H,S,residual] = TriNMF(A,parameters)
% A = HSH'
% input:
% A:the symmetric matrix
% output:
% H: the factorized coefficient matrix
% S: the weight matrix

k = parameters.k;
tol = parameters.tol;
max_iter = parameters.max_iter;

[nr,~] = size(A);

H = abs(randn(nr,k));
```

```
S = abs(randn(k,k));
S = (S + S')/2;
S = sum(S) - diag(S);
S = S / max(max(S));

iter = 1;
residual = zeros(max_iter,1);

res = Inf;
ForRes = Inf;

while ((res > tol) && (iter < max_iter))
   % step1:fix H,update S
   numerator = H' * A * H;
   denominator = H' * (H * S * H') * H + eps;
   S = S .* (numerator ./ denominator);
   clear denominator numerator

   % step1: fix S,update H
   numerator = A * (H * S);
   denominator = H * (S * (H' * H) * S) + eps;
   H = H .* (numerator ./ denominator);
   clear denominator numerator

   residual(iter,1) = norm((A - H * S * H'),'fro').^2;

   res = abs(residual(iter,1) - ForRes);
   ForRes = residual(iter,1);
   iter = iter + 1;

     val = max(max(S));
     sqrtval = sqrt(val);
     S = S / val;
     H = H * sqrtval;
     clear val sqrtval

end
```

final_iter = iter - 1;
residual = residual(1:final_iter,1);

6.2.4 基于正交的跨物种网络聚类框架

随着测序技术和其他高通量技术的发展，产生了许多物种的大规模组学数据[285-286]。除了基因组序列，现在可以比较两个或更多的物种鉴于表观基因组、转录组、互作用组等，结果，整合来自不同物种的这种系统水平数据的计算框架吸引了越来越多的关注。虽然不同类型的组学数据反映了生物系统的不同方面，但可以将这样的高维数据映射到网络上。例如，基因表达谱或其上游区域中的组蛋白修饰模式可用于连接基因以形成各种共关联网络。因此，来自不同物种数据形成的物种特异性网络，原则上可以通过结合进化关系来对其进行整合。

对于一组基因，与网络拓扑属性相关的特征打开了另一扇窗口来解释它们的基因组学特征和注释，其中，网络模块的概念从系统生物学的角度来看尤其重要。通过识别模块，可以通过将其组成部分之间的大量互连进行折叠、约简，形成模块之间的较少的交互，来降低生物系统的复杂性[287-288]。虽然不同的组学数据产生不同的网络，聚到一起形成模块的基因更可能扮演共同的生物角色。例如，受共同转录因子调节，或者是蛋白质复合物的一部分，或者出现在同一通路中。最广泛研究的一种组学数据类型是基因组范围的表达数据，为了分析全基因组表达谱数据，基于网络的算法[289]、层次聚类[290]、自组织映射[291]、谱方法[292]和超参聚类[293]等方法已经被开发出来并自微阵列时代以来被广泛应用。

虽然这些方法提供了很多有价值的生物学洞见，但是，它们只针对个别物种内的聚类。为了利用物种之间的进化关系，对多个物种进行跨物种聚类将极具指导意义，特别是因为RNA-seq等转录组分析技术的最新进展，已在许多不同物种中产生了大量的全基因组表达数据[294-295]。

这里，我们将介绍一种基于网络的跨物种聚类框架：OrthoClust[296]。OrthoClust利用物种间基因的直系关系整合各个物种的网络，由于物种内的连接基因和跨物种的直系同源物分别连接物种内和物种间具有相同功能的基因，OrthoClust自然地将功能模块的概念扩展到跨物种维度。OrthoClust的本质是检测跨物种模块的成本函数，因此，可通过模拟退火来解这个优化问题。

（1）多层网络中的跨物种模块

共关联网络是某些类型的基因组数据的一种表示，如对于蛋白质结合谱，如果两个基因相应的蛋白质物理上相互作用，则这两个基因在网络中是连接的。在许多情况下，生物数据大多是高维的。例如，全基因组表达谱，在这种场景下，如果两个基因的表达谱在很多生物条件下是高度相关的，则这两个基因是统计上相关联的。从拓扑的角度来看，模块是网络的互连区域，其边缘密度高于整个图形的平均密度。模块的组成部分可能是以协调的方式工作的基因，即执行共同的生物功能。通过结合来自不同物种的共关联网络，形成具有两种类型边缘属性的网络，代表两种类型的功能相似性，从数学上讲，这种结构是一个双层网络[297]。对于同一个物种的基因而言,如果是关联的,则将它们连接起来;而对于来自不同物种的基因,如果它们是同源的,则将其连接起来,图 6.10 给出了一个多层网络阐释性的例子。

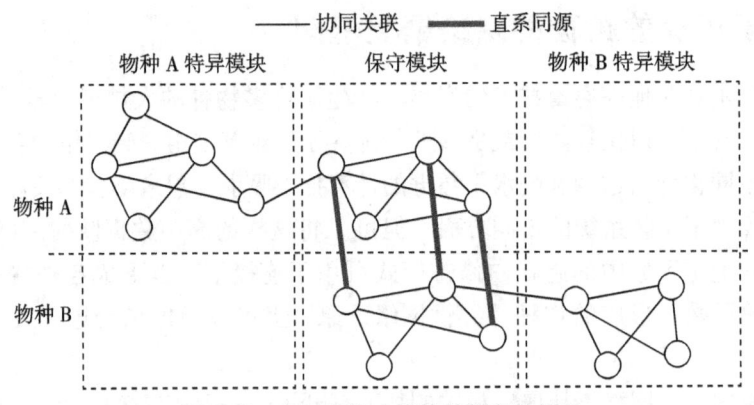

图 6.10　多层网络中模块的阐释性例子

如图 6.10 所示,物种 A 和 B 的共关联网络通过基因之间的直系同源关系连接在一起,形成多层网络。图 6.10 中共有 3 种模块,中间一个是保守模块,具有来自两个物种的基因,对应于不同物种的基本生物学功能;左侧和右侧分别是由来自物种 A 和 B 的基因组成的特定模块,它们对应于两个物种中出现的新功能。

这里,模块可以包含来自多个物种的基因,其特征在于以跨物种方式形成的两种类型的功能相似性。在一个模块中,从分子的角度来看,来自相同物种的基因最有可能具有相同的功能,因为它们共关联、共表达或物理上结合在一起。不同物种的直系同源(根据定义,来自同一祖先基因的同源物),由于它们的序列相似性,从进化的角度来看,可能具有相似的生物学功能;直观上,模块应该由在共同关联网络内形成类似派系(clique)结构的节点组成,以及通过共同关联网络层之间的同源关系链接的节点组成。然而,如图 6.10 所示,多层网络中的模块完全可能由来自单一物种的基因组成。事实上,当特定物种出现新功能,并且对应于特定功能的基因不具有相应的直系同源时,就会出现这种情况。

图 6.11 给出了 OrthoClust 的 3 个主要步骤,即构建多层网络、定义损失函数及通过多次运行模拟退火分配节点到相应的模块中。

(2) 构建多层网络

OrthoClust 的输入是两个或更多物种的共同关联网络,以及物种基因之间的同源关系,当然,协同关联网络源自原始数据,并且根据具体数据和生物学目的有各种方式可到达网络。OrthoClust 通过它们的同源关系,连接不同物种的基因,并结合关联网络的各个网络层。为了解释许多直系同源对不是一对一但是多对多关系的事实,对直系同源链路进行加权,以使得权重通过每个节点的直系同源物的数量来标准化。

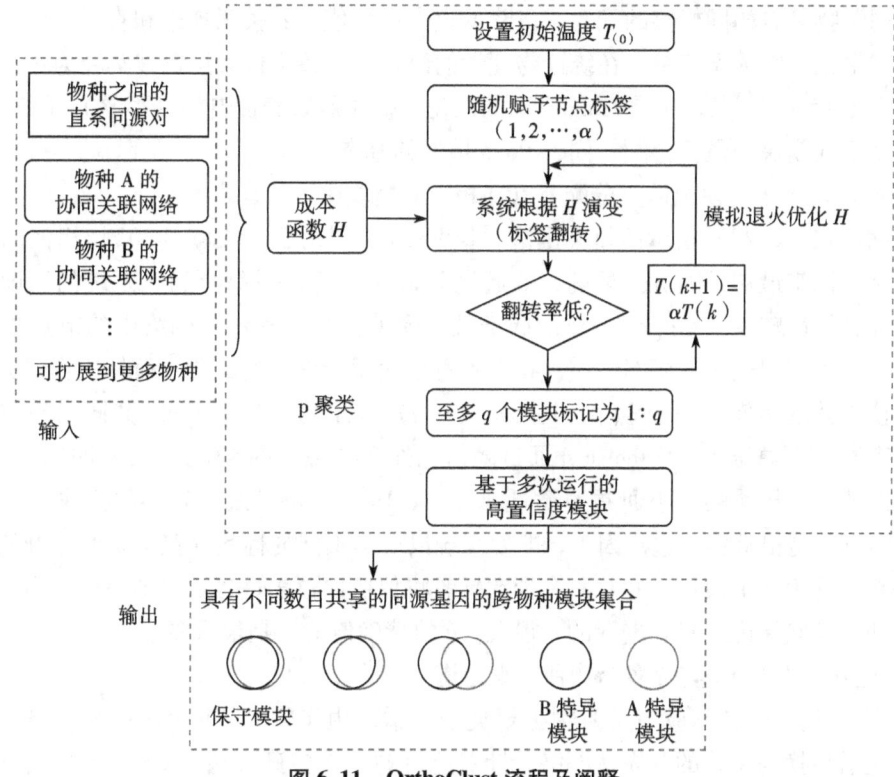

图 6.11 OrthoClust 流程及阐释

(3) 定义多层网络中的损失函数

为了识别多层网络中的模块,OrthoClust 定义了一个损失函数。具体来说,每个节点都可以采用从 1 到 q 的离散标签 σ,具有相同标签的节点将被分配到相同的模块,因此,q 是系统中允许的最大模块数,如果网络中有 M 个节点,将有 M^q 种方式分配节点到相应的模块中。一般而言,OrthoClust 可以用于 N 个物种,对 $N=2$ 的情况,每个配置可由损失函数 H 表征:

$$H = -(\sum_{i,j \in s_1} \Lambda_{ij}^1 \delta_{\sigma_i \sigma_j} + \sum_{i,j \in s_2} \Lambda_{ij}^2 \delta_{\sigma_i \sigma_j} + k \sum_{(i,i') \in O(s_1, s_2)} w_{ii'}^1 \delta_{\sigma_i \sigma_{i'}})。 \quad (6.23)$$

其中,S_1、S_2 分别为两个物种的基因集合,$\Lambda_{ij} = A_{ij} - k_i k_j / 2m$,$k_i = \sum_j A_{ij}$,$m = \sum_i k_i / 2$。因 A 是一个网路的邻接矩阵,减去的项是具有相同度分布的随机图集合中节点 i 和 j 之间的期望的连接数[298-299],它在 H 中的存在是为了减少更高度节点之间链路的贡献(即 hub 节点);上标 1、2 相应于两个物种的网络;如果节点 i 和 j 具有相同的标签,则 Kronecker delta $\delta_{\sigma_i \sigma_j}$ 的值等于 1,否则为零。目标函数 H 的前两项基本是两个单独网络的模块度函数[300]。在一个标准的模块度函数中,具有高模块度的网络意味着同一模块中的节点之间存在大量链接,不同模块中节点之间的链接数量较少。OrthoClust 的创新性是式(6.23)中的最后一项,考虑到共同关联网络不同层节点之间的直系同源联系。它汇总了 $O(S_1, S_2)$,即 S_1 和 S_2 之间的所有直系同源对。如上所述,每对直系同源基因由 w_{ij} 加权以考虑多对多的直系同源关系。

直系同源物具有相同标签的配置，将降低损失函数值，共关联连边和直系同源连边之间的相对贡献由耦合常数 k 控制，在统计物理学的语言中，整个框架可以被解释为称为 q 状态 Potts 模型的自旋系统[301]，这是 Ising 模型的泛化。损失函数表征自旋（标签）系统的能量，并且节点到不同模块的最佳分配等同于 Potts 模型的基态。

（4）通过多次运行模拟退火分配节点到相应的模块中

为了优化式（6.23）所示的目标函数，OrthoClust 利用了与文献［302］相似的标准模拟退火程序。标签最初是随机分配的，并通过 heat bath 算法进行更新，系统的温度逐渐降低，直到标签的翻转率（flipping rate）低于某个阈值。尽管标签将网络中的节点划分到模块，但是，由于模拟退火的概率性质，我们不直接使用所得到的配置，而是执行退火过程 R 次。通过使用共现矩阵（一个矩阵，其元素 (i, j) 表示两个节点 i 和 j 共同出现在同一模块中的频率）来汇总结果，OrthoClust 通过阈值化处理共现频率来获得一组模块，并且寻找经常共现的节点。模块的大小通常遵循幂律分布，因此忽略了规模较小的模块，OrthoClust 通常对 q 的值不是很敏感，这是因为，即使系统以许多不同的标签（高的 q 值）开始，大范围的状态将合并为几个模块，并且只有少数标签将保留以覆盖适当数量的模块，因为系统逐渐趋于冷却；换句话说，只要选择的 q 很大，q 的精确值就不是很重要了。

（5）使用 OrthoClust 整合多个物种的表达谱

OrthoClust 的一个特殊应用是跨物种聚类表达谱，由于 OrthoClust 是一个网络框架，应将原始表达谱转换为单独的共表达网络。针对此目的，许多算法基于 Pearson 相关系数计算 $N \times N$ 的相关矩阵[303-306]。对于一些应用来说，基于秩的算法对于求解模块尤其适合，在这种算法中，每个基因与其前 d 个具有最大（绝对值）Pearson 相关系数的基因相连。众所周知，许多不同物种的共表达网络是模块化的，这意味着一个基因子集（一个模块）具有特定的功能[307-309]，因此，探索这些模块是如何以跨物种的方式出现的，是很有意义的。与通过关联高维数据构建的各种共关联网络一样，可以基于两个基因之间相关系数的符号将共表达边指定为具有正（+1）或负符号（-1），由于反相关基因不能协同工作，将它们分成两个不同的模块是有益的。这可以通过修改原始损失函数来实现，通过上标（+或-）指定，以分离每个物种中的正、负连接，即：

$$H = -(\sum_{i,j \in s_1} \Lambda_{ij}^{1+} \delta_{\sigma_i \sigma_j} - \sum_{i,j \in s_1} \Lambda_{ij}^{1-} \delta_{\sigma_i \sigma_j} + \sum_{i,j \in s_2} \Lambda_{ij}^{2+} \delta_{\sigma_i \sigma_j} - \sum_{i,j \in s_2} \Lambda_{ij}^{2-} \delta_{\sigma_i \sigma_j} + k \sum_{(i,j') \in O(s_1, s_2)} w_{ij'}^1 \delta_{\sigma_i \sigma_{j'}}) \text{。} \tag{6.24}$$

负链接前面的减号表示负链接的效果与正链接的效果相反，这意味着，在有利的配置中，同一模块中的节点可能通过正链路连接，而来自不同模块的节点倾向于通过负链路连接[310]。

附：

一、共表达网络的构建

有两类构建共表达网络方法：一是基于值的，即通过全局阈值对所有基因的相关系数进行筛选，从而构建网络；二是基于秩的，即从局部的视角，允许每个基因与其前 d 个最相关的基因相连。

由全局的基于值算法构建的网络更难以获得更小的模块，因此，在实际应用中，基于秩的方法经常被用于构建共表达网络。为了保持网络的稀疏性，需要对 d 的值进行选择，更明确地说，d 选取最小值，以使得来自各个物种的所有基因独立地形成巨大的连接网络。通常来说，一方面，如果 d 取值非常小，则由定义得到的网络不能形成巨大的连通图；另一方面，如果 d 取值非常大，则网络不会变得稀疏。即使两个共表达网络中的节点和边的数量不同，每个节点的平均链路数量也非常相似（蠕虫为6.29，苍蝇为6.56），因此，在实际应用中可取相应的 d 值进行下游的分析。

二、模块的分解（以蠕虫和苍蝇为例）

在蠕虫全基因组分析中，共现的严格阈值（0.95）用于共现矩阵的可视化，超过95%的实验结果具有相同旋转（spin）值的节点被分配到同一模块。忽略小的聚类，最终获得了覆盖80%节点的大约150个模块。

三、基因对之间的 GO 相似性

基于 GO 项，有许多指标可以量化基因功能相似性[311-315]，采用文献［311］的做法，用 GO 项 j 来注释基因 i，则基因 i 和 GO 项 j 间的关系可以被表示为一个邻接矩阵 $\boldsymbol{B}$，而且可定义一个矩阵 $\boldsymbol{G}$，使得：

$$\boldsymbol{G}_{ij} = \boldsymbol{B}_{ij} \log \frac{n}{\sum_i \boldsymbol{B}_{ij}}。 \qquad (6.25)$$

其中，n 是基因的数目。在矩阵 $\boldsymbol{G}$ 中，GO 项 j 对基因的贡献通过逆文档频率进行加权，通过这种加权方式，存在于许多基因中的高层次的 GO 项，其权重会下降。两个基因 k_1 与 k_2 之间的相似性得分可用余弦函数进行定义为，即矩阵 $\boldsymbol{G}$ 中第 k_1 与第 k_2 个行向量之间的余弦相似性。

四、模块的调控模式

从 modENCODE 下载跨越不同发育阶段的 26 个苍蝇转录因子和 79 个蠕虫转录因子的 ChIP-seq 数据（蠕虫中进行了 220 次实验，苍蝇中进行了 93 次实验）。对于每个 ChIP-seq 实验，通过 TIP[316] 鉴定转录因子的结合靶标，q 值截止值为 0.01。将这些实验的结果叠加在一起以形成蠕虫和苍蝇的转录调节网络（蠕虫的 12 648 条边和苍蝇的 1187 条边），基于所得网络确定一对基因的共同转录因子的数量。

五、与单物种聚类的比较

标准的聚类方法，包括 K 均值聚类、层次聚类等，常被用于蠕虫和苍蝇的转录谱分析，将模块大小小于 5 个基因的模块删除，对于 3 类方法，几乎都产生了大于 200 个蠕虫模块和苍蝇模块。对于这些模块的组合，计算蠕虫和苍蝇基因之间的直系同源对的数量，然后将直系同源对的数目与期望数目 $(n_w n_f / N_w N_f) O_{wf}$ 做比较，其中，n_w、n_f 分别为蠕虫和苍蝇模块中基因的数目，N_w、N_f 为蠕虫和苍蝇总基因的数目，O_{wf} 为蠕虫和苍蝇直系同源对的数目。仅保留富集的直系同源对的组合（$P<0.05$），在该实验中，将模块包含基因小于 5 的模块忽略，最终产生了 314 个蠕虫模块和 227 个苍蝇模块。

六、与网络配准比较

应用 IsoRank 配准蠕虫和苍蝇的共表达网络，蠕虫和苍蝇蛋白对之间的序列识别可从已有文献中下载，通过经验设置参数值，并搜索节点已经配准的两个网络中的共表达边，由这些对齐的边形成断开的组分，被用作保守模块的潜在种子，因为它们由完整对齐的蠕虫基因和苍蝇基因组成。

七、鲁棒性分析

为比较两组聚类 A 和 B，所有可能的 $N(N-1)/2$ 对基因被分为 4 个类：①被 A、B 分配到相同模块；②被 A 分配到相同的模块，但不被 B 分配到相同的模块；③被 B 分配到相同的模块，但不被 A 分配到相同的模块；④被 A、B 分配到不同的模块。因为，类④中的配对数目（在一定程度上为真负：ture negative）比其他对高几个数量级，A、B 之间的重叠定义为：类①/（类①+类②+类③）。类①中配对的数目可被视为真正（ture positive）[317]。

以上所述为 OrthoClust 方法的原理性介绍，关于该方法的更多细节，请参考 GitHub 相关资源：https://github.com/gersteinlab/OrthoClust。

6.2.5 稀疏多块偏最小二乘回归方法

真核基因表达（GE）是一个受多个水平控制的复杂过程，包括表观遗传、转录和转录后调控，动态和精确协调这些调控程序对于最大限度地提高 GE 的效率和特异性至关重要。最近的研究支持这样的观点，即 GE 机器不是简单的"逐步"生产线，而是由多个复杂且广泛耦合的网络所控制的[318-320]。

高通量基因组技术的发展使研究人员能够获得基因调控的全局观点，微阵列和测序技术不仅可以测量全基因组的 GE 水平，还可以测量 DNA 修饰 [如拷贝数变异（CNV）]、表观遗传调控 [如 DNA 甲基化（DM）和组蛋白修饰] 和转录后调控 [如 miRNA 表达（ME）]，然而，大多数全基因组研究仅限于调控的一个方面，如基于 GE 谱的研究。最近，大规模的多维数据集变得越来越易获取，在这些数据集中，同一样本集合往往会有多种成分谱，癌症基因组图谱（TCGA）[321] 项目和 NCI60[322] 项目分别为一组癌症样本和癌细胞系提供了这种类型的综合基因组表征，多维数据集为发现不同 GE 规则层之间的联系提供了前所未有的机会。

大规模多维基因组数据迫切需要新的计算方法和工具，事实上，随着测序成本的下降，样本的多维表征将很快变为现实。然而，合适的分析方法目前很少；特别地，由于不同类型的基因组数据具有不同的度量标准单位，我们不能简单地将它们汇集起来，并用于分析。以前的相关工作主要集中在二维基因组数据集上。例如，各种 eQTL 方法可以联合分析单核苷酸多态性（SNP）和 GE 数据以鉴定调控 SNP[323]；多元回归可以将 GE 和转录因子（TF）绑定数据关联起来，从而实现 TF 与其靶基因的关联分析[324]；Ping-pong 算法整合 GE 和药物反应数据[200]。最近，也涌现了很多方法用以分析多于两维的基因组数据。例如，多变量模型[325] 和稀疏回归模型[161]，这两种方法都能以监督的方式从多维的基因组数据中学习；cMonkey 是一个多物种的双聚类方法，其主要应用于分析来自不同物种的 GE 矩阵[326]；除此之外，还有多核学习方法用于整合异构的基因组数据[327-328]。这些方法整合多个核以形成一个单独的核（每一个核转化源自一种数据类型中），也即核融合，被广泛用于预测、回归和特征选择等领域。

本小节将介绍一种有监督的模块发现方法，用于识别多维的基因调控模块。一个调控模块包括来自不同层的调控因子，这些调控因子可能结合在一起而行使某些生物功能，不失一般性，假设有一个四维的数据集，包含GE、CNV、DM和miRNA表达（ME）谱，这4个维度的数据都是基于同一集合的K个样本而测得的。把CNV、DM和ME视为输入变量，而把GE视作响应变量，可将这个数据集表示为矩阵形式：$X_i \in R^{K \times N_i}(i=1, 2, 3)$，$Y \in R^{K \times M}$。在每个矩阵中，行代表同样的样本，列对应于不同类型的度量。该方法旨在识别3种类型变量（CNV、DM和ME）的子集，以联合解释在所有或部分样本中某一基因子集的表达。这4种不同类型变量子集的结合被称为"多维调控模块"（MDRM），如图6.12所示，这样的一个模块包括k行，$n_i(i=1, 2, 3)$和m列分别对应于CNV、DM、ME和GE数据。这种思想鉴于对GE数据的联合影响，捕获了不同类型变量之间的关联（CNV-DM-ME），并且便于横跨不同的层重构调控网路。

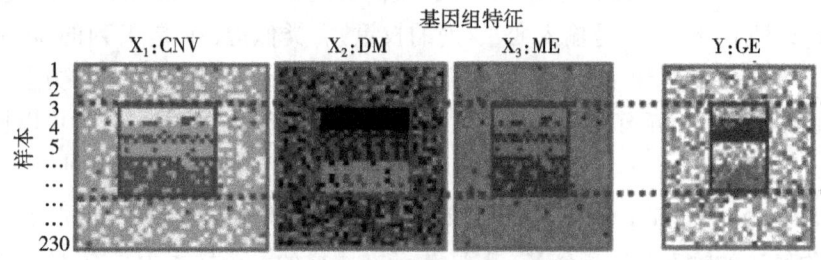

图6.12 多维调控模块阐释性例子

如图6.12所示，CNVs、DMs和MEs的子集显示了与GEs一个子集相似的谱，这些变量都来自同一个样本子集。

针对该问题，文献[202]提出了一种稀疏的多块偏最小二乘回归算法（sMBPLS）。偏最小二乘是一类回归方法，用于发现输入矩阵X和响应矩阵Y之间的关系，它不是在输入变量和响应变量之间找到最大方差的超平面，而是通过将两个变量投影到新空间来找到线性回归模型[329-332]。MBPLS方法是PLS方法的拓展，用于对分成多个子部分的输入变量进行回归分析[333-334]。MBPLS最初是为化学计量学分析而开发的，很少应用于生物信息学[335-336]，多维基因组数据为其应用提供了新的机会。这里，将通过施加稀疏约束来识别多维模块，进一步扩展MBPLS方法，特别地，该研究对基因组变量和样本维度都施加了稀疏约束；MBPLS目标是对整个数据块进行回归分析，而sMBPLS旨在将整个数据块分解为一组较小的构建块——MDRMs。

通过将sMBPLS方法应用于一套TCGA数据集上（包括230个卵巢癌样本的CNV、DM、ME和GE数据），结果显示，大多数鉴定的模块具有显著的功能和转录富集，高于仅使用单一类型基因组数据鉴定的模块功能富集。对模块的网络分析表明，多维基因组成分紧密连接，CNV、DM和miRNA对重要癌基因和肿瘤抑制基因的表达具有组合的影响；最后将

sMBPLS 方法与常用方法进行了比较，在该方法中，将所有的输入数据块聚合为单个块以进行模块识别，结果显示，单块方法（single-block，指的是将若干个输入数据通过简单处理变成一个单独的块）中几乎一半的模块不是多维的，这表明我们的"多块"方法在捕获多维变量函数关系时的重要性。

下面，将对 sMBPLS 方法进行详细的介绍。

(1) MDRM 的定义

给定 3 个数据块 X_1、X_2、X_3 和一个响应块 Y，对多维模块进行定义，即通过满足"跨越 k 行 X_i（$i = 1$，2，3）从 n_i 列提取的谱与跨越相同的 Y 的 k 行 m 列提取的谱具有强相关性"（或具有相似且相干的模式），如图 6.12 所示。来自 X_i 和 Y 两个子矩阵之间的这种关联可以通过它们"summary 向量"的协方差来测量，出现在相同 k 个样本中这些关联的重合，建立了强信号，即多种类型的输入变量可解释响应变量。可以通过 MBPLS 回归框架的稀疏版本来识别多个块子空间中这种不同的协方差结构。

(2) 目标函数

我们首先介绍测量两个矩阵之间关联的协方差函数，设 X 和 Y 分别是相同 K 个样本的输入和响应矩阵。为了 summary 矩阵 X 的列，我们引入了一个 summary 向量 t，它是 X 所有列的线性组合，即 $t = Xw$（w 是输入变量/列的权重），类似地，u 是 Y 列的 summary 向量，即 $u = Yq$（q 是响应变量/列的权重）。这样，两个 summary 向量 t 和 u 的协方差越大，两个矩阵看起来越相似，两个矩阵的关联也越大，如图 6.13a 所示，该关联度量可以扩展到多个输入变量块。

考虑到 3 个输入块，$X_i \in R^{K \times N_i}$（$i = 1$，2，3），每一个块包含了 k 个相同的样本中 N_i 个中心化（零均值）的输入变量，令 $Y \in R^{K \times M}$ 表示在同样的 k 个样本中具有 M 个中心化的响应变量（图 6.13b）。用 3 组输入变量的 summary 向量 $t_i = X_i w_i$（$i = 1$，2，3）的线性加权表示 $t = \sum_{i=1}^{3} b_i t_i$。块权重（$b_1$，$b_2$，$b_3$）> 0，表示每一个数据库对输入和响应数据协方差结构的贡献。因此，t 和 $u = Yq$ 之间的协方差度量了 3 个输入数据块和响应数据块之间的关联，t 和 u 之间的最大协方差能够揭示来自 X_1、X_2、X_3 和 Y 之间的关联，从而能发现多维的模块（图 6.13b），这个问题可以形式化地表述为：

$$\text{maxcov}(t,u) \quad \text{with } t_i = X_i w_i, u = Yq, \text{and } t = \sum_{i=1}^{3} b_i t_i$$

$$\text{s.t.} \quad \|w_i\|^2 = 1, \quad \|q\|^2 = 1, \text{ and } \|b\|^2 = 1。 \quad (6.26)$$

上式也是 MBPLS 回归问题的目标函数，试图最好解释多组的输入变量和响应变量之间的协方差结构。t_i 和 u 也被称为第 i 个块 X_i 和块 Y 的潜变量，并把 w_i 和 q 称为与它们相关的载荷向量。

图 6.13 给出了利用协方差函数度量两个矩阵相关和多维模块发现问题陈述的一个阐释性例子。

如图 6.13 所示，为了找到一个多维模块，每一块的列被表示为一个 summary 向量，即 t_i 对 X_i 进行了概括（summary）表示，并且 u 对 Y 进行了概括表示；然后，每一个输入的维

度 X_i 和响应维 Y 之间的关联可以用它们 summary 向量之间的协方差来度量，即 cov（t_i, u）。summary 向量 t_i 和 u 之间最大的协方差揭示了一种特有的关联，这种关联代表了 X_i 和 Y 之间相干的谱关联。最大化可以通过如何加权变量和样本来构造 summary 向量来实现，这个发现过程等价于 MBPLS 问题的稀疏版本。

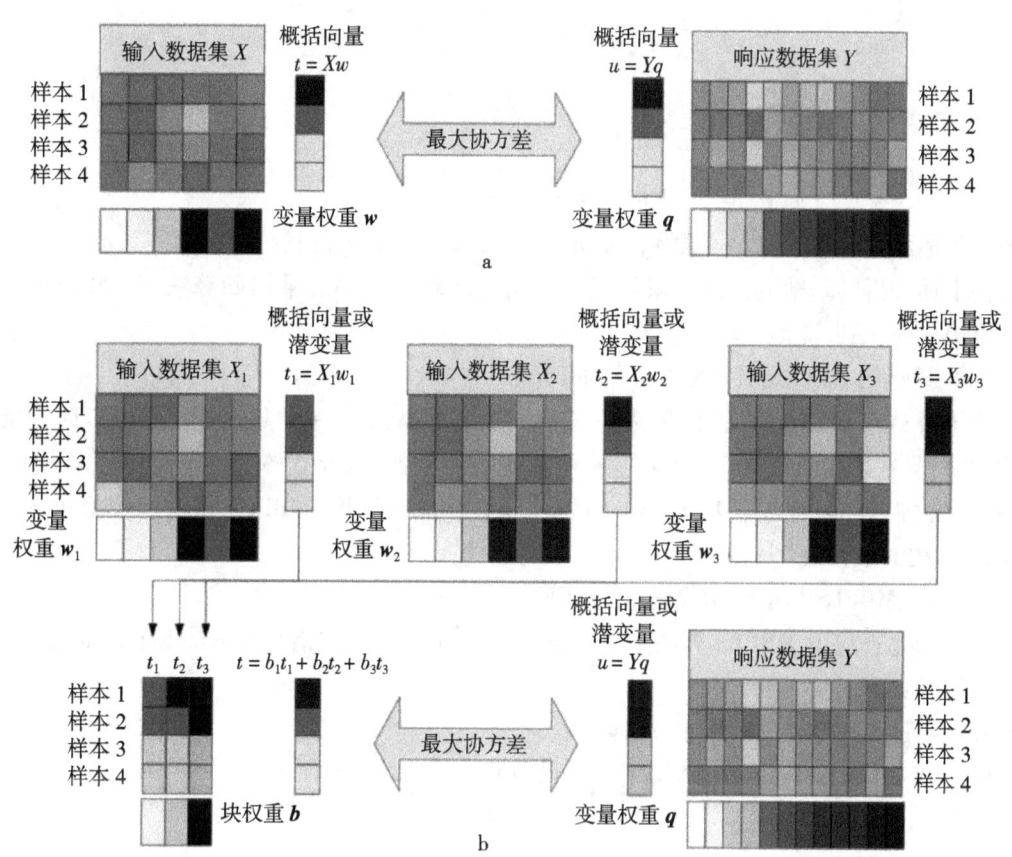

图 6.13　协方差函数度量两个矩阵相关和多维模块发现的阐释性例子

虽然这个目标函数的解可以通过从 w_i、q、t 中选择具有较大绝对值的那些变量和样本来识别多维模块，但是这样的模块可能不是最明显的。如文献［202］的模拟研究所示，MBPLS 回归方法通常无法识别相干结构的明显关联信号，为解决这个问题，可在上述目标中加入稀疏性惩罚。

（3）稀疏性惩罚

稀疏性惩罚最近引起了人们对回归分析[337]、矩阵分解[338-339]和模块发现的极大兴趣。稀疏或稀疏编码概念指的是稀疏性的概念，是指表示方案（如加载向量），其中仅有少数元素被有效地用于数据表示，从数据分析的角度来看，这种稀疏性很有吸引力，并且使得表示方案易于解释，因为它选择了重要元素并丢弃了其余元素。实际上，这意味着大多数元素的值接近零，而只有少数元素具有非零值。

在 MBPLS 的稀疏性变体中，可对载荷向量的稀疏性表示进行搜索，它们的非零元素可

形成一个多维模块，这可通过为目标函数优化问题添加稀疏性惩罚或正则化来实现。具体来说，我们采用了广泛使用的 Lasso 罚项，其已成功应用于许多领域。令 x 为优化问题中需要计算的向量，x 的 Lasso 正则化可表示为 $p_\lambda(x) = \sum_i p_\lambda(x_i) = \sum_i 2\lambda |x_i|$，可以添加到目标函数中以强制 x 获得稀疏解。这样，目标函数的最大化问题变成了：

$$\max_{w_i, q, t_i, u} \Omega(t, u, w_i, q, b) = \text{cov}(t, u) - \sum_{i=1}^{3} P_{\lambda_i}(w_i) - P_{\lambda_4}(q)$$

$$\text{with } t_i = X_i w_i, \ u = Yq, \text{and } t = \sum_{i=1}^{3} b_i t_i \quad (6.27)$$

$$\text{s. t. } \|w_i\|^2 = 1, \ \|q\|^2 = 1, \text{ and } \|b\|^2 = 1。$$

其中，目标函数 $\Omega(\cdot)$ 包含了载荷向量 $w_i(i=1,2,3)$ 和 q 的稀疏性惩罚。

在上述分析的基础上，接下来将引入稀疏的多块偏最小二乘回归算法（SMBPLS），用于多维模块的识别。

(4) 稀疏的 MBPLS 回归算法——sMBPLS

为了解式（6.27）的优化问题，文献 [202] 提出了一种稀疏的 MBPLS 回归算法（sMBPLS），在这个算法中，sparse（·）是软阈值函数，$\text{sparse}_\lambda(x) = \text{sign}(x)(|x| - \lambda)_+$，被用于优化带有 Lasso 惩罚项 $p_\lambda(x)$ 的目标函数。证明可得 sMBPLS 算法能够提供稀疏的 MBPLS 问题的最大值。

下面将 sMBPLS 算法的伪代码呈现如下。

① 初始化：应用 MBPLS 算法到 X_2、X_2、X_3、Y 上，获得潜变量 u^*。Set $u = u^*$。

② 更新：

a. $w_i = \text{sparse}_{\lambda i}(X_i^T u)$，norm w_i（$i=1,2,3$）

b. $t_i = X_i w_i$（or t_i）$= \text{sparse}_\mu(X_i w_i)$（$i=1,2,3$）

c. $T = [t_1, t_2, t_3]$

d. $b = T^T u$，norm b

e. $t = T b$

f. $q = \text{sparse}_{\lambda 4}(Y^T t)$，norm q

g. $u = Yq$（or $u = \text{sparse}_\mu(Yq)$）

③ 重复步骤②直到 t 收敛。

在这个算法中，u 在每个块 X_i 上回归，以给出块的加载向量 w_i，然后将其乘以块，以提供潜变量 t_i，3 个潜变量 t_1、t_2、t_3 被整合成一个超块（super block）T，并且经典地在 T 与 Y 之间的 PLS（偏最小二乘）迭代循环被执行了去赋予块的权重 b 及组合的潜变量 t。重复这个过程直到收敛于 t。

我们也对样本维度的选择感兴趣，具体来说，我们想要识别一个多维模块，其输入变量与样本子集中的响应变量具有最大协方差，为了实现这一目标，我们在 sMBPLS 算法的步骤 ② b 和步骤 ② g 上施加稀疏函数来选择样本。

sMBPLS 算法的迭代过程可用于获得第一组稀疏载荷向量 w_i、q 和潜在变量 t。收敛的载

荷向量和潜变量 t 的非零元素识别了包含输入和响应变量子集及样本子集的多维模块。在识别模块之后，通过从数据矩阵中减去当前载荷和潜变量的信号来对矩阵进行缩减，随后的模块或后续的稀疏载荷和潜变量集，可以通过最大化缩减矩阵上的协方差来顺序获得。可使用以下缩减公式从每个块中删减模块信息：

$$v = f_{\lambda i}(X_i^T t_i/(t_i^T t_i)), X_i \leftarrow X_i - t_i v^T, (i=1,2,3)$$
$$\psi = f_{\lambda 4}(Y^T u/(u^T u)), Y \leftarrow Y - u\psi^T$$
$$f_\lambda(x) = \begin{cases} x, & \text{当} |x| \geq \lambda, \\ 0, & \text{否则}. \end{cases}$$
(6.28)

参数的选择对 sMBPLS 目标函数的优化至关重要，下面简单介绍通过交叉验证方法选取最优参数的过程。

（5）参数选择

sMBPLS 算法是针对固定的 λ_1、λ_2、λ_3、λ_4 而设计的，可通过交叉验证来调节这些参数。交叉验证是常用的一种参数选择方法，也被应用于提出的稀疏 PCA[339]、稀疏 PLS[331] 问题中。调节这些参数等效于对稀疏程度的选择，也就是说，选择在每个载荷向量和潜变量中非零组分的数目。

值得注意的是，对 j（$1<j<M$）设置稀疏度（以载荷向量 q 为例）等效于令 $\lambda_4 \in [|Y^T t|_{(j)}, |Y^T t|_{(j+1)}]$，其中，$|Y^T t|_{(j)}$ 是 $Y^T t$ 的第 j 阶统计量。sMBPLS 计算框架允许不同的向量具有不同程度的稀疏性，为了简化说明，用 λ_1、λ_2、λ_3、λ_4 和 μ 代表载荷向量和潜变量的稀疏度。

交叉验证过程如下①：

①Randomly place the samples into L roughly equal groups. Each group has a corresponding matrix from each block of data. That is, the matrix of the ith genomic block data with only samples in the lth group is denoted X_i^l; let X_i^{-l} be the matrix composed of data from all other samples. The same notation applies to the response block data Y, which is divided into Y^l and Y^{-l} for each group.

②For each combination of degrees of sparsity, $\lambda_i \in \{2, 3, \cdots, N_i\}$ ($i=1,2,3$), $\lambda_4 \in \{2, 3, \cdots, M\}$ and $\mu \in \{2, 3, \cdots, K\}$

a. For $l=1, \cdots, L$, apply the sMBPLS algorithm on $X_1^{-l}, X_2^{-l}, X_3^{-l}, Y^{-l}$, to derive loading vectors of independent variables: $w_1^{-l}, w_2^{-l}, w_3^{-l}$ and the loading vector of response variables q^{-l}. Next, project X_1^l, X_2^l, X_3^l, Y^l onto $w_1^{-l}, w_2^{-l}, w_3^{-l}$ and q^{-l} to obtain the projection coefficients as $\xi_i^l = X_i^l w_i^{-l}$ and $\zeta^l = Y^l q^{-l}$, respectively.

b. Calculate the L-fold CV score defined as

$$CV = \sum_{i=1}^{3} \sum_{l=1}^{L} \frac{\|X_i^l - \xi_i^l w_i^{-lT}\|^2}{K_l N_i} + \sum_{l=1}^{L} \frac{\|Y^l - \zeta^l q^{-lT}\|^2}{K_l M}.$$
(6.29)

where K_l is the number of samples in the lth group.

---

① 引自相关英文文献。

③Select the combination of degrees of sparsity $\{\tilde{\lambda}_1, \tilde{\lambda}_2, \tilde{\lambda}_3, \tilde{\lambda}_4, \tilde{\mu}\}$ whose CV score is the smallest.

L 和稀疏度组合的数量将对计算效率产生影响，实际中，对于大的数据集，L 通常被选择为 5 或 10，自然地，步骤①中的不同随机分组可能导致不同程度的稀疏性；通常，L 值越大，CV 选择的稀疏度越稳定；阈值 λ_i（$i=1, 2, 3, 4$）和 μ 的稀疏度组合的数量对于大规模数据而言，其值也是大的。因此，在实际中，在交叉验证过程中可使用这些组合的一个子集进行验证。

（6）相关代码

下面，将涉及 sMBPLS 算法的部分代码摘录如下。

1）sMBPLS 算法

```
function [success,Tb,Pb,Wb,Wt,Tt,Ub,Qb,QQb,Wu,Tu,X,Y] = sMBbpls_oneFactor(X,Xin,Y,Yin,param,outFile)
% input：
% X (objects x all X-variables) single,augmented X-data-block
% Xin (number of X-blocks x 2) = begin to end variable index for this X-block; index for X-block
% Y (objects x all Y-variables) single,augmented Y-data-block
% Yin (number of Y-blocks x 2) = begin to end variable index for this Y-block; index for Y-block
% params = a structure containing all necessary parameters needed to run this program.
% nfold = number of folds for cross-validation.
% outFile = text file name of modules found.
% out :
% Tb (objects x number of X-blocks) block scores,[t1-block-1 t1-block-2 ... t2-block-1...]
% Pb (X-variables x 1)) X-block loadings
% Wb (X-variables x 1) X-block weigths
% Wt (number of X-blocks x 1) X-block super weights
% Tt (objects x 1) X-block super scores
% Ub (objects x number of Y-blocks) Y-block scores
% Qb (Y-variables x 1) Y-block weights
% Wu (number of Y-blocks x 1) Y-block super weights
% Tu (objects x 1) Y-block super scores
%
global ZERO
[n,m] = size(X);
nbX = size(Xin,1); % nbX : #blocks in X
[n,p] = size(Y);
nbY = size(Yin,1); % nbY : #blocks in Y
```

```
% Precision for convergence
tol = param.EPSilon;
maxiter = param.maxIter;
% Thresholding
thrd_w = param.thrXc;
thrd_t = param.thrXr;
thrd_c = param.thrYc;
thrd_u = param.thrYr;

Tb = zeros(n,nbX);
Pb = zeros(m,1);
Wb = zeros(m,1);
Wt = zeros(nbX,1);
Tt = zeros(n,1);
Ub = zeros(n,1*nbY);
Qb = zeros(p,1);
QQb = zeros(p,1);
Wu = zeros(nbY,1);
Tu = zeros(n,1);

success = 0;
iter = 0;
Tu = ones(size(Y(:,1)));
Tt = ones(size(X(:,Xin(1,1))));
t_old = Tt * 100;
while (sum((t_old - Tt).^2) > tol) & (iter < maxiter)
    iter = iter + 1;
    t_old = Tt;
    for aa = 1:nbX
        rowi = Xin(aa,1):Xin(aa,2);
        coli = aa;
        Wb(rowi) = thresholding(X(:,rowi)' * Tu,thrd_w(aa),'Wb(rowi)'); Wb(rowi) = normaliz(Wb(rowi)); %Wb(rowi,a) = X(:,rowi)' * Tu(:,a)/(Tu(:,a)' * Tu(:,a)); Wb(rowi,a) = Wb(rowi,a)/norm(Wb(rowi,a));
        str = ['Wb(rowi),Xblock=' num2str(aa)];
        err = NaNerrorCheck(Wb(rowi),str);
        if (err),return; end
```

```
            Tb(:,coli) = thresholding(X(:,rowi) * Wb(rowi),thrd_t,'Tb(:,coli)'); Tb(:,co-
li) = normaliz(Tb(:,coli)); %Tb(:,coli) = X(:,rowi) * Wb(rowi,a)/(Wb(rowi,a)' * Wb
(rowi,a));
            err=NaNerrorCheck(Tb(:,coli),['Tb(:,coli),Xblock=' num2str(aa)]);
            if(err),return; end
        end
        index = 1:nbX;
        Wt = Tb(:,index)' * Tu; Wt = normaliz(Wt); %Wt(:,a) = Tb(:,index)' * Tu(:,a)./
(Tu(:,a)' * Tu(:,a)); Wt(:,a) = Wt(:,a)/norm(Wt(:,a));
        err=NaNerrorCheck(Wt,'Wt');
        if(err),return; end
        Tt = Tb(:,index) * Wt; Tt = normaliz(Tt); %Tt(:,a) = Tb(:,index) * Wt(:,a)/(Wt
(:,a)' * Wt(:,a));
        err=NaNerrorCheck(Tt,'Tt');
        if(err),return; end
        for aa=1:nbY
            rowi = Yin(aa,1):Yin(aa,2);
            coli = aa;
            Qb(rowi) = thresholding(Y(:,rowi)' * Tt/(Tt' * Tt),thrd_c(aa),'Qb(rowi)'); Qb
(rowi)=normaliz(Qb(rowi)); %Qb(rowi,a) = Y(:,rowi)' * Tt(:,a)/(Tt(:,a)' * Tt(:,
a));
            NaNerrorCheck(Qb(rowi),['Qb(rowi),Yblock=' num2str(aa)]);
            if(err),return; end
            Ub(:,coli) = thresholding(Y(:,rowi) * Qb(rowi)/(Qb(rowi)' * Qb(rowi)),thrd_u,
'Ub(:,coli)'); Ub(:,coli) = normaliz(Ub(:,coli));
            NaNerrorCheck(Ub(:,coli),['Ub(:,coli),Yblock=' num2str(aa)]);
            if(err),return; end
        end
        index = 1:nbY;
        Wu = Ub(:,index)' * Tt; Wu = normaliz(Wu);%Wu(:,a) = Ub(:,index)' * Tt(:,a)/
(Tt(:,a)' * Tt(:,a)); Wu(:,a) = Wu(:,a)/norm(Wu(:,a));
        NaNerrorCheck(Wu,'Wu');
        if(err),return; end
        Tu = Ub(:,index) * Wu; Tu=normaliz(Tu); %Tu(:,a) = Ub(:,index) * Wu(:,a)/
(Wu(:,a)' * Wu(:,a));
        NaNerrorCheck(Tu,'Tu');
        if(err),return; end
```

```
end

if iter = = maxiter
    s = ['WARNING: maximum number of iterations (' num2str(maxiter) ') reached before convergence'];
    disp(s)
end

for aa = 1:nbX
    rowi = Xin(aa,1):Xin(aa,2);
    coli = aa;
    Pb(rowi) = halfthresholding(X(:,rowi)' * Tb(:,coli)/(Tb(:,coli)' * Tb(:,coli)),thrd_w(aa),'Pb(rowi)');
    NaNerrorCheck(Pb(rowi),['Pb(rowi),Xblock =' num2str(aa)]);
    X(:,rowi) = X(:,rowi) - Tb(:,coli) * Pb(rowi)';
    NaNerrorCheck(X(:,rowi),['X(:,rowi),Xblock =' num2str(aa)]);
end
for aa = 1:nbY
    rowi = Yin(aa,1):Yin(aa,2);
    coli = aa;
    QQb(rowi) = halfthresholding(Y(:,rowi)' * Ub(:,coli)/(Ub(:,coli)' * Ub(:,coli)),thrd_c(aa),'QQb(rowi)');
    Y(:,rowi) = Y(:,rowi) - Ub(:,coli) * QQb(rowi)';
end
success = 1;

if (nargin = =6),% output this co-module to a file
    % get co-modules from X and Y
    ti = find(Tt)'; % selected samples in X
    ui = find(Tu)'; % selected samples in Y
    selected_samples = intersect(ti,ui);
    if (isempty(selected_samples)),return; end
    outStr = mat2str_wenyuan(selected_samples);
    outStrCnt = num2str(length(selected_samples));
    for aa = 1:nbX
        rowi = Xin(aa,1):Xin(aa,2);
        wi = find(Wb(rowi))';
```

```matlab
            if ( aa = = 1 )
                outStr = [ outStr '' mat2str_wenyuan( wi ) ];
                outStrCnt = [ outStrCnt '' num2str( length( wi ) ) ];
            else
                outStr = [ outStr '' mat2str_wenyuan( wi ) ];
                outStrCnt = [ outStrCnt ',' num2str( length( wi ) ) ];
            end
        end
        for aa = 1:nbY,
            rowi = Yin( aa,1 ):Yin( aa,2 );
            qi = find( Qb( rowi ) )';
            if ( aa = = 1 )
                outStr = [ outStr '' mat2str_wenyuan( qi ) ];
                outStrCnt = [ outStrCnt '' num2str( length( qi ) ) ];
            else
                outStr = [ outStr '' mat2str_wenyuan( qi ) ];
                outStrCnt = [ outStrCnt ',' num2str( length( qi ) ) ];
            end
        end
        outStr = [ outStrCnt '' outStr ];
        fid = fopen( outFile,'a' );
        fprintf( fid,'%s\n' ,outStr );
        fclose( fid );
end

%%%%%%%%%%%%   Functions Here %%%%%%%%%%%%%%%%%%%%%%%%
function result = NaNerrorCheck( var,msg )
if ( ~isempty( find( isnan( var ) ) ) ),
    display( [ 'NaNerrorCheck Warning: ' msg ' NaN found. Exit' ] );
    result = 1;
else
    result = 0;
end

function [ f ] = normaliz( F )
%USAGE: [ f ] = normaliz( F );
% normalize send back a matrix normalized by column
```

```
% (i.e., each column vector has a norm of 1)
[ni,nj] = size(F);
% if (sqrt(sum(F.^2)) = = 0),
%     error('normaliz error: denominator is ZERO!');
% end
v = ones(1,nj) ./ sqrt(sum(F.^2));
f = F * diag(v);


function [sw] =  halfthresholding(w,thrd,msg)
global ZERO
num_nonzeros = length(find(abs(w)>ZERO));
if (num_nonzeros = = 0)
    display(['halfthresholding Warning: ' msg ' are zeros before half thresholding!']);
    sw = w; return;
elseif (num_nonzeros = = 1)
    sw = w; return;
end
if (thrd>num_nonzeros), thrd = num_nonzeros-1; end
a = sort(abs(w),'descend');
lambda = a(thrd+1);
%%%%%%%%%%%%%%%%
% it is better to filter those low absolute values of after-selected
% non-zeros!!!
THRD = 0.5; % a constant
[me,sd] = meanstd(a(1:(thrd+1)));
lambda1 = me-THRD * sd;
if (lambda1<0), lambda1 = me; end
lambda = max(lambda1,lambda); % adjusted lambda
%%%%%%%%%%%%%%%%
ind = logical(abs(w)<lambda);
sw = w;
sw(ind) = 0;


% soft thresholding by using the degree of sparsity
function [sw] =  thresholding(w,thrd,msg)
global ZERO
num_nonzeros = length(find(abs(w)>ZERO));
```

```
if ( num_nonzeros = = 0)
    display(['thresholding Warning: ' msg ' are zeros before thresholding!']);
    sw = w; return;
elseif ( num_nonzeros = = 1)
    sw = w; return;
end
if ( thrd>num_nonzeros) ,thrd = num_nonzeros-1; end
a = sort( abs( w) ,'descend');
lambda = a( thrd+1);
if ( lambda = = a( 1)) % if all the top-ranking 'thrd' values are the same,assign them to 1.
    ind = logical( abs( w) <lambda);
    sw = ones( size( w));
    sw( ind) = 0;
    return;
else
    % it is better to filter those low absolute values of after-selected
    % non-zeros!!!
    THRD = 0.5; % a constant
    [me,sd] = meanstd( a( 1:( thrd+1)));
    lambda1 = me-THRD * sd;
    if ( lambda1<0) ,
        lambda1 = me;
    end
    lambda = max( lambda1 ,lambda); % adjusted lambda
    %%%%%%%%%%%%%%%%
    ind = logical( abs( w) <lambda);
    sw = w-sign( w). * lambda;
    sw( ind) = 0;
end

function [me sd] = meanstd( a,dim)
% function to compute the mean and SD together
% ca. 25% faster than calling the two functions separately
if nargin<2
    dim = 1;
end
me = mean( a,dim);
```

```
sd = sqrt((size(a,dim)/(size(a,dim)-1))*(mean(a.^2,dim) - me.^2));

function str = mat2str_wenyuan(mat)
[m,n] = size(mat);
if (m==1 && n==1),
    str = ['[' mat2str(mat) ']'];
else
    str = mat2str(mat);
end
```

2) 交叉验证

```
function cv_score = getCVscore(X,Xin,Y,Yin,param,randRowPartitions)
if nargin == 0
    help getCVscore
    return
end

global ZERO
ZERO = eps;
[n,m] = size(X);
nbX = size(Xin,1); % nbX : #blocks in X
[n,p] = size(Y);
nbY = size(Yin,1); % nbY : #blocks in Y
nfold = length(randRowPartitions);
cv_score = 0;

for k = 1:nfold,
%    fprintf('\t %d/%d fold:\n',k,nfold);
    rowi_selected = randRowPartitions{k};
    rowi_rest = union_cells(randRowPartitions,setdiff(1:nfold,k));
    XX_train = X(rowi_rest,:);
    XX_test = X(rowi_selected,:);
    YY_train = Y(rowi_rest,:);
    YY_test = Y(rowi_selected,:);
    [success,oneF.Tb,oneF.Pb,oneF.Wb,oneF.Wt,oneF.Tt,oneF.Ub,oneF.Qb,...
        oneF.QQb,oneF.Wu,oneF.Tu] = sMBbpls_oneFactor(XX_train,Xin,YY_train,Yin,param);
```

```
    if (success),
        for aa=1:nbX,
            rowi = Xin(aa,1):Xin(aa,2);
            a=XX_test(:,rowi)*oneF.Wb(rowi)/(oneF.Wb(rowi)'*oneF.Wb(rowi));
            b=XX_test(:,rowi)'*a/(a'*a);
            d=approx_dist(XX_test(:,rowi),a,b); % squared distance between two matrices,
XX_test and a*b'
            cv_score=cv_score+d;
        end
        for aa=1:nbY,
            rowi = Yin(aa,1):Yin(aa,2);
            a=YY_test(:,rowi)*oneF.Qb(rowi)/(oneF.Qb(rowi)'*oneF.Qb(rowi));
            b=YY_test(:,rowi)'*a/(a'*a);
            d=approx_dist(YY_test(:,rowi),a,b); % squared distance between two matrices,
XX_test and a*b'
            cv_score=cv_score+d;
        end
    end
end

%%
%%%%%%%%%%%  Functions Here %%%%%%%%%%%%%%%%%%%%%%%
% X: mxn matrix,u: mx1 vector,v: nx1 vector
function d=approx_dist(X,u,v)
[m,n]=size(X);
d=sum(sum((X-u*v').^2));
d=d/(m*n);
function array=union_cells(cellarray,listi) % suppose array in each cell is a column vector.
n=length(cellarray);
if (max(listi)>n),
    error('union_cells error: max of listi > length of cell array.');
end
array=[];
for i=1:length(listi),
    array=[array;cellarray{listi(i)}];
end
```

```
function randpartitions=rand_nFold(n,nfold)
randpartitions=cell(nfold,1);
sizePartition=ceil(n/nfold);
r = randperm(n);
base=1;
for i=1:(nfold-1),
    randpartitions{i,1} =r((base:(base+sizePartition-1)))';
    base = base+sizePartition;
end
randpartitions{nfold,1} =r(base:n) ';
```

  sMBPLS 回归算法可用于识别来自多组学数据的多维调控模块。经典 eQTL 分析仅适用于将一种类型的基因组标记（如 SNP）与 GE 相关联，然而，sMBPLS 可以识别多种类型的基因组标记的组合，这些基因组标记共同影响一组基因的表达。文献［202］将该算法应用于 CNV、DM、miRNA 和 GE 数据中，该算法识别了 100 个模块，其中许多模块在至少一个基因组维度上显示出高度的功能同质性；如果考虑所有维度的数据，则模块表现出更大程度的功能协同作用。各个模块的细节网络图显示，如果只考虑一种类型的数据，许多基因组特征将保持隔离，通过组合不同类型的数据，sMBPLS 连接不同的调控层，从而发现更加一致和互联的调控网络。此外，该方法还得到了每个模块中 CNV、DM 和 miRNA 维度的权重，这表明它们对各组基因表达的相对贡献；该方法已证明模块中的多个异构因子可能对 GE 具有组合效应。

  在利用 sMBPLS 的时候，需要注意如下几个方面。

  ①结果并不一定反映 GE 的直接因果机制，但揭示的模块可以成为进一步研究内在机制的好的起点；

  ②在分析两个以上的数据块时，sMBPLS 优于大多数现有算法，尽管仅应用于两个块 X 和 Y 时可能无法改善结果。

  总之，随着测序技术的不断发展，将会出现多维数据快速增长的现象，这些多维数据的开发方法将成为一个活跃的研究领域。通过 sMBPLS 工具能够从大规模复杂数据集中抽取相干的子结构信息，将会极大便利下游的生物学分析；鉴于我们对生物系统中多层调控的有限了解，解释这些复杂模块仍然是一项重大挑战，然而，多维数据的快速积累和从中获取的知识肯定会加速知识发现的良性循环。

6.2.6 稀疏网络正则化的偏最小二乘

  基因组数据和药物反应数据层面上可用高通量数据集的日益增多，为我们提供了通过计算方法进行大规模整合分析的机会[340-343]，这种情况也使我们能够从基因调控的角度研究药物作用的潜在机制。通常来说，药物通过与其靶标结合或改变其靶标活性，以扰乱生物系统而在人体中起作用[344-347]，以前的研究表明，"一个药物，一个靶标"的疗法无法有效治疗复杂生物过程引起的复杂疾病,如癌症[348-350],换言之,药物分子经常与多个靶标相互作用,称为多药物学[351-353],此外,相同的作用机制或靶标由多种药物共享[354-355]。实际上,在临床实践中,一些药物组合被用作有价值和有希望的疗法。例如,用于高血压的噻嗪类利尿剂和血管紧张素转换酶(ACE)抑制剂[356],用于2型糖尿病的格列本脲和二甲双胍[357],用于乳腺癌的Saracatinib和曲妥珠单抗[358]。药物与其靶标之间的多重关系意味着发现组合的基因——药物模式,以获得对分子机制的新见解,并检查新的药物治疗靶标是有价值的。

NCI-60项目采用60个人类癌症细胞系集合,筛选了100 000多种化合物和天然产物,极大地促进了药理学研究,然而,该项目仅使用了60个细胞系,限制了对药物的进一步探索。幸运的是,两项大规模药物基因组学研究:癌症细胞系百科全书(CCLE)[342]和癌症基因组计划(CGP)[359],发表了多种类型的基因组数据,如基因表达、染色体拷贝数变异、突变和药理学数据,为揭示基因—药物关联提供了宝贵的资源。两项研究均采用多变量选择技术,即弹性网方法,系统地发现癌细胞系中药物敏感性的基因组标记,然而,它们只专注于独立揭示每种药物的基因组预测因子,未能确定相干的基因——药物模式。

因此,迫切需要开发整合方法以识别多个数据集中蕴含的组合模式。我们在前面几个章节介绍了一系列多维模块识别方法,都取得了一定效果。值得注意的是,网络结构,如通路、基因—基因互作用对整合分析起着一定的互补作用[360-365],特别地,Ping-pong算法通过整合基因表达和药物反应数据,能够识别基因—药物协同模块;然而,这些方法倾向于识别非常有限数目细胞系的协同模块(如所有859个识别的协同模块中大约有800个只覆盖1个或2个细胞系),这是不合常理的,并且与协同模块的定义不相一致。另外,这些共模块的规模非常大,其中大部分包含数千个基因和数百种药物,这使得这些协同模块在临床试验中不实用,并产生大量的冗余信息。此外,这些研究未考虑基因相互作用的先验知识,这些知识可能提供有价值的组合信号,以提高模块发现的准确性。

在本小节中,我们将介绍一种稀疏网络正则化的偏最小二乘(SNPLS)方法,通过整合分析一组细胞系的基因表达和药物反应数据,以及基因相互作用网络,用于识别组合的基因——药物协同模块(图6.14)。标准偏最小二乘法(PLS)是一类通过最大化其相应潜变量之间的协方差,来研究两组观测变量之间关系的方法[189,329,366];然而,它没有对高维的药物基因组数据进行变量选择,这使得结果缺乏生物可解释性。因此,一些研究将一些类型的稀疏PLS方法应用于基因组数据[331],据我们所知,还没有研究将网络结构纳入稀疏的PLS框架。

SNPLS方法首次将基因相互作用网络整合到PLS模型中,而且通过从数据矩阵中减去前者的信号来获得下一个协同模块,这可以在一定程度上克服PPA的冗余问题。将SNPLS应用于生物数据集,该数据集包括来自CGP的641种细胞系的13 321个基因的基因表达谱和98种抗癌药物的药物反应数据,识别了20种基因—药物协同模块,其中大部分与已知功能、癌症和协调的基因—药物关联显著相关。

如图6.14所示,协同模块是基因和药物的子集,显示了样本子集中显示相似的谱,该过程主要通过在成对的基因表达数据 X 和药物反应数据 Y 中应用SNPLS的权重变量 g 和 d 来实现。可将基因相互作用网络 G 整合到SNPLS模型中以增强模块化特征。

6 其他多视角信息融合模型及应用

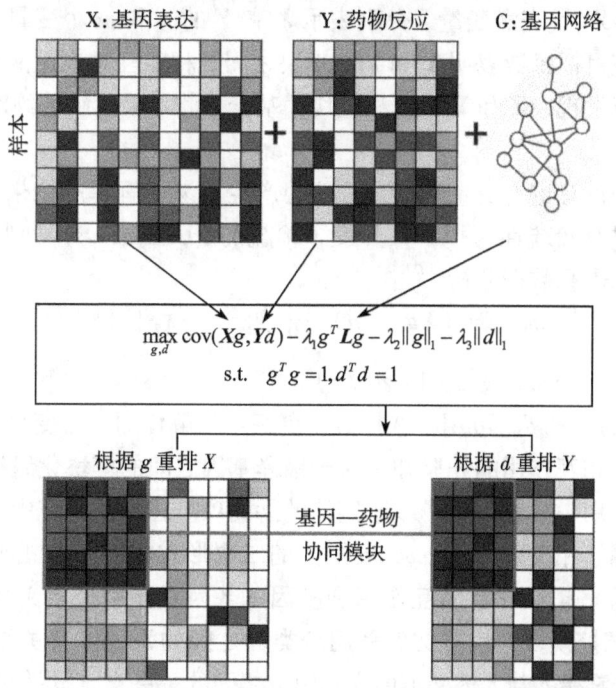

图 6.14 SNPLS 方法用于识别基因—药物协同模块的阐释性例子

下面将详细介绍该方法的原理和一些细节。

(1) 数据和预处理

可通过癌症药物敏感性基因组学网站（http://www.cancerrxgene.org/downloads）下载大规模的药物基因组学数据集：包括成对的基因表达数据和来自 CGP 的药物反应数据。对该数据集需进行预处理工作，常见的预处理操作：删除那些分别在药物和样本中仅有有限个数值的对象（样本或药物）；中心化基因表达和药物反应数据，并将其表示为两个矩阵 $X \in \mathbf{R}^{p \times n}$ 和 $Y \in \mathbf{R}^{p \times m}$，其中，$p$、$n$、$m$ 分别代表样本数、基因数和药物数。

基因相互作用网络可通过 PathwayCommons 数据库下载（http://www.pathwaycommons.org）[367,368]，该网络通过整合关于基因或蛋白质相互作用的各种数据源（包括 BioGrid、HPRD、IntAct 和 NCI 癌症特异性途径）来完善，它由 14 355 个基因或蛋白质和 507 757 个互作用组成。通过过滤基因表达数据中缺失的基因，对于存在输入基因表达数据 X 中，但不在该网络中的任何基因，将其作为隔离节点添加到网络中；最终可获得一个基因—基因互作用网络，包含 13 321 个基因和 262 462 个互作用，可将其表示为图：$G=(V, E)$，其中，V 为顶点（基因）的集合，E 为图 G 中无向边（互作用）的集合。

(2) 问题描述

在该研究中，目的在于通过 SNPLS 方法，将来自一组细胞系的基因表达数据 X 和药物反应数据 Y，以及基因相互作用网络 A 整合到模型中，以识别相干的基因—药物协同模块。PLS 方法通过协方差建模两组变量之间的关系：

$$\max_{g,d} \mathrm{cov}(Xg, Yd) \\ \mathrm{s.t.} \ g^T g = 1, \ d^T d = 1。 \quad (6.30)$$

其中，令 $u=Xg$，$v=Yd$ 代表潜变量，分别表示 X 和 Y 的 n 和 m 个变量的线性组合；g 和 d 也称为权重向量。该目标函数表明 X 和 Y 的小块之间的相似性是通过两个潜变量 u 和 v 的协方差来测量的；可以发现，X 和 Y 中的相应块，基于 g 和 d 最优解的绝对值，它们具有相似或相干的模式。

然而，这种方法没有进行变量选择，可能会产生不易于解释的结果，文献[369]建议对权重变量 g 和 d 进行稀疏性惩罚，并开发了稀疏的 PLS（SPLS）回归方法，该方法最近也被扩展用于多个基因组数据分析[202]：

$$\max_{g,d} \mathrm{cov}(Xg, Yd) - \lambda_1 \|g\|_1 - \lambda_2 \|d\|_1 \quad \text{s.t. } g^T g = 1, d^T d = 1。 \tag{6.31}$$

SPLS 产生稀疏的 g 和 d，可用于选择具有更好生物解释的有效变量。

此外，关于基因相互作用的先验知识对于破译基因之间的模块化组织模式是非常有用和有价值的。在许多应用中，都引入了基于网络的惩罚项。在这些研究中，基于网络的惩罚项以与基因相互作用网络相关联的 Laplacian 矩阵的二次形式相同的方式来定义。在以往的研究中，有利用预测的 miRNA—基因互作用和基因—基因互作用来定义网络约束，以发现两层的 miRNA—基因调控模块；也有文献采用分类群之间的系统发育关系来构建拉普拉斯惩罚函数，以研究营养素摄入与人体肠道微生物组分之间的关系[370]。尽管基于网络的惩罚函数并不完全相同，但它们都强制执行网络中紧密连接的节点（基因）往往具有更加相似的系数。受这种技术的启发，拟引入 SNPLS 模型来实现预期的目标，具体来说，可以将其表述如下：

$$\max_{g,d} \mathrm{cov}(Xg, Yd) - \lambda_1 g^T Lg - \lambda_2 \|g\|_1 - \lambda_3 \|d\|_1 \quad \text{s.t. } g^T g = 1, d^T d = 1。 \tag{6.32}$$

其中，$\mathrm{cov}(u, v)$ 表示 u、v 的协方差，$u, v \in \mathbf{R}^p$，近似等于：

$$\frac{1}{p} u^T v，\text{如果} \frac{1}{p} \sum_{i=1}^{p} u_i = \frac{1}{p} \sum_{i=1}^{p} v_i = 0。 \tag{6.33}$$

L 是对称的标准化 Laplacian 图，定义为：

$$L = D^{-\frac{1}{2}} (D-A) D^{-\frac{1}{2}} = I - D^{-\frac{1}{2}} A D^{-\frac{1}{2}}。 \tag{6.34}$$

其中，$A = (a_{ij})_{n \times n}$ 是基因—基因互作用网络 G 的二元或带权重的邻接矩阵，如果基因 i 和 j 在网络中是连接的，则 a_{ij} 等于 1 或取值范围为 $[0, 1]$，反之为 0；$D = (d_{ij})_{n \times n}$ 是图 G 的度矩阵，其中，$d_{ii} = \sum_{j=1}^{n} a_{ij}$，并且当 $i \neq j$ 时，$d_{ij} = 0$。调节参数 λ_1、λ_2、λ_3 控制正则化的平滑度和稀疏度，当 $\lambda_1 = 0$ 时，该模型退化到 SPLS。

如果矩阵 X 和 Y 是标准化的矩阵，使得 X 和 Y 的每一列中心化，式（6.32）定义的目标函数则可重写为：

$$\max_{g,d} \frac{1}{p} g^T X^T Y d - \lambda_1 \sum_{1 \leq i \leq j \leq n} a_{ij} \left(\frac{g_i}{\sqrt{l_i}} - \frac{g_j}{\sqrt{l_j}} \right)^2 - \lambda_2 \|g\|_1 - \lambda_3 \|d\|_1 \quad \text{s.t. } g^T g = 1, d^T d = 1。 \tag{6.35}$$

该目标函数由4个关键的项构成：第一项描述了基于基因表达数据 X 和药物反应数据 Y 的隐组分（隐变量）之间的协方差；第二项捕获关键的先验知识，使得先验网络中连接的基因可能被置于相同的协同模块中；最后两项强制执行变量 g 和 d 的稀疏性，使得结果具有更好的生物解释意义。

下面给出 SNPLS 算法的详细流程。

（3）SNPLS 算法

显然地，式（6.32）和式（6.35）中的目标函数关于 g 和 d 是非凸的，这样通过经典的求解算法很难获得全局最优解。下面采用坐标下降算法，通过交替更新变量 g 和 d 来找到该问题的局部最大值。对于参数选择，采用 5 倍交叉验证（CV）来完成，为了加快该算法的收敛速度，可采用标准 PLS 的解作为当前算法的初始解。该算法的伪代码如下①。

Algorithm for SNPLS：

Step 1：Initialize g with the solution of $Eq.$ （1） and $u = Xg$.

Step 2：Update d and g alternately.

①Fix variable g and update variable d with：

$$d \leftarrow \text{sign}\left(\frac{1}{p}Y^T u\right)\left(\left|\frac{1}{p}Y^T u\right| - \lambda_3\right)_+, \text{ norm } d.$$

$$v = Yd.$$

where

$$(x)_+ = \begin{cases} x, & x > 0, \\ 0, & \text{otherwise.} \end{cases}$$

②Fix variable d and update variable g with：

$$g_j \leftarrow \frac{\text{sign}(z)(|z| - \lambda_2)_+}{2(\lambda_1 + \delta)}, j = 1, 2, \cdots, n; \text{ norm } g.$$

$$u = Xg.$$

where $z = t_j + 2\lambda_1 \sum_{i=1}^{n} \frac{a_{ij} g_i}{\sqrt{l_i l_j}}$, and t_j is the jth element of vector $t = \frac{1}{p}(X^T Y d) = \frac{1}{p}(X^T v)$. δ is a positive parameter for the constraint $g^T g = 1$.

Step 3：Repeat step 2 until convergence of u.

在通过 SNPLS 算法获得要求解的变量 g 和 d 后，需做进一步处理，以获得起作用的协同模块。

（4）识别协同模块

由上述算法产生的权重向量 g 和 d 将指导基因—药物协同模块的识别，其主要思想是选择权重变量 g 和 d 中具有相对较大绝对值的基因和药物作为基因—药物协同模块的成员，具

---

① 引自相关英文文献。

体来说，可用以下方式计算 g 和 d 的 Z-score 分数：

$$z_i = \frac{||x_i| - \bar{x}|}{S_x} \text{。} \tag{6.36}$$

其中，$\bar{x} = \frac{1}{n}\sum|x_i|$，$S_x^2 = \frac{1}{n-1}\sum(|x_i| - \bar{x})^2$。

基于这种变换，可获得向量 g^* 和 d^*，并且由此可决定协同模块成员。

如果 $g^*(i)$ 或 $d^*(i)$ 大于给定的阈值，则将相应变量赋予某个协同模块。同时，通过设置没有被选为某个协同模块成员的 g_i 和 d_i 为0，来更新 g 和 d；该方法倾向于识别特定样本子集中的基因—药物协同模块。为了达到此目的，考虑潜向量 $u = Xg$，$v = Yd$，并且标准化 u 和 v，以使得 $u^* = \frac{u}{\|u\|_2}$，$v^* = \frac{v}{\|v\|_2}$。

将式（6.36）应用于向量（$u^* + v^*$）中，选择那些得分大于某个给定阈值 T 的样本，并且像更新 g 和 d 那样，更新 u 和 v。在实验中，可凭经验人为设置不同的阈值以选择基因、药物和样本成员。

在运行 SNPLS 算法后，可获得第一个基因—药物协同模块；接下来，从输入数据中减去当前系统模块携带的信息：

$$\begin{aligned} X: &= X - up^T, \quad p = \frac{X^T u}{u^T u}, \\ Y: &= Y - vq^T, \quad q = \frac{Y^T v}{v^T v} \text{。} \end{aligned} \tag{6.37}$$

然后继续应用 SNPLS 算法到更新后的 X、Y 中，以识别新的基因—药物协同模块。通过这种方式，将获得指定数目的协同模块，以供下游的生物药物学分析。

下面通过真实数据集来阐述 SNPLS 算法的具体应用。

（5）在药物基因组学数据集上识别协同模块

应用 SNPLS 算法到一个大规模的药物基因组学数据上（源自 CGP），获得了20个基因—药物协同模块，这20个基因—药物协同模块覆盖了大约30个细胞系，平均每个协同模块包含大约137个基因、2个药物。研究还发现：3个组分中的每一个都出现在1~3个协同模块中，表明20个协同模块彼此不同；还使用超几何检验来评估任何两个协同模块的重叠程度，结果显示，只有一对协同模块有明显的重叠（$FDR<0.05$）。因此，可以得出结论：几乎所有20个协同模块都是不同的。协同模块成员中的基因和药物在相同的样品子集上也表现出高度相似的模式，如图6.15和图6.16所示。

与随机生成的协同模块相比，通过 SNPLS 算法产生的协同模块显示出在相同的样本子集中基因和药物之间的高度（负）相关性。此外，通过计算所有20个协同模块的潜变量 u 和 v 之间的 Pearson 相关系数，都显示出非常高的相关性，如图6.17和图6.18所示。

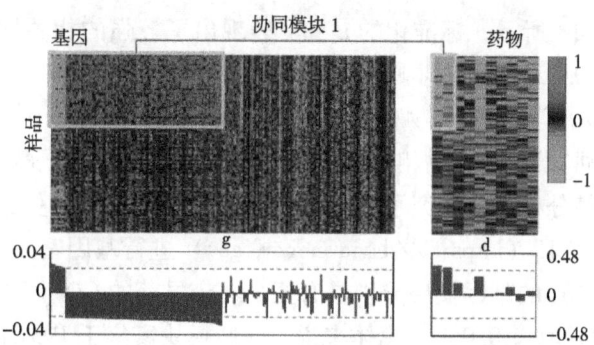

图 6.15　协同模块 1 的热图（包含 104 个基因、2 个药物在 42 个样本（白色框）中的成分谱、反应谱）

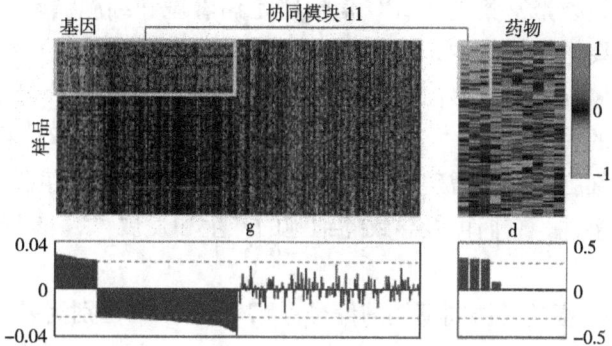

图 6.16　协同模块 11 的热图（包含 160 个基因、3 个药物在 33 个样本（白色框）中的成分谱、反应谱）

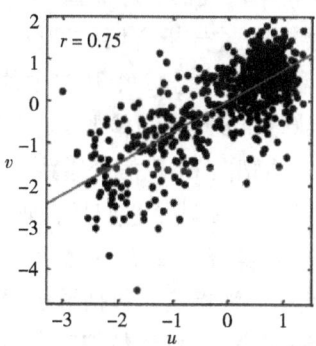

图 6.17　协同模块 1 中潜变量 u 和 v 的相关性（Pearson 相关系数）

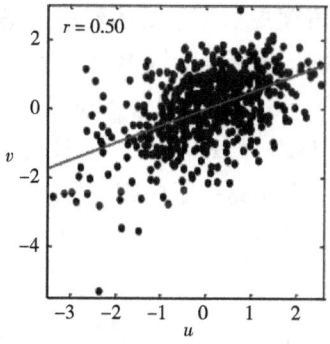

图 6.18　协同模块 11 中潜变量 u 和 v 的相关性（Pearson 相关系数）

如图 6.17 和图 6.18 所示，标准化的 u 和 v 表现出了较强的相关性（在协同模块 2 中，Pearson 相关系数 $r = 0.75$），进一步阐释了该方法的有效性。

(6) 协同模块揭示了不同的生物相关性

为了评估 20 个协同模块的生物相关性，用已有知识对每个协同模块的基因、药物和细胞系进行了系统的富集分析，并研究了药物靶点、药物效应通路或生物过程及其与已知肿瘤的关系。使用 DAVID 工具（https：//david.ncifcrf.gov）进行基因富集分析[371] 发现：12 个（60%）和 11 个（55%）的基因模块分别具有至少一个显著的 GO 生物过程和 KEGG 信号通路（Benjamini 校正的 p 值 < 0.05）。总体来说，这些模块富集于 193 种不同的 GO 生物过程和 29 个 KEGG 信号通路，在它们之间，最常见的生物学过程是生物黏附、染色体组织、细胞周期和有丝分裂；最频繁富集的 KEGG 信通路是黏着斑和细胞循环，黏附相关过程在癌症进展和转移中起重要作用。例如，细胞黏附到细胞外基质（ECM）提供了细胞运动和侵袭的牵引，这会影响癌细胞的转移，因此，整合素、细胞表面受体介导细胞与 ECM 的黏附，已成为癌症治疗试验的关键目标[372]。染色体组织、细胞周期和有丝分裂是 3 个密切相关的过程，它们都发生在细胞分裂和增殖过程中，在这些过程中，似乎存在一些改变和修饰，如遗传变异和表观遗传事件，它们可能导致癌细胞的产生和发展[373]。表 6.1 给出了 7 个协同模块的一些关键信息。

如表 6.1 所示，ID 指的是协同模块的编号；#G、#D、#S 分别为基因、药物、样本的数目；Drug target 指的是一个给定药物所结合的分子；Drug effector 为一个给定的药物对生物过程或通路的效应；Tumor type 为样本中富集的肿瘤类型。

对于每一个协同模块中的药物，通过分析它们的靶标和效应通路或生物过程，发现 20 个协同模块中有 12 个包含多于一种药物，这 12 个药物模块中有 6 个（50%），其药物成员共有相同的靶标和效应通路（$p = 0.0008$，扰动检验）。例如，协同模块 11 中的 3 种药物（CI-1040、PLX4720 和 SB590885）均靶向 ERK 信号通路。

而且对于 20 个协同模块中的样本，测试了它们是否倾向于属于相同或相似的肿瘤类型，结果显示：13 个（65%）协同模块富集于特定的肿瘤类型（$FDR < 0.05$，超几何检验）。例如，协同模块 1 富集于几种类型的血液疾病，包括淋巴母细胞性 T 细胞白血病、淋巴细胞白血病、急性髓性白血病、伯基特淋巴瘤、慢性粒细胞白血病等。

(7) 协同模块揭示了显著的药物—基因联系

实验发现，协同模块从不同角度揭示了重要的药物—基因联系，如表 6.1 和图 6.19 所示，以协同模块 1、6 和 11 为例进行阐释。协同模块 1 由 104 个成员基因组成，在人类癌症基因普查中有大量基因（16 个）（$FDR = 2.1456 \times 10^{-6}$，超几何检验），以及相当数量（6 个）的基因（BCOR、BLM、IKZF1、PTPRC、SEPT6、SFRS2）与白血病有关[374]；此外，12 个富集的 GO 生物过程中有 8 个是关于白细胞、淋巴细胞或 T 细胞的，它们都与白血病密切相关，如图 6.20 所示。

6 其他多视角信息融合模型及应用

表 6.1 7 个协同模块的生物功能分析

ID	#G	#D	#S	Top enriched GO biological process	Drug names	Drug target	Drug effector	Tumor type
1	104	2	42	T cell activation; positive regulation of leukocyte activation; translational elongation; lymphocyte activation; positive regulation of cell activation	Methotrexate	Dihydrofolate reductase	Replication Transcription	Lymphoblastic T cell Leukaemia; Lymphoblastic leukemia; Burkitt lymphoma; AML; CML
					ATRA	Retinoic acid and retinoid X receptor agonist	Transcription	
2	110	2	29	Mitotic sister chromatid segregation; M phase of mitotic cell cycle; microtubule cytoskeleton organization; mitotic cell cycle; M phase	RDEA119	MEK 1/2	ERK signaling	Small cell lung carcinoma
					Docetaxel	Microtubules	Cytoskeleton, Mitosis	
6	134	2	24	Dorsal/ventral pattern formation; regulation of intracellular transport; regulation of protein import into nucleus; regulation of nucleocytoplasmic transport; regulation of establishment of protein localization	Camptothecin	Top 1	Replication and repair	Ewings sarcoma; Rhabdomyosarcoma
					AZD-2281	PARP1/2	DNA repari	
7	142	2	31	Blood vessel development; MAPKKK cascade; vasculature development; cell activation; antigen processing and presentation of peptide or polysaccharide antigen via MHC class II	Metformin	AMPK agonist	AMPK, Metabolism	Myeloma; B cell lymphoma
					ATRA	Retinoic acid and retinoid X receptor agonist	Transcription	
8	138	1	29	Peroxisome organization; cell adhesion; biological adhession	BX-795	TBK1, PKD1, IKK, AURKB/C	Mitosis, NFkappB, P13K/MTOR	Breast
11	160	3	33	Melanin metabolic process; melanocyte differentiation; melanin biosynthetic process; pigmentation; pigmentation during development	CI-1040	MEK1/2	ERK signalling	Malignant melanoma
					PLX4720	BRAF	ERK signalling	
					SB590885	BRAF	ERK signalling	
17	178	6	30	Ectoderm development; epidermis development; negative regulation of peptidase activity; regulation of cell proliferation; regulation of peptidase activity	Gefitinib	EGFR	ERK signalling P13K/MTOR	Upper aerodigestive tract; Pancreas
					RDEA119	MEK1/2	ERK signalling	
					CI-1040	MEK1/2	ERK signalling	
					BIBW2992	EGFR, ERBB2	ERK signalling P13K/MTOR	
					PD-0325901	MEK1/2	ERK signalling	
					AZD6244	MEK1/2	ERK signalling	

资料来源：相关英文文献。

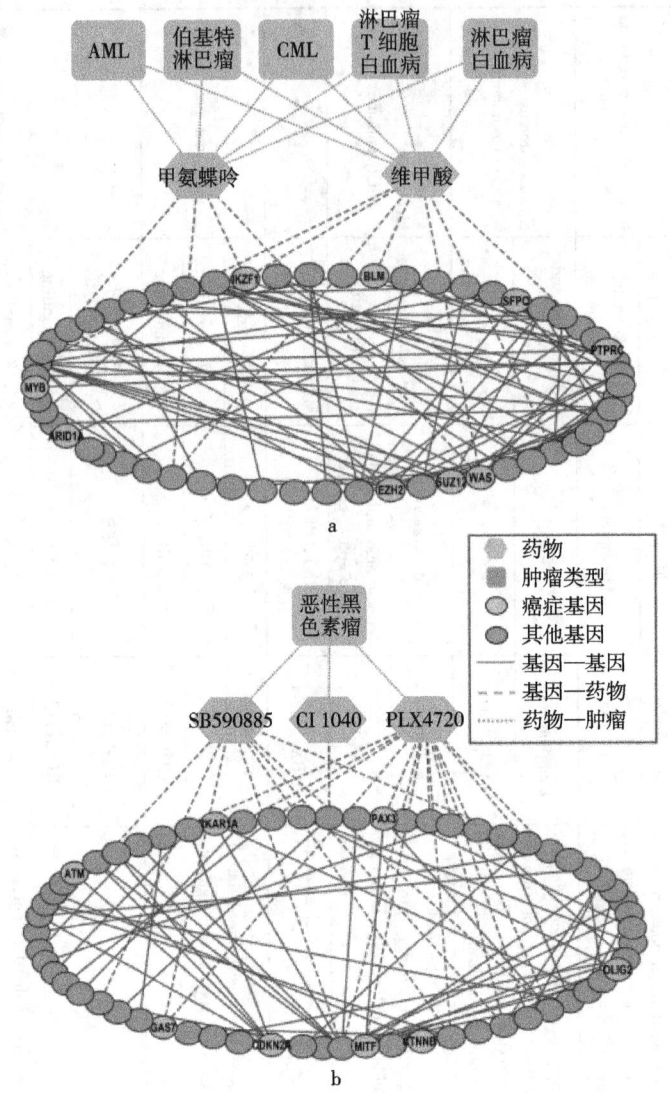

图 6.19 协同模块 1（a）和 11（b）中的 3 个层面基因、药物和肿瘤类型网络

如图 6.20 所示，比例富集（ratio enrichment）表明的基因模块功能显著性为 $-\log$（Benjamini 校正的 p 值）。

令人惊讶的是，样本富集的肿瘤类型确切指这类疾病，包括淋巴母细胞性 T 细胞白血病、淋巴细胞白血病、急性髓性白血病、伯基特淋巴瘤和慢性粒细胞白血病，表明所识别协同模块的明显的生物学相关性。

另外，它的两种成员药物都对转录有影响，这是细胞活化的关键部分，与富集的生物学功能一致：细胞活化、翻译延伸和核糖体通路，其在转录过程中起主导作用；对于这两种药物，甲氨蝶呤（Methotrexate）是具有免疫抑制特性的抗肿瘤抗代谢物[375-378]，它竞争性地抑制二氢叶酸还原酶（DHFR），一种参与四氢叶酸合成的酶，它是合成嘌呤，是胸苷酸和几种氨基酸所必需的[379]。因此，甲氨蝶呤能够抑制细胞复制，并被美国食品和药物管理局

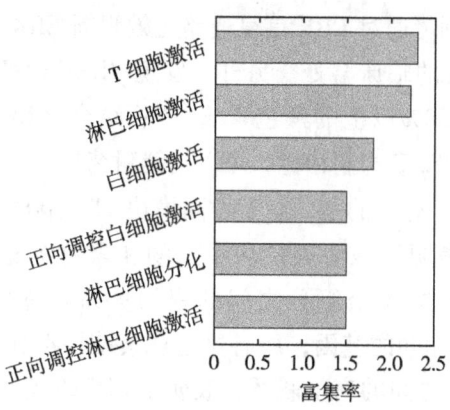

图 6.20 由协同模块 1 包含的基因富集的 Top 6 生物项

(FDA)批准用于急性淋巴细胞白血病。另一种药物 ATRA，也称为维 A 酸，是细胞再生、增殖和分化的重要调控因子，被用于治疗急性早幼粒细胞白血病[380-382]。虽然这两种抗癌药物并未见报道用于共同治疗富集样本的疾病，但与富集的关键生物功能基因的高度相关结构和类似的药物效应物，表明它们用于白血病中的相似功能。

图 6.19 显示了协同模块 1 中对应的 3 层网络，该网络阐明了基因、药物和样本富集的肿瘤类型之间紧密的联系。这些药物直接与 3 种癌症基因（BLM、IKZF1、WAS）相关，这些基因都与白血病或淋巴瘤有关；而且这些药物都与 VAV1 相关，VAV1 是由造血功能重要的蛋白质编码的，在 T 细胞和 B 细胞发育和激活中发挥作用。在该网络中，VAV1 与 4 种癌基因相互作用：EZH2（与弥漫性大 B 细胞淋巴瘤有关）、PTPRC（与 T 细胞急性淋巴细胞白血病有关）、WAS（与淋巴瘤有关）和 SUZ12（与子宫内膜间质瘤有关），表明了该基因作为治疗淋巴瘤相关疾病的新药物靶标的潜力。

协同模块 6 由 134 个具有显著数目（12 个癌基因）（$FDR = 0.0041$，超几何检验）的基因组成，该协同模块的基因主要涉及在 DNA 修复和复制中起主导作用的细胞内物质转运。这两种药物正好靶向这些生物过程（表 6.1），而且这个协同模块中的 24 个样本富集于尤文式（Ewings）肉瘤和横纹肌肉瘤（假定的 Ewings）。该协同模块中包括的一种药物 AZD-2281，也被称为 Olaparib，是聚腺苷二磷酸核糖聚合酶（PARP）的抑制剂。据报道，PARP-1 抑制可用作治疗 Ewings 肉瘤的靶向策略；另外，文献［383］提出，在 Ewings 肉瘤中结合 PARP-1 抑制和辐射会导致致命的 DNA 损伤，从而增加细胞凋亡和细胞死亡，最终阻断 Ewings 肉瘤的发展。更有意思的是，据报道，与单独使用奥拉帕尼（AZD-2281）相比，奥拉帕尼和喜树碱的组合有望改善 Ewings 肉瘤的临床治疗[384]。

最后一个例子，协同模块 11 分别在基因、药物和样本方面表现出与恶性黑色素瘤不同的生物学相关性。首先，该协同模块的 33 个样本富集于这种肿瘤类型；其次，该协同模块的 160 个基因富集于黑色素或色素生物过程（图 6.21），含有两种黑色素瘤癌基因 CDKN2A 和 MITF；最后，该协同模块中的 3 种药物影响相同的通路——ERK 信号通路，其在多种上游刺激中及介导生长促进信号中起重要作用[385]。这 3 种药物靶向两种基因：一种是 BRAF，它是黑色素瘤药物开发的具有吸引力的靶标；另一种是 MEK1／2，它是 ERK 信号通路中的关键组分之一，MEK 抑制剂可通过 ERK 信号通路有效阻断 ERK 的磷酸化和连续信号转导，从而对癌症的治疗具有重要的临床益处。另外，发现 BRAF 丝氨酸/苏氨酸激酶（S／T 激酶）的 V600E 突变发生在 50% 以上的黑色素瘤[275]；结合 BRAF 和 MEK 抑制黑色素瘤与 BRAF V600 突变，与单独 BRAF 抑制相比，可以延缓耐药性的出现，降低患者的毒性作用，从而提高无进展生存率[386]。有趣的是，对于协同模块 11，最显著富集的突变类型是 BRAF V600E（p = 2.4e−18），表明了该协同模块中药物和黑色素瘤样本之间的密切关系。图 6.19b 也阐释了 3 层网络中这 3 个组分之间的密切关系。特别是对于药物 SB590885 和 PLX4720，它们倾向于连接相同的基因，所有这些观察结果都证明了这些协同模块中基因、药物和样本富集的肿瘤类型之间的高度联系，表明了 SNPLS 有助于发现生物学相关的协同模块。图 6.21 所示的富集得分计算方法同图 6.20。

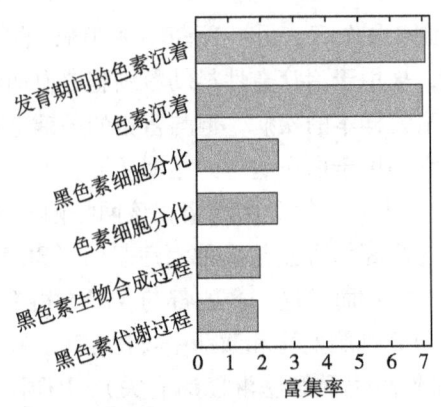

图 6.21　由协同模块 11 包含的基因富集的 Top 6 生物项

为了阐释 SNPLS 的有效性，研究人员也对其他经典方法进行了对比分析，每种方法产生的 20 个协同模块的细胞系、基因和药物数量的全局分布是非常不同的，如图 6.22 所示。

如图 6.22 所示，对于每一种方法，第一行中的直方图显示了协同模块的基因、药物和样本的大小分布；第二行显示了基因、药物和样本同时共现的协同模块数。该图表明了 SNPLS 识别出的协同模块中 3 个组件中的每一个都出现在 1~3 个协同模块中，说明了 20 个协同模块在某种程度上彼此不同。

特别是 PPA，与 SPLS 和 SNPLS 相比，其协同模块中含有大量的基因和药物，但包含相对较少的细胞系（即对于 PPA 来说，每个协同模块包含平均 5 个细胞系、1281 个基因和 23 种药物；而对于 SPLS 而言，每个协同模块包含 31 个细胞系、128 个基因和 2 种药物；对于 SNPLS 来说，每个协同模块包含 30 个细胞系、137 个基因和 2 种药物）。PPA 的大量协同模块使得难以提取应用于实际的必要信息，并且在每个协同模块中，细胞系太少似乎不合常理；很难想象将一组基因和药物视为一个联合的模块模式，这些基因和药物仅在两三个样本中发挥着类似或一致的效应。此外，在 PPA 检测到的这 20 个协同模块中，7 对协同模块具有显著的重叠，而 SNPLS 只有 1 对，SPLS 有 2 对，这意味着 PPA 检测到的协同模块是冗余的。

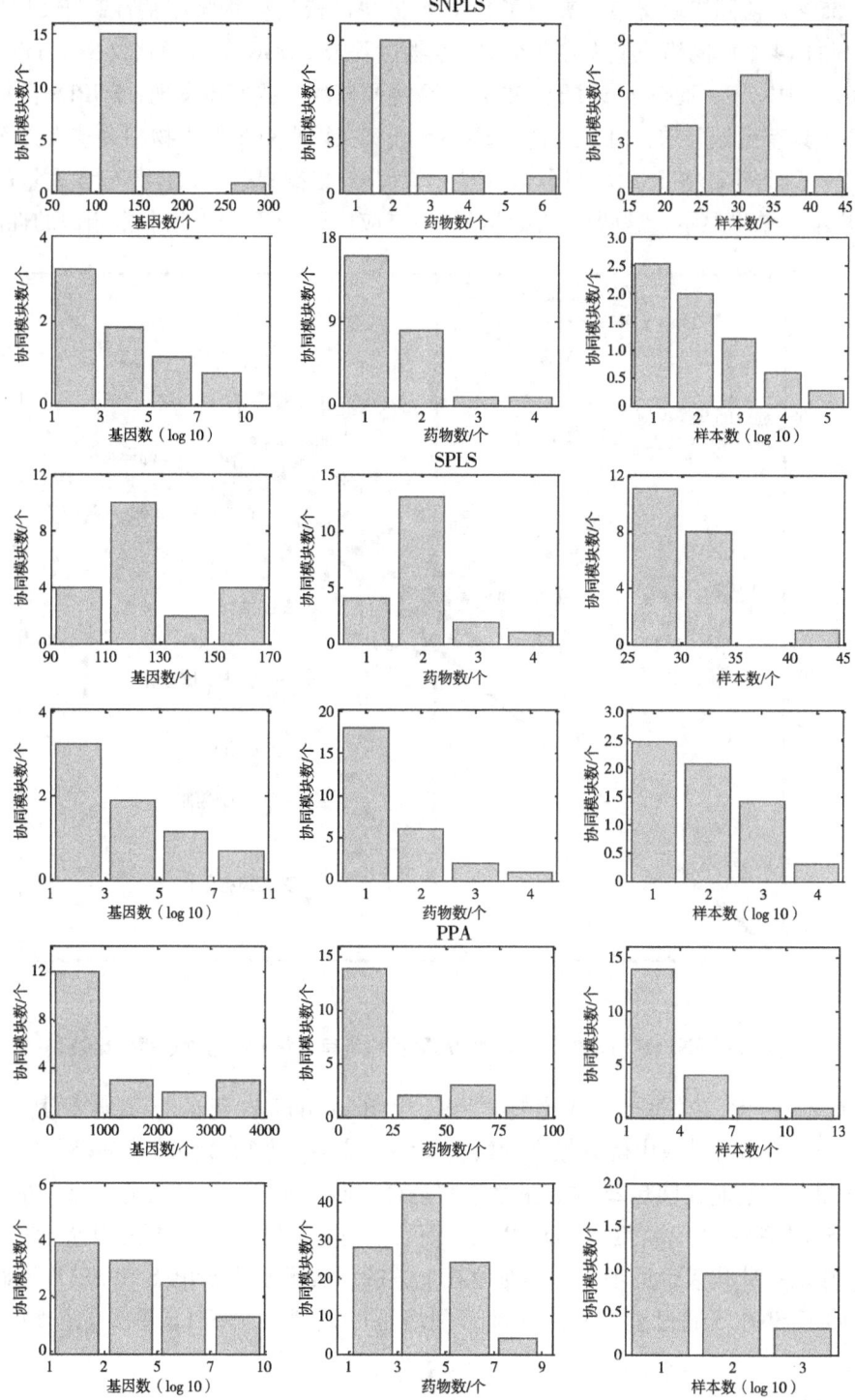

图 6.22 3 种方法获得的协同模块统计

基于基因—基因互作用网络，还分析了 SPLS 和 SNPLS 的每个协同模块中的互作用富集。SNPLS 的 14 个（70%）协同模块（基因—基因互作用）富集（$FDR<0.05$），而 SPLS

仅 11 个（55%）协同模块富集，表明了 SNPLS 的协同模块生物学相关性高于 SPLS。实际上，SNPLS 的 14 个协同模块至少在一个 GO 生物过程或 KEGG 信号通路（Benjamini 校正的 q 值 < 0.05）中富集，而对于 SPLS，仅有 11 个协同模块。我们还发现，SNPLS 富集的生物过程比 SPLS 具有更显著的 p 值，这表明 SNPLS 确实在识别更多的生物相关基因方面有所改进（图 6.23）。此外，将 SNPLS 和 SPLS 应用于 NCI60 数据集，该数据集包含大量的化合物和少量的样本，结果显示，这两种方法都显示出与应用于 CGP 数据集非常相似的性能。

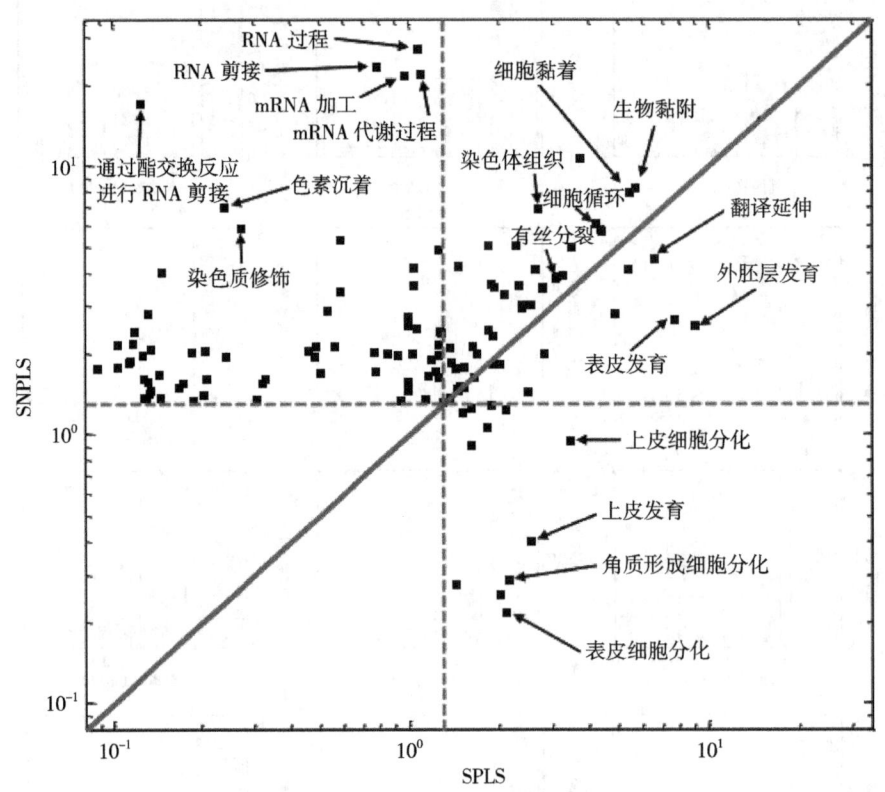

图 6.23 SNPLS 和 SPLS 检测到的基因模块所有富集 GO 生物过程的比较

如图 6.23 所示，对每个 GO 生物过程，用 Benjamini 矫正的 q 值计算其富集得分（$-\log 10(q)$），将所有模块中得分最高的视为每种方法 GO 生物过程的最终得分。SNPLS 得分与 SPLS 得分被绘制在图 6.23 中，沿水平和垂直方向的虚线表示显著的阈值，左上角的点代表 SNPLS 协同模块专有富集的 GO BP 项，而右下角的点是 SPLS 协同模块专有富集的 GO BP 项，仅显示一些代表性的项。中心对角线上方的点表示使用 SNPLS 比 SPLS 更显著富集的项，表明了 SNPLS 通过整合先验的基因网络可以识别出比 SPLS 更多的生物相关基因模块。

（8）小结

解析药物与其靶标之间的多重关系对于研究药物作用机制和开发有效治疗方法至关重要，同时，来自相同细胞系的大规模基因组数据和药物反应数据的大量累积，为我们提供了前所未有的机会，从基因调控的角度识别基因—药物协同模块模式以解码这些关系。本小节所介绍的 SNPLS 能够整合这些数据集和基因相互作用网络,从而识别基因—药物协同模块。与 SPLS 相比,SNPLS 利用了网络结构作为先验知识,以至于每个协同模块中的基因倾向于在网络中紧密连接,使得获得的协同模块更具生物学解释意义。

将 SNPLS 应用于来自 641 个细胞系覆盖很大范围肿瘤类型的成对基因表达和药物反应数据中,识别出 20 个基因—药物协同模块。从基因、药物和细胞系功能解释的视角来看,这些协同模块中的大多数显示出显著的功能连接。对于同一协同模块中的药物成员,它们通常具有相同的相关靶标,或者对某些相关疾病中的相同生物过程和通路具有影响。这些观察结果表明,协同模块可以帮助我们找到治疗某些癌症的新药物组合或相似药物,或者提供新的药物靶标候选物。

可从以下几个方面来扩展 SNPLS 在未来的应用:首先,使用坐标下降算法来求解目标函数,这可以通过更高计算效率的算法来改进;其次,除了使用基因相互作用网络,还可以结合药物—药物相似性或相互作用来提高模块发现的精度;再次,SNPLS 可以网络正则化的形式进一步考虑两个基因的潜在负相关,即考虑权重变量 g 的符号;最后,随着生物学和药理学数据的日益累积,可将这种方法拓展到相似的成对生物学数据中,从而用于联合模块分析。

(9) 相关代码

下面附上 SNPLS 相关代码,以供广大研究人员参考。

1) PLS 算法

```
function [success,g,d,u,v] = PLS(X,Y)
% Standard PLS Algorithm --- Partial Least Squares
% INPUT:
% X: data matrix of independent variables
% Y: data matrix of dependent variables
% OUTPUT:
% g: weight variable about X
% d: weight variable about Y
% u,v: score variables for X,Y
% success: a binary variable to indicate whether successfully run the pls algorithm

[rX,cX] = size(X);
[rY,cY] = size(Y);
% Input check
if(rX ~= rY)
    error('Please input matrices X and Y with same number of rows.')
end
% Preprocess the data
X = zscore(X);
```

```
Y = zscore(Y);
% Initialization
tol = 1e-10;
maxiter = 500;

g = zeros(cX,1);
d = zeros(cY,1);
u = zeros(rX,1);
randCol = randi(cY,1);
v = Y(:,randCol);
% v = ones(rX,1);

success = 0;
iter = 0;
res = Inf;


% Main body of algorithm
% Update each variable iteratively
while (res > tol) && (iter < maxiter)
    u_old = u;
    g = X' * v/(v' * v);
    g = g/norm(g);
    u = X * g;
    d = Y' * u/(u' * u);
    d = d/norm(d);
    v = Y * d;
    iter = iter + 1;
    res = sum((u - u_old).^2);
end

success = 1;

if iter == maxiter
    s = ['Standard PLS Algorithm: Maximum number of iterations (' num2str(maxiter) ...')
        reached before convergence'];
    fprintf(1,'%s\n',s);
    success = 0;
```

end

2) 稀疏度阈值化处理函数

```
function sw = thresholding(w,thrd,msg)
% Thresholding by using the degree of sparsity
% INPUT:
% w: vector,to be sparsed.
% thrd: a number,given the degree of sparsity.
% msg: the information about the variable.
% OUTPUT:
% sw: vector,sparsed results.

num_nonzeros = length(find(abs(w) > eps));
if (num_nonzeros == 0)
    display(['thresholding Warning: ' msg ' are zeros before thresholding!']);
    sw = w;
    return;
end
ind = logical(abs(w) < thrd);
sw = w - sign(w).*thrd;
sw(ind) = 0;
end
```

3) SNPLS 算法

```
function [success,g,d,u,v,XX,YY,objVal] = SNPLS_algorithm(X,Y,L,param)
% This is the SNPLS algorithm for the integration of one input block X and one response block Y.
% INPUT :
% X: (objects x all X-variables) single X-data-block
% Y: (objects x all Y-variables) single Y blocks with the same row of X.
% L: (all X-variables x all X-variables) the normalized Laplacian matrix for the adjacent matrix of X-variables.
% param: Structure variable,including all necessary parameters needed to run this program,that is,
% param.thrNet: The parameter for the network constraint.
% param.thrXc: The parameter for the sparsity of g.
% param.thrYc: The parameter for the sparsity of d.
% param.delta: The parameter for the equality constraint.
% param.maxIter: The maximal iteration steps.
```

```
% param. EPSilon: Precision for convergence.
% OUTPUT:
% success: a binary variable, to judge for calculating successfully or not.
% g: (X-variables x 1) X-block weights
% d: (Y-variables x 1) Y-block weights
% u,v : (objects x 1) score variables for X,Y
% XX: new matrices (objects x X-variables)
% YY: new matrix (objects x Y-variables)
% objVal: a vector, recording the value of objective function in each iteration step

[rX,cX] = size(X);
[rY,cY] = size(Y);
[rL,cL] = size(L);

if((rL ~= cL) || (rL ~= cX))
    error('Please test the dimension of Laplacian Matrix(square matrix).')
end

if(rX ~= rY)
    error('Please input matrices X and Y with same number of rows.')
end

% Preprocess the data
X = zscore(X);
Y = zscore(Y);
% Precision for convergence
tol = param.EPSilon;
maxiter = param.maxIter;
% Thresholding: lambda1,2,3;
thrd_net = param.thrNet; % for network
thrd_g = param.thrXc; % for g
thrd_d = param.thrYc; % for d
delta = param.delta; % for equality constraint

new_L = -L + diag(ones(cX,1));
% Initialization
XX = zeros(rY,cX);
```

```
YY = zeros(rY,cY);
success = 0;
iter = 0;
% Main body of algorithm
% step 1: initial the weight vector g and d;
[success_PLS,g,d,u,v] = PLS(X,Y);
if( ~success_PLS)
    disp('Standard PLS algorithm failed! ')
    % g = ones(cX,1)/sqrt(cX);
    % u = X*g;
end


% update each variable iteratively.
res = zeros(maxiter,1);
objVal = zeros(maxiter,1);
resi = Inf;

while (resi > tol) && (iter < maxiter)
    iter = iter + 1;
    u_old = u;
    % step 2: update the d;
    temp = Y' * u/rY;
    d = thresholding(temp,thrd_d,'d');
    d = d/norm(d);
    err = NaNerrorCheck(d,'d');
    if (err),
        return;
    end
    % return: directly skip the below code, return the function SNPLS, that is, success = 0;
    v = Y * d;
    % step 3: fixed d, it is a problem about g, then we obtain g = ?
    temp = (X' * v)/rX;

    for k = 1:cX
        z = temp(k) + 2 * thrd_net * new_L(k,:) * g;
        g(k) = thresholding(z,thrd_g,'g')/(2 * (thrd_net + delta));
    end
```

```
            g = g/norm(g);
            err = NaNerrorCheck(g,'g');
            if (err),
                return;
            end
            u = X*g;
            res(iter) = sum((u_old - u).^2);
            resi = res(iter);
            obj = (u'*v)/rY - thrd_g*sum(abs(g)) - thrd_d*sum(abs(d)) - ...
                thrd_net*g'*L*g;
            objVal(iter) = obj;
        end

        if iter == maxiter
            s = ['SNPLS Algorithm: Maximum number of iterations (' num2str(maxiter) ...
                ') reached before convergence'];
            fprintf(1,'%s\n',s);
        end

        p = X'*u/(u'*u);
        q = Y'*v/(v'*v);
        XX = X - u*p';
        YY = Y - v*q';
        clear X Y
        success = 1;
    end
```

4) 协同模块识别算法

```
function [nfactor,G,D,U,V,XX,YY,Comodule,params,ObjVal,MSE] = SNPLS_comodule
    (X,Y,netAdj,params)
% The main body of SNPLS framework
% INPUT:
% X: matrix (objects x X-variables)
% Y: matrix (objects x Y-variables)
% netAdj: ((X-variables+Y-variables) x (X-variables+Y-variables)) The adjacency matrix for
  network representing the relations between the variables of X and Y.
```

% params: Structure variable, including all necessary parameters needed to run this program,
% params. combparams: A matrix with all the possible combinations of these (nbX+nbY+1) parameters
% params. maxIter: The maximal iteration step.
% params. EPSilon: The minimal number to judge the stop of iteration.
% params. param: Cell variable, using Cross-Validation to select proper parameters from them.
% params. nfold: The number of folds used for cross-validation.
% params. nfactor: #comodules you prefer to identify.
% params. module: Thresholds for identifying comodule.
% OUTPUT:
% nfactor: the number of successfully identified comodules
% G: (X-variables x nfactor) each column refers to the X-block weigths --- g.
% D: (Y-variables x nfactor) each column refers to Y-block weights --- d.
% U: (objects x nfactor) each column refers to X-block scores --- u.
% V: (objects x nfactor) each column refers to Y-block scores --- v.
% XX,YY: the new matrices after substracting.
% Comodule: cell(nfactor x 3), identified by the algorithm
% params: different from the input parameters-params, added other information.
%
if nargin == 0
    help SNPLS_comodule
    return
end

ResultsFile = 'SNPLS_Results';
if ~isdir(ResultsFile)
    mkdir(ResultsFile);
end

%Normalized Laplacian Matrix for netAdj
[rX,cX] = size(X);
objAdj = netAdj(1:cX,1:cX);
diagEle = diag(objAdj);
objAdj = objAdj - diag(diagEle);
D = sum(objAdj,1);
pA = triu(objAdj,1);
[r,c,tempVal] = find(pA);

```
L = sparse(r,c,-1./sqrt(D(r).*D(c)),cX,cX);
L = L + L' + sparse(1:cX,1:cX,1,cX,cX);
clear tempVal r c netAdj D pA objAdj diagEle

[rY,cY] = size(Y);

if(rX ~= rY)
    error('Please input matrices X and Y with same number of rows.')
end

% Initialization
nLV = params.nfactor;
nparameter = length(params.param);
G = zeros(cX,nLV);
D = zeros(cY,nLV);
U = zeros(rX,nLV);
V = zeros(rX,nLV);

ObjVal = zeros(params.maxIter,nLV);
MSE = zeros(nLV,1);

Comodule = cell(nLV,6);
params.cv_scores = zeros(nparameter,nLV);
params.paramsidx_used = zeros(nLV,1);
nfactor = 0;

%Preprocess the data
X = zscore(X);
Y = zscore(Y);

nfold = params.nfold; % number of folds for cross-validation.
params.randRowPartitions = rand_nFold(rX,nfold);
colormap_type = 'blue-white-red';

for a = 1:nLV
    fprintf('Latent Variable %d\n',a);
    % Select proper parameters
```

```
[param_idx,cv_scores_onefactor] = SNPLS_select_param(X,Y,L,params);
%Run the SNPLS algorithm
[success,g,d,u,v,XX,YY,objVal] = SNPLS_algorithm(X,Y,L,params.param{param_idx});
ObjVal(:,a) = objVal;
if (success),
    nfactor = nfactor + 1;
    % Plot the reordered X and Y
    vectorForRank.u = u;
    vectorForRank.v = v;
    vectorForRank.g = g;
    vectorForRank.d = d;
    SNPLS_plot_XY(X,Y,200 + a,...
        ['Reordered data by SNPLS solution vector ' num2str(nfactor)],...
        colormap_type,vectorForRank);
    saveas(gcf,[ResultsFile '/Reordered_data_' num2str(nfactor) '.fig'])
    close(figure(200+a))

    % Identify comodules by means of the variables.
    moduleGThrd = params.module(2,:); % a vector : 1 x 2
    moduleDThrd = params.module(3,:);
    moduleSThrd = params.module(1,:);


    [gind,gthrdType] = identify_module(g,moduleGThrd);
    newg = newx(g,gind);


    [dind,dthrdType] = identify_module(d,moduleDThrd);
    newd = newx(d,dind);


    u = X * newg;
    v = Y * newd;
    su = u/sqrt(u' * u);
    sv = v/sqrt(v' * v);


    [sind,sthrdType] = identify_module(su + sv,moduleSThrd);

    newu = newx(u,sind);
```

```
newv = newx(v,sind);


p = X' * newu/(newu' * newu);
q = Y' * newv/(newv' * newv);
XX = X - newu * p';
YY = Y - newv * q';

MSE(a) = sum(sum(XX.^2))/(rX * cX) + sum(sum(YY.^2))/(rX * cY);

Comodule{a,1} = sind;
Comodule{a,2} = gind;
Comodule{a,3} = dind;
Comodule{a,4} = sthrdType;
Comodule{a,5} = gthrdType;
Comodule{a,6} = dthrdType;

vectorForRank.comodule = Comodule(a,1:3);
SNPLS_plot_results(X,Y,300 + a,['Identified comodule ' num2str(nfactor)],...
    colormap_type,vectorForRank)

saveas(gcf,[ResultsFile '/Identified_comodule_' num2str(nfactor) '.fig'])
close(figure(300+a))

clear vectorForRank

% Update matrices X1,X2,X3,Y for identifying the next comodule
X = zscore(XX);
Y = zscore(YY);
% Record the values of related variables.
G(:,a) = g;
D(:,a) = d;
U(:,a) = u;
V(:,a) = v;
% Record the selected parameters by CV method
params.paramsidx_used(a,1) = param_idx;
params.cv_scores(:,a) = cv_scores_onefactor;
save([ResultsFile '/SNPLS_' num2str(nfactor) '.mat'],'g','d',...
```

```
            'u','v','newg','newv','newu','newd','param_idx',...
            'cv_scores_onefactor','X','Y','objVal','gind',...
            'dind','sind','Comodule')
    else
        return;
    end

end

XX = X;
YY = Y;

end


function randpartitions = rand_nFold(n,nfold)
% randomly partition samples into 'nfold' folds for cross-validation.
randpartitions = cell(nfold,1);
sizePartition = fix(n/nfold);
r = randperm(n);
base = 1;
for i = 1:(nfold-1),
    randpartitions{i,1} = r((base:(base+sizePartition-1)))';
    base = base + sizePartition;
end
randpartitions{nfold,1} = r(base:n)';
end

function [ind,thrdtype] = identify_module(x,THRD)
% select the index of features as our members of module.
percent = THRD(2);
thrd = THRD(1);

len = length(x);
zx = zscore(abs(x));
ind = find(zx > thrd);
thrdtype = 'adjusted';
if(isempty(ind))
```

```
        tempLen = ceil(len * percent);
        [szx,sind] = sort(zx,'descend');
        ind = sind(1:tempLen);
        thrdtype = 'top';
end
ind = sort(ind);
end

function sx = newx(x,ind)
sx = zeros(length(x),1);
sx(ind) = x(ind);
end
```

以上内容介绍了协同模块发现的若干经典算法，这些算法在多层分子网络构建、模块识别、模块关联等方面具有广泛的应用，其产生的来自不同分子层面的模块为深入研究相关样本子集所蕴含的特征变化及机制提供了契机，这些基础性工作的重要性不言而喻。然而更重要的是，我们要从更细微的角度来深入挖掘、理解这些模块成员（基因、miRNA、mRNA、药物等）相互纠缠或排斥的内在动因和机制，这也为下一步的研究和临床应用提供了明确的方向，即以分子模块为基础，探索模块成员间的高阶互作用模式。这也是我们在接下来的章节要详细介绍的一个方面，限于知识疏浅，本书只将关于高阶关系挖掘中的若干重要文献涉及的内容进行简单梳理。

6.2.7 多源数据中的高阶相关整合

本小节将延续前述章节对协同模块发现算法阐释的例子，这里的"高阶"指的是矩阵阶数，而不是多个对象之间复杂的交互关系。

细胞是生物学中的基本单元，可以通过显微镜来区分它们的大小和形状，生物技术的技术发展使得分离大量细胞成为可能，并且随着 RNA 分离和扩增方法的改进，下一代测序技术被用于分析单个细胞的转录谱。单细胞 RNA 测序（scRNA-seq）现在允许对单个细胞进行组学分析，这可以揭示令人兴奋的生物过程、新的医学见解和有效的临床应用[387-389]。与以前的方法相比，单细胞技术的进步导致了对多细胞生物的更全面研究。最近，10X Genomics 可以发布超过 130 万个细胞的单细胞数据集（https://support.10xgenomics.com/single-cell-gene-expression/datasets），随着大量单细胞数据的产生，了解组织器官的发育需要表征其所有细胞类型，因此，重要的是量化高质量的单细胞类型。通常，scRNA-seq 的一个关键应用是通过无监督的计算方法基于细胞的转录谱来聚类细胞类型[390-397]，这些方法都表现出了良好的性能。SAFE 聚类[398]可以将来自多个聚类方法的结果作为输入，而 SCMAP[399]可以在不合并的情况下比较数据集中的聚类；RaceID[400]通过检测异常值来增强 K-means 以识别稀有的细胞类型，但 K-means 面临全局解的问题；同时，SC3[401] 通过重复运行 K-means，使用一小部分主成分或不同的初始条件找到一致的聚类，SC3 是一种用户友好的聚类方法，适用于较小的数据集，然而由于大量的计算相关矩阵，需要花费较长时间；此外，CIDR[402] 通过在距离计算中添加零的隐式插补，以适应于单细胞数据集的层次聚类（HCA），但是，层次聚类的一个重要缺点是它对于大型数据集而言计算成本过高。因此，仍然迫切需要更有效和精确的方法用于细胞类型聚类。

同时，高通量测序技术的发展也累积了大量的多源数据，对这些数据进行整合分析将为解决生物动力学和癌症异质性提供更多机会。很多整合方法，如 iCluster、SNF、NMF、PFA（模式融合分析）[403] 等已经开发出来用于多源异构数据的处理，这里我们将介绍一种基于 PFA 的计算框架，用于从单细胞 RNA-seq 数据中区分单细胞细胞类型：高阶相关整合（high-order correlation integration，HCI）可以整合联合的高阶相关矩阵，样本数据中 Pearson 相关系数的迭代使用被纳入 PFA[403] 框架中。HCI 通过联合矩阵分解来整合相应于不同样本相关特征空间（即细胞之间的距离）的单细胞数据集和不同距离矩阵。

下面将详细阐释 HCI 方法的原理。

HIC 阐释性例子如图 6.24 所示，输入是表达矩阵 M，其中列对应于细胞或样本，行对应于基因或分子，如 X 的每个元素对应于给定细胞中基因的表达，其整体分析流程如下。

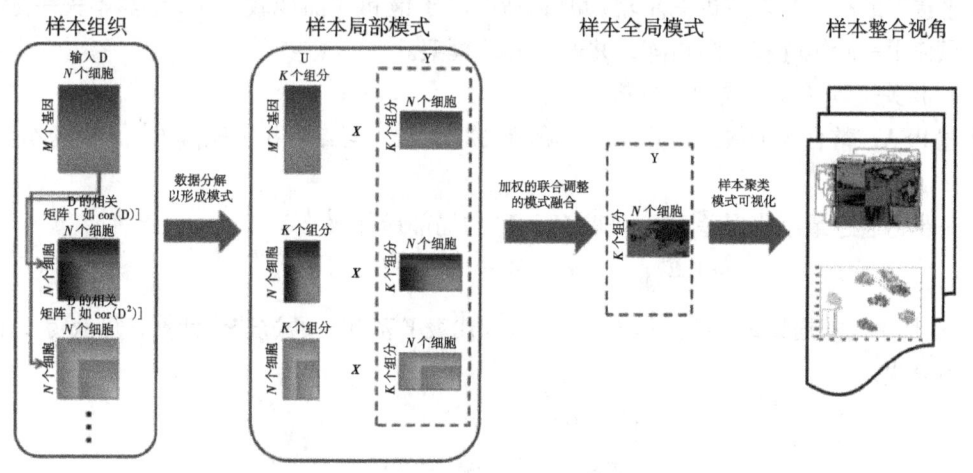

图 6.24 基于 PFA 的 HCI 框架：单细胞聚类

（1）数据预处理

基因过滤去除了在所有细胞（或样本）中具有零表达值的基因，这些基因不能用于细胞聚类，并且对每列数据进行归一化以维持每个细胞或样本的特征稳定性；然后可以获得一个过滤后的表达矩阵 $X_{m \times n}$，该矩阵中的元素 x_{kj} 代表基因 k 在样本 j 中的表达水平。

（2）构建高阶相关矩阵

计算基因表达矩阵 $X_{m \times n}$ 的相关矩阵 F^1，样本 i 和 j 的相关性可以通过 Pearson 相关系数来计算：

$$f_{ij}^{(1)} = \frac{\sum_{k=1}^{n}(x_{ki}-x_{-i})(x_{kj}-x_{-j})}{\sqrt{\sum_{k=1}^{n}(x_{ki}-x_{-i})^2}\sqrt{\sum_{k=1}^{n}(x_{kj}-x_{-j})^2}}。 \tag{6.38}$$

其中，x_{ki} 和 x_{-i} 分别是基因 k 的表达水平和样本 i 中基因表达水平的平均值，x_{kj} 和 x_{-j} 代表同样的含义。因此，可获得 X 的相关矩阵 $F_{n\times n}^1$，其中的元素 f_{ij}^1 度量了样本 i 和 j 的相关系数。基于矩阵 $F_{n\times n}^1$ 可进一步计算 $F_{n\times n}^2$，公式如下：

$$f_{ij}^{(2)} = \frac{\sum_{k=1}^{n}(f_{ki}^{(1)}-f_{-i}^{(1)})(f_{kj}^{(1)}-f_{-j}^{(1)})}{\sqrt{\sum_{k=1}^{n}(f_{ki}^{(1)}-f_{-i}^{(1)})^2}\sqrt{\sum_{k=1}^{n}(f_{kj}^{(1)}-f_{-j}^{(1)})^2}}。 \tag{6.39}$$

这里称 $F_{n\times n}^1$ 为 X 的一阶相关矩阵，$F_{n\times n}^2$ 为 X 的二阶相关矩阵。表达矩阵 X 的这种转换优势在于，能够凸显噪声样本之间潜在的结构[404,405]。事实上，也有其他方法来定义距离矩阵，如 Spearman 相关，但是由于考虑了矩阵中元素的等级而不是元素值，$F_{n\times n}^2$ 与 $F_{n\times n}^1$ 是相似的。显然，可以用类似的方式构造高阶相关矩阵，值得注意的是，这种高阶矩阵可以增强样本聚类性能。在我们先前的 PFA 分析中，聚类精度在一阶相关特征上快速提高，在二阶相关特征上几乎接近最高，当阶数进一步增加时，精度趋于饱和（曲线较为平坦）。不失一般性，该框架只使用一阶矩阵和二阶矩阵，并融入 HCI 框架。

（3）相关矩阵诱导模式融合分析

通过 PFA，整合 3 个数据矩阵 X、一阶相关矩阵 $F_{n\times n}^1$ 与二阶相关矩阵 $F_{n\times n}^2$，关键分析步骤如下：

第一步，通过最小化误差 E^i，获得 U^i、Y^i 的局部最优解：

$$\min \|E^i\| = \min_{c^i, U^i, Y^i} \|W^i - (c^i 1^T + U^i Y^i)\|_F^2。 \tag{6.40}$$

其中，W^i 是输入数据集 X、$F_{n\times n}^1$ 和 $F_{n\times n}^2$，$\|\cdot\|_F$ 代表 F 范式。通过迭代计算，可获得 3 个变量的更新公式：

$$\begin{cases} U^i = Q_{d^i}^i, \\ Y^i = (U^i)^T (W^i - c^i 1^T), \\ c^i = \dfrac{W^i 1}{n}。 \end{cases} \tag{6.41}$$

其中，$Q_{d^i}^i$ 是正交矩阵，由 $(W^i - c^i 1^T)(W^i - c^i 1^T)^T$ 的前 d^i 个最大特征值对应的特征向量组成，重要的是，矩阵 X 合理的默认值 d^i 的选择是根据 $\dfrac{\sum_{r=1}^{d^i}\delta_r}{\sum_{r=1}^{p}\delta_r}\geq 0.8$ 而来的，p 是非零的特征值的数目。同时，基于不等式 $\dfrac{\sum_{r=1}^{d^i}\delta_r}{\sum_{r=1}^{p}\delta_r}\geq 0.9$ 选择矩阵 $F_{n\times n}^1$ 和 $F_{n\times n}^2$ 的 d^i 维，这是因为 $F_{n\times n}^1$、$F_{n\times n}^2$

与 X 有不同的特征维。

第二步，自适应最优对齐用于捕获全局的样本模式矩阵 Y。

(4) 样本聚类和聚类数估计

通过以上步骤获得的全局样本矩阵 Y，而不是传统的数据矩阵 X，可以通过许多聚类方法进行聚类，如 K 均值或 HCA 聚类。

计算聚类之间的距离比（RDC）以估计聚类的数目 K，使用 K 均值聚类执行 100 次样本聚类，通过平均的 RDC 数 $[K=\min（K，平均 RDC 的斜率接近 0）]$，来推断聚类数 K。RDC 可用下式计算：

$$RDC = \frac{D_{in}}{D_{out}}。 \quad (6.42)$$

其中，D_{in} 为聚类内的平均样本距离，D_{out} 为不同聚类间的平均样本距离。

(5) 批量 RNA-seq 数据的分子网络构建

通过使用 HCI，多层分子网络被迭代地构建，如图 6.25 所示。用同样的方式，可计算输入的数据集 X_I（如 RNA-seq、甲基化、miRNA 等）的高阶相关矩阵 $F^1_{n \times n}$ 和 $F^2_{n \times n}$，这里 n 是样本数；然后通过 PFA 整合所有的输入数据集 X_I、$F^1_{n \times n}$ 和 $F^2_{n \times n}$，基于全局的样本谱矩阵 Y，根据系数矩阵 U^{I^*}，可从异构的基因组学数据中获得差异表达的 mRNAs 或 miRNA。

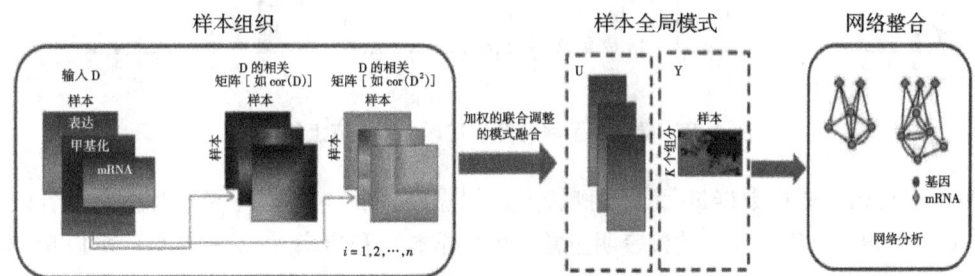

图 6.25 整合多个异构组学数据的 HCI 流程

在这个计算框架中，计算 U^{I^*} 行中每个元素的变异系数：

$$c_i = \frac{\delta_i}{\mu_i}。 \quad (6.43)$$

其中，μ_i 是 U^{I^*} 中 mRNA i 或 miRNA i 的平均权重，δ_i 为标准差。如果 c_i 大于给定的阈值 T，可定义差异表达的 mRNA i 或 miRNA i，并将它们称之为 DEGs（或 DE-miRNA）。

此外，通过基因本体（gene ontology）和 KEGG 可对基因进行功能富集分析，使用创新性通路分析（ingenuity pathway analysis，IPA）分析 DEGs，可提供特定基因组与已知生物功能、通路、网络和相关疾病之间的关联。在线数据库 miRDB 可用于 miRNA 靶标预测和功能注释。

根据 KEGG、GO 和 IPA 分析可定义显著富集与癌症的关键基因。在 DEGs 中发现的关键基因可以通过 STRING 的蛋白质—蛋白质互作用的组合功能耦合，来推断它们是有相关的。可以调节关键 DEG 的 miRNA 被定义为关键的 miRNA（度 $s > 80$）。

(6) 案例研究

为阐释 HCI 算法的有效性,将 HCI 应用于 TCGA 数据集 KIRC、ACC 和 GEO。数据预处理工作与 PFA 文献类似,对于 GEO 数据集,移除了那些在 80% 以上样本中有零表达值的 mRNA 和 miRNA。

在这 3 个数据集上执行 HCI 和 PFA 算法,结果显示,鉴于聚类精度,HCI 具有更好的运行效果,如图 6.26 所示。在结果比较中,异构的因素包括不同、复杂生物条件、多变的数据源和不同的样本量,这些都提供了强烈的证据以支持 HCI 在识别临床相关疾病分型的能力,并且具有预测复杂疾病中网络模块的能力。

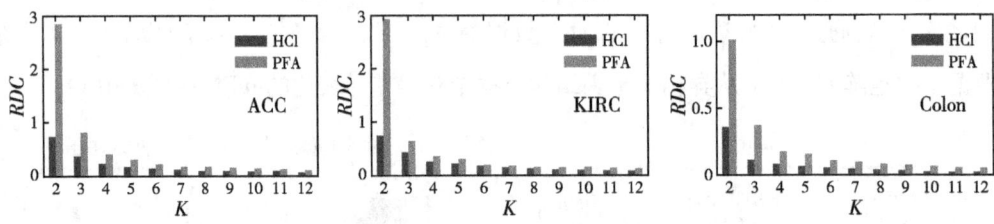

图 6.26 数据集及两种算法在 3 个数据集上的比较

最后,对结直肠癌数据进行了案例研究,根据全局样本谱矩阵 Y,提供了整合的 mRNA—miRNA 调控网络。HCI 结果表明正常(9 个样本)和疾病(42 个样本)可以聚类成两个判别组,如图 6.27a 所示,然后可获得 6930 个异常表达的基因和 2976 个双向表达的 miRNA。通过对这些具有 GO BP 项、KEGG 信号通路和 IPA 注释的差异表达基因的功能富集分析,可获得所有显著的生理系统发育、功能项、疾病和网络。结果显示,在所有 DEG 中有 2289 个基因(接近 33%DEG)与结直肠癌显著相关;此外,根据来自 miRDB 的 miRNA 靶标预测,可以通过 141 个 DE-miRNA 来调节 1661 个 DEGs(图 6.27b)。值得注意的是,所有富集分析的结果涉及 25 个关键基因,其中 14 个被 22 个关键 miRNA 调节,如图 6.27b 所示。此外,还评估了这些基因的生存风险,结果显示在图 6.27c 中。

如图 6.27 所示,a:矩阵 Y 中样本的分层聚类图,颜色条代表正常样本和疾病样本;b:关键基因选择;c:评估 b 中与结直肠癌相关的 25 个重要基因,在 SurvExpress 中,使用所选基因的平均值、两个风险组和 Cox 拟合以生成生存曲线,每组的总数显示在图的右上角,删失样本的数量用 "+" 标记,每条曲线的 CI(置信区间)也包括在内,P 值显示在图的顶部;d:高度连接的网络主要由 25 个基因和 22 个 miRNA 组成,22 个 miRNA 基于 miRDB 数据库靶向 16 种基因,节点的大小表示基因的网络度,基因的 PPI(蛋白相互作用)富集 P 值显示在图的右上角;e:在 d 中 25 个基因富集排序靠前的通路和生物学功能。

6 其他多视角信息融合模型及应用

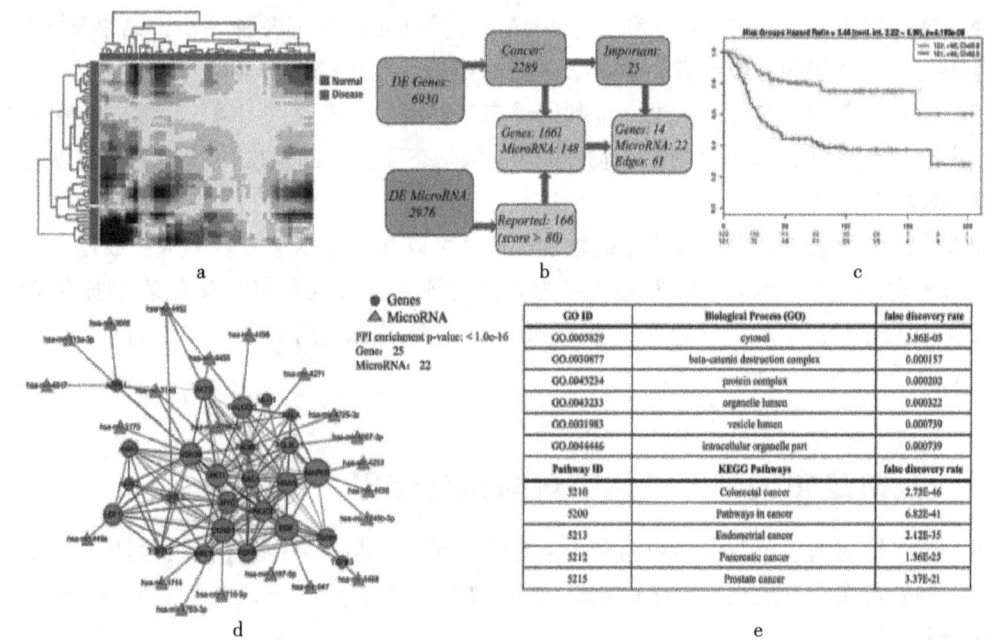

图 6.27 结直肠癌案例研究①

作为一个说明性的例子，基于 STRING 构建了 25 个关键基因的互作用网络（图 6.27d）（P = 1.0e-16），该网络的富集分析结果如图 6.27e 所示，这个网络显著富集于细胞质（P = 3.86e-05）、β-连环蛋白破坏复合物（P = 1.57e-04）、结直肠癌（P = 2.73e-46）和癌症通路（P = 6.82）中；还发现该网络中的中枢基因（如 MAPK8、EGF、FALGDS、CCND1、MYC）已在广泛的文献报道中与癌症相关联。例如，MAPK 信号通路已被确定为结直肠癌最强相关基因标记之一[406-409]；MAPK8 已被证明可与 MYC 相互作用，这在许多人类癌症中经常被观察到[410]；引人注目的是，22 个关键 miRNA 与该网络中的 14 个关键基因相关；已报道 miRNA-647 和 miRNA-449a 与结直肠癌有关[411]。这些结果表明，HCI 可以清晰地对样本类型进行分类，并可以基于多个异构数据整合多级调控网络。所有发现相关的 DEGs 和 DE-miRNA 都值得进行未来的实验研究。

（7）小结

不同类型的生物数据可以为理解复杂生物过程提供精确的解释。近几十年来，有许多方法被设计出来用以分析单细胞数据或多组学数据，从而亚型和构建生物网络。但是，对于大多数方法，整合多数据集以可靠地识别样本类型存在一些限制。例如，噪声对数据的影响和计算成本的制约，并且一些方法无法充分利用样本之间的相似性信息，使得结果不可靠。为了克服此类问题，需要一种具有自动信息融合和偏差校正的灵活且有效的整合方法。这里介绍了一种数据驱动的集成方法 HCI，该方法的关键思想是将高阶相似性矩阵（如 Pearson 相关矩阵）结合到 PFA 中，受益于高阶相关性，该模型可以实际确定样本聚类或子类型结构，从 HCI 获得的组合样本模式可以代表数据中固有样本关系的综合表征。为了阐明 HCI

---

① 引自相关英文文献。

的益处，对复杂疾病的 scRNA-seq 和大量 RNA-seq 数据集进行了各种评估，结果显示：HCI 有效地捕获样本（如细胞或患者）聚类，并且在准确性和稳健性方面优于现有方法。

作为未来研究的方向，可以进一步利用动态和网络信息来改进 HCI。例如，应用网络生物标记物[412-415]或动态网络生物标记物[416-420]，从动态和网络的角度，基于组学数据进行准确可靠的聚类和分类。

随着基因组数据源多样性和体量的增加，HCI 可以在一个水平或多个水平数据上拟合数据内在的模式，因此，HCI 在系统层面可为全面解释各种数据和复杂生物表型提供新的途径。在实际应用中，HCI 仍然存在一些可进一步扩展或改进的地方，如整合包括体细胞、SNP 和 CNV 信息的离散数据类型。

6.2.8 高阶逻辑关系——跨越对的相互作用

本小节将针对前述章节中多视角聚类问题进行扩展，着重介绍在识别的模块中，如何进一步识别和确定多个对象之间复杂的逻辑关系，常用的方法有基于信息熵的模型、随机森林和贝叶斯网络等。

（1）基于信息熵的高阶关系挖掘

基因序列之间的系统发育关系已被用于重建细胞中基因功能网络的进化和组织，基因组之间直系同源关系谱，特别是一组生物体中基因的存在与否，已被证明对于理解功能关系和网络组织是有价值的[421]。

"系统发育谱"（LAPP）的实践很大程度上归因于比较基因组学的许多努力，包括基因组注释和功能协同进化[422-426]，准确性和预测能力往往是适度的，除非以一种解释基因组之间系统发育关系的方式重建表达谱，如一些例子所示[427-430]。可能由于计算复杂性，很少有研究尝试发现跨越蛋白质之间成对的关系。然而，鉴于细胞复杂性和自适应协同进化的本质，应该会存在高阶关系，这些关系反映在多个蛋白质是否共存的模式中。实际上，Bowers 等人发明了 LAPP 的逻辑分析，并证明了识别基因三元组之间关系的明显益处，因为它们更有可能产生网络组织并提供关于基因三元组之间相互作用性质的更多信息（特别是方向性）[431-433]。最近，文献［433］将基因三元组的概念应用于基因表达数据，以研究多蛋白复合物的协调调控作用。

由于数百个基因组跨越生命树的大象限，我们现在独特地重新审视这个假设，以确定是否存在反映潜在生物网络且可以产生可操作的预测的 LAPP 中的更高阶逻辑关系，以提高对细胞组织的理解。对我们破译基因三元组之间复杂关系产生重大影响的一个主要考虑因素是，自适应协同进化的网络结构和模式在系统发育中是不同的。因此，如何对系统发育进行采样及如何将其整合到表达谱中进行比较分析，以使预测对识别的准确性有显著的影响，是必须考虑的一个方面。

这里将系统发育信息直接导入以寻求更高阶的逻辑关系，特别是基因三元组。基于从大型直系同源数据库 Roundup[434-435] 构建的系统发育矩阵，平衡每个基因三元组的 LAPP，以便在计算它们的逻辑关系时，基因之间协同进化的每个场景都被相等地加权。在将下面介绍的方法应用于 LAPP 之后，观察到相对于谱的显著性能改善，而没有对其系统发育组分进行修改。然后还研究了使用逻辑三元组检测生物网络组织的潜在益处，并得出结论：该工具可用于推导细胞网络中的结构、连接和关键蛋白质[436]。

下面将详细介绍该方法的具体细节。

1) 选择代表性基因组并构建原始的表达谱

从 Roundup 中选择 182 个基因组，根据 NCBI 分类学体系选择分类代表。对于同一家族中的多个基因组，选择具有最多基因的基因组。然后利用 Roundup 中实现的倒数最小距离算法识别直系同源物，构建了由大肠杆菌 K12 MG1655 作为参考基因组的由 0 和 1 组成的系统发育矩阵，其中，行代表基因，列代表物种，0 表示基因组中不存在该基因，1 表示存在。计算任意两列之间的汉明距离，如果距离小于总行数的 5%，则移除具有更多 0 的物种，以便代表性的基因组在系统发育上覆盖较多的物种；然后对没有任何参考基因组的剩余物种重新计算表达矩阵，并且聚类具有相同表达谱的行。

2) 发现逻辑关系

多种度量方式，如 Pearson 相关性、超几何 P 值和互信息已被证明在测量两个 LAPP 之间的相关性方面是有效的[437-438]，然而，它们都不能推断出 3 个基因网络结构中的方向性。相比之下，Bowers 等人发明的不确定性系数将方向性引入两个基因之间的依赖性计算上，该指标更详细的数学描述在该小组最近一篇论文的补充方法中给出[433]，以下是对不确定系数的一个简短描述：

$$U(a|b) = I(a|b)/H(a) = [H(a) + H(b) - H(a, b)]/H(a) \quad (6.44)$$

其中，a、b、c 代表基因 a、b、c 在系统发育矩阵中的表达谱，$U(a|b)$ 为测量基因 a 对基因 b 功能依赖性的不确定性系数，$I(a|b)$ 为两个表达谱的互信息，$H(a)$ 为表达谱 a 的信息熵，$H(a, b)$ 为表达谱的联合信息熵。U 值位于 0 和 1 之间，0 表示基因 a 对基因 b 没有依赖，1 表示完全依赖（从这个意义上说，确定性系数应该是 U 的更合适的名称）。$\Delta U = U(c|f(a, b)) - \max(U(c|a), U(c|b))$ 用于反映逻辑关系 f 的重要性，它只是基因 c 对逻辑函数 $f(a, b)$ 的依赖性与它对基因 a 或基因 b 独立依赖性的差异。

在一些研究中，用 ΔU 来搜索 Bowers 等人开发并建议使用在真实生物网络中的具有高出现频次的 8 个三元组关系。从统计学角度来说，较高的 ΔU 对应于较小的 P 值和较高的三元组合预测置信度（可参见文献［436］附件 2 中的"ΔU 的统计显著性"，此外，该文献实验部分显示 ΔU 与三元组中 3 个基因之间的功能相关性之间存在强烈的正相关）。

接下来描述文献［436］提出的均衡 LAPP，当应用于 Bowers 等人的方法时，该方法改善了预测到的逻辑三元组的质量和数量。

使用与 LAPP 中相同的符号，让 0 代表基因组中基因的缺失，1 代表存在。对于两个基因 a 和基因 b，有 4 种可能的协同进化的系统发育场景（00、01、10、11），对于 3 种基因 a，则有 8 种场景（000、001、010、011、100、101、110、111）。在来自 Roundup 的系统发育矩阵构建的 182 个基因组中，对于 $i, j, k \in \{0, 1\}$，让 p_{ij} 表示包含 4 种可能的协同进化场景基因组的比例，并且让 p_{ijk} 表示与 8 种可能场景中每一种匹配的基因组的比例。

$U(c|f(a, b))$ 评估基因 c 与 4 种场景逻辑函数之间的关系，不确定性系数是 p_{ijk} 的函

数。为了很好地确定布尔函数 $f(a,b)$，需要知道 $f(0,0)$、$f(0,1)$、$f(1,0)$ 和 $f(1,1)$。因此，为了判断 $c=f(a,b)$，需要考虑，对于每一个观察到的基因 a、b = 00/01/10/11，观察到的 c=0 与 c=1 的比例，然而对于任何给定的三元组基因，根据观察到的基因 a、b=00/01/10/11，生物体的分配可能比其他基因更多地具有 4 种结果中的一种。p_{ij} 的这种变化等于给基因 a 和基因 b 之间的 4 种协同进化场景中的每一种赋予不同的权重，这可能导致产生错误的 ΔU。

例如，考虑类型 3 逻辑关系 "如果存在基因 a 或基因 b 中的任何一个，则存在基因 c"，为使其成立，理想地假设，$p_{000} \gg p_{001}$，$p_{011} \gg p_{010}$，$p_{101} \gg p_{100}$，$p_{110} \gg p_{111}$。然而，对于一个具有 $p_{000} \ll p_{001}$ 的三元组，其与类型 3 表示的关系相反，如果 $p_{00} \ll 0.25$，该三元组对于此种关系仍然有高的 ΔU。以往的研究数据表明，为了正确识别逻辑关系，在计算 $U(c|f(a,b))$ 的过程中，对 4 种场景进行相等的加权是至关重要的。

因此，为保证所有的系统发育场景都被相等加权，用每个三元组的 p'_{ijk} 计算平衡谱，使 $p'_{ij0}/p'_{ij1} = p_{ij0}/p_{ij1}$，并且所有的 p'_{ij} 都是相同的。这确保在计算 ΔU 的过程中，基因 a 和基因 b 之间的所有 4 种协同进化的场景被相等加权。还跳过了其 0 或 1 和三元组少于 18 个基因组的表达谱，也跳过了 4 种场景中的任何一个基因组少于 18 个的三元组，因为它们包含的熵太少且可能没有提供信息。

图 6.28 概述了该算法的主要流程，用于识别表达谱中蕴含的逻辑关系。从 Roundup 中可获得的 770 个细菌基因组中选择 182 个代表性细菌基因组，使用 RSD（倒数最小距离）算法识别直系同源物，最终获得的矩阵包含 13 673 个基因谱。在计算逻辑三元组 p'_{ijk} 时，创建平衡谱以对基因 a 和基因 b 之间协同进化的 4 种场景赋予相同的权重，ΔU 被认为是反

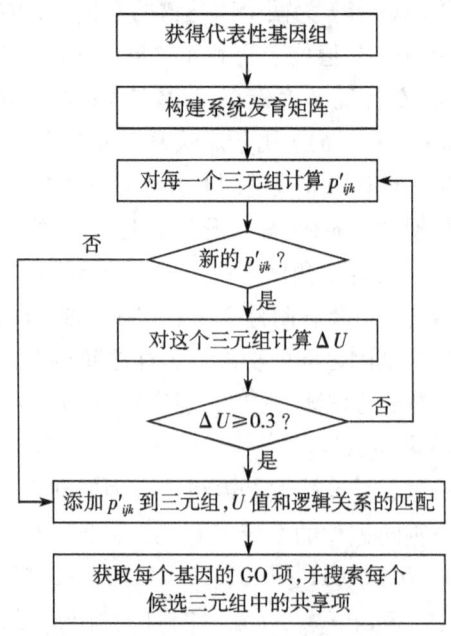

图 6.28 寻找基因逻辑三元组的计算流程

映三元组重要性的一个度量,大于 0.3 的值被认为是显著的,3 个基因共享共同 GO 项的三元组百分比用于测量预测的准确性。

3) 评价指标

共享的通路或 GO 项被用于测量基因之间的功能相关性,在这里可应用相同的原理,如果三元组包含的 3 个基因在生物过程中具有共同的 GO 项,则考虑具有三元关系。因此,可采用以下定义。

三元组推定的准确性 = $N_{putative}/N_{all}$,其中,$N_{putative}$ 为推定的三元组和数目,N_{all} 为 3 个成员都有 GO 项的三元组数,其中一个或多个成员没有 GO 项的三元组被排除在外。

正如有些研究所报道的,这种逻辑三元组中的基因可能位于不同的通路中,甚至可能位于不同的基因组或门中。此外,相同通路中的基因可能并非都具有相同水平的 GO 项,因此,每个 GO 项的祖先在根目录下最多包含 4 个级别,这也是一组类似通路的级别。GO 项的祖先节点由"GO graph_ path 表"标识,相关文献没有通过连接类型或证据编码进行进一步的过滤,也没有对同义词和/或过时的 GO 项进行特殊处理。

以上内容为寻找三元组基因的大致流程,下面我们将一些需要注意的地方进行简单罗列,具体如下。

① 现有文献[436]通过对这些三元组的实证研究,了解到基因组组成倾向于将偏倚引入特定的协同进化结果,特别是对于普通和罕见基因。在任何给定的生物体中,如表 6.2 所示,在含有基因 a、基因 b 和基因 c 的三元组内,基因 a 和基因 b 表达存在 4 种场景。

表 6.2 基因 a 和基因 b 之间的 4 种演化场景

	场景 1	场景 2	场景 3	场景 4
基因 a	0	0	1	1
基因 b	0	1	0	1

如果任何一种场景因用于解析逻辑关系和最终预测网络结构的 LAPP 的基因组组分而过表达,则检测到某些逻辑关系的能力会随之受到影响。通过检查 182 个基因组产生的三元组,了解到的情况确实如此:在每对基因 a 和基因 b 中,包含 4 种可能的进化场景之一的基因组平均数为 45,平均标准差为 44.8。可以推断,四种场景之间的这种不平衡会导致后续预测中误报率和假阴性率的增加。

为了直接解决这个问题,有一种策略,即为每个三元组创建平衡的表达谱,以便在这些特定的谱中,为协同进化的 4 种场景进行相等的加权;然后检验这些平衡的 LAPP 是否比包含不同权重的 4 种场景的原始表达谱更为准确。为此,我们计算 ΔU,即熵偏差的度量,其值域为 [-1, 1],当具有较高的值时,表示所讨论的 3 个基因之间存在非随机的函数关系,并将预测的三元组关系映射到来自基因本体(gene ontology)的已知生物过程(biological process)注释。可人为设置 $\Delta U \geqslant 0.3$ 的三元组具有显著的统计学意义,并且当它的 3 个组成基因包含来自 GO 的相同注释时,称之为三元组推定(triplet putative)。

根据文献[436]的实验,产生了 284 498 个三元组,这些三元组中的 3 个基因都有可用的 GO 注释且 $\Delta U \geq 0.3$。随着 ΔU 的增长，预测的三元组数目指数下降，如图 6.29a 所示。使用推定的三元组在所有三元组中的百分比，其中，GO 项可用于三元组中所有 3 种基因作为预测三元组准确性的量度。图 6.29a 显示在推定的三元组和 ΔU 之间存在强烈的正相关，表明了除统计学意义之外，ΔU 确实推断出了生物学功能的相关性。

为了比较协同演化的系统发育场景中具有相等权重的平衡谱和具有不同权重的原始谱之间的性能，按照 ΔU 降序的方式对三元组进行排序，并比较使用这两种类型的谱预测的前 10 000 个三元组，这是对预测基因成对关系方法进行评估的常用方式。如图 6.29b 显示，在三元组的分配中，平衡谱始终产生比原始谱更高的准确度（累积推定三元组的百分比），在相同的精度水平下，平衡谱也会产生更多三元组。

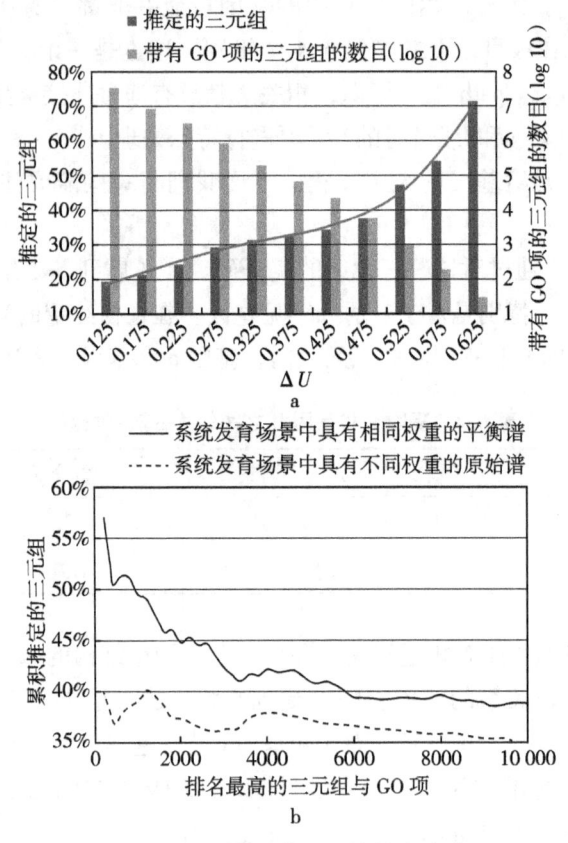

图 6.29　平衡谱优于原始的表达谱

如图 6.29 所示，与协同进化的 4 种系统发育场景中具有不同权重的原始谱相比，在这些场景中具有相等权重的平衡谱提高了预测准确性且识别了更多的推定三元组。具有 GO 项的三元组是指其中 GO 项可用于所有 3 个基因的三元组，而推定的三元组是其中 3 个基因共享共同的 GO 项。ΔU 是表示三元组显著性的分数，范围从 −1（非常弱）到 1（非常强）；ΔU 为 0.125 的条表示区间 [0.10, 0.15]；随着 ΔU 的增加，预测三元组的数量呈指数下降；推定的三元组的百分比与 ΔU 之间存在强烈的正相关（$R^2 = 0.99$），这表明 ΔU 确实能够表示基因的功能相关性。如图 6.29b 所示，按 ΔU 的降序排列，从平衡谱计算的顶部三元组一致地显示出在其3个基因内比原始谱具有更强的功能关系，表明了赋予基因之间协同进化的4种场景相等权重的益处。此外，在不牺牲精度的情况下，平衡谱相比于原始谱能够产生更多的三元组。

②图6.30给出了一个平衡谱阐释性的例子，该图显示了为什么上述演化场景被赋予相等权重的平衡谱能够使预测精度大幅提高。在这个例子中，LAPP的平衡使得能够检测生物学证明的三元组关系"当且仅当存在gutQ或kdsD时，kdsA存在于基因组中"。相反，在协同进化的4种系统发育场景中具有不同权重的未调整的LAPP检测到逻辑关系，"如果kdsA存在且kdsD不存在，则存在gutQ"，这与大肠杆菌中的已知网络不相一致，虽然这种关系可能存在于某些细菌中，但结果是对预测的高信度，这种预测与已知网络相反，并且到目前为止还没有实验支持。LAPP的平衡也过滤掉了原始谱预测的大多数其他不太可能的三元组，特别是对于关系类型7——"如果存在kdsA和kdsD之一，则存在gutQ"，将ΔU从0.412降低到-0.075，这完全不适合于图6.30a所描述的调控机制。

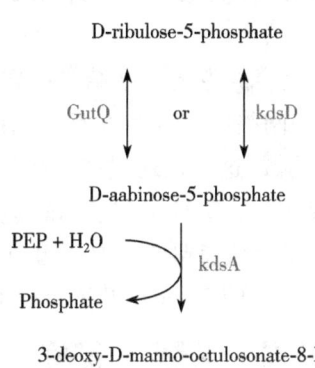

Profile	Type	Name	c	a	b	ΔU
raw	5	and(a,!b)	gutQ	kdsA	kdsD	0.451
	7	xor(a,b)	gutQ	kdsA	kdsD	0.412
	3	ior(a,b)	kdsA	gutQ	kdsD	0.212
	5	and(a,!b)	kdsD	kdsA	gutQ	0.180
	7	xor(a,b)	kdsD	kdsA	gutQ	0.145
	7	xor(a,b)	kdsA	gutQ	kdsD	0.106
new	3	ior(a,b)	kdsA	gutQ	kdsD	0.458
	5	and(a,!b)	gutQ	kdsA	kdsD	0.433
	5	and(a,!b)	kdsD	kdsA	gutQ	0.166
	7	xor(a,b)	gutQ	kdsA	kdsD	-0.075

图6.30 平衡谱优于原始谱的一个阐释性例子

如图6.30所示，平衡谱保证了在两个基因的4个协同演化场景中相等的权重，而原始谱包含不同的权重。a：在大肠杆菌中CMP-KDO生物合成Ⅰ的前两个步骤，酶gutQ和kdsD都是D-阿拉伯糖-5-磷酸异构酶，酶kdsA是3-脱氧-D-甘露-octulosonate-8-磷酸合成酶，PEP是磷酸烯醇丙酮酸。第一步可以通过gutQ或kdsD催化，第二步可以通过kdsA催化。这3种基因形成类型3所示的逻辑关系，即"当且仅当存在gutQ或kdsD时，kdsA存在于基因组中"。b：使用原始的数据谱，两个显著的三元组被识别了（$\Delta U>0.3$），同时也识别了4个其他的三元组（$\Delta U>0.1$）。两种显著三元组中的任何一种都不与大肠杆菌中的网络一致或具有实验支持，并且预期的类型3的三元组仅以不显著的ΔU排名第三。相比之下，平衡谱对于预期三元组获得了最高得分，显著地将没拟合的三元组得分从0.412降低到-0.075，并且仅识别出3个三元组（$\Delta U>0.1$），也就是说，噪声要小得多。

③根据文献［436］中的研究，基因a、基因b和基因c三者之间存在的8种逻辑关系如表6.3所示。

表 6.3 基因 a、基因 b 和基因 c 三者之间的 8 种逻辑关系

类型	描述	逻辑符号
1	c 在基因组中出现，当且仅当 a, b 同时出现	$c \leftrightarrow a \wedge b$
2	如果 a 不出现或 b 不出现，则 c 出现	$c \leftrightarrow \sim (a \wedge b)$
3	如果 a 出现或 b 出现，则 c 出现	$c \leftrightarrow a \vee b$
4	如果 a 不出现并且 b 不出现，则 c 出现	$c \leftrightarrow \sim (a \vee b)$
5	如果 a 出现并且 b 不出现，则 c 出现	$c \leftrightarrow a \wedge \sim b$
6	如果 a 不出现或 b 出现，则 c 出现	$c \leftrightarrow \sim a \vee b$
7	如果 a 或 b 中一个出现，但 a, b 不同时出现，则 c 出现	$c \leftrightarrow a \oplus b$
8	如果 a、b 同时出现或 a, b 不同时出现，则 c 出现	$c \leftrightarrow \sim (a \oplus b)$

在涉及 3 个基因的其他可能逻辑关系中，上述 8 种关系最可能存在于真实的细胞网络中，"iif"表示"当且仅当"的含义。

图 6.31 阐释了与 4 个主要逻辑关系类型 1、3、5 和 7 兼容的主要网络结构，如表 6.3 所示，网络结构 1 和 7 与 Bowers 等人开发的结构相同，但是网络结构 3 和 5 是不同的和新的。类型 5 阐释的逻辑结构表明，酶 b 抑制从酶 c 到 a 的步骤，这可以通过多种机制实现。例如，酶 b 产物降低酶 c 或 a 的活性，酶 b 与 c 或 a 的 mRNA 结合降低了它们的表达，酶 b 与 c 存在底物的竞争等。应用于每个通路中，这些关系可以指明该通路的局部结构和局部蛋白质的功能。例如，"如果 cobU 和 cobC 都存在，cobS 存在"表明了 cobS 需要两个由 cobU

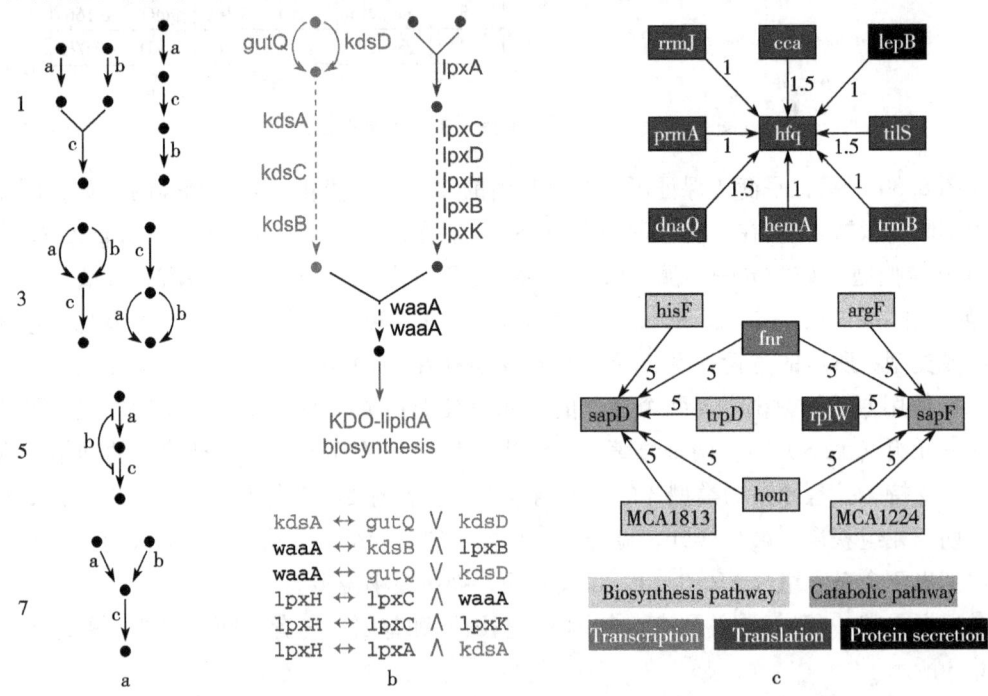

图 6.31 基因三元组揭示了不同水平的生物网络和这些网络中的关键基因

和 cobC 分别产生的底物;"如果 hisF 或 hisH 存在,则 hisB 存在"表明了 hisF 和 hisH 可能具有相似的功能,并且二者都能产生 hisB 的底物;然而,类型 3 给出的关系也能表明酶 c 产生酶 a 和 b 的底物,正如"如果存在 hemF 或 hemN,则存在 hemE"的情况。除了这些基本的结构外,也有其他兼容的但不常见的结构与这些逻辑类型相拟合。

如图 6.31 所示,a:基本的逻辑结果对于逻辑关系类型 1 ($c \leftrightarrow a \wedge b$)、3 ($c \leftrightarrow a \vee b$)、5 ($c \leftrightarrow a \wedge \sim b$) 和 7 ($c \leftrightarrow a \oplus b$),黑色的点代表化合物,类型 5 表示蛋白质 b 可能抑制酶 a 或 c,这些结构可能被局部应用以推断蛋白功能,或者在一个更大范围解释蛋白网络组织。b:一个阐释性的例子说明逻辑三元组的功效。推断 KDO2-脂质合成的网络,虚线表示不同酶在不同中间体化合物上催化的一系列连续步骤。该通路由 3 个部分组成:CMP-KDO 生物合成Ⅰ、脂质ⅣA 生物合成、KDO 转移至脂质ⅣA I。列出的逻辑三元组令人信服地揭示了整个通路的结构、酶的顺序,甚至是关键蛋白质(粗体字)。c:逻辑三元组还揭示了整个细胞网络中不同通路之间的相互作用,上图表明 RNA 结合蛋白 Hfq 调节基因表达和蛋白质分泌;下图说明了细胞中主要通路之间的相互作用,数字表示逻辑关系的类型,箭头指向逻辑三元组中的基因 c。

逻辑三元组不仅可以捕获相邻蛋白质之间的关系,而且可以捕获在局部通路中良好分离的蛋白质。图 6.31b 给出了一个很好的例子,在 KDO_2-Lipid A 合成通路的那部分中,涉及 12 个基因,在左分支和右分支及 3 个部分中构成 74 个显著的三元组(与没有经过平衡的表达谱发现的、仅有 7 个显著的三元组相比)。整个通路几乎可以从大量三元组中准确推导出来。例如,三元组"如果存在 gutQ 或 kdsD,则存在 kdsA／B"告诉我们左分支所示的结构;三元组"如果存在 lpxC 和 lpxK,则存在 lpxH"暗示了右分支中这些基因的聚类;三元组"如果存在 kdsB 和 lpxB,则存在 waaA"表明了两个分支的合并,三元组"lpxH 存在,如果 lpxC 和 waaA 存在"和"waaA 存在,如果 gutQ 或 kdsD 存在"进一步强化了这一点。

在更高的层面,整个细胞网络中不同通路之间的相互作用也可以使用逻辑三元组来揭示,其中一些可能非常难以检测。图 6.31c 表明,RNA 结合蛋白 Hfq 在转录过程中与许多其他的蛋白质相互作用,令人惊讶的是,其也与 lep3(信号肽酶)相互作用。然而,这些关系与其他研究一致,表明 Hfq 刺激 sRNA-mRNA 配对,并调节基因表达和蛋白质分泌。此外,图 6.31c 指出了涉及翻译调节和蛋白质分泌之间耦合的关键蛋白质;另一个例子是,分解代谢通路、生物合成通路、转录和翻译之间的相互作用,它们需要协调,但逻辑三元组揭示了它们如何共同发挥作用,以及参与这种协调的关键蛋白质是什么。

文献[436]还研究了基因参与的三元组数量之间的关系,它在三元组中的作用(基因 c 或基因 a、b),以及它在大肠杆菌中的必需性;还发现基因的必要性与它存在于显著三元组中的可能性显著相关,并且与其在三元组中的作用有关。必不可少的基因更可能处于显著的三元组中,并且处于输入角色(基因 a 或基因 b),而非必需基因更可能处于输出角色(基因 c)。此外,该研究 HIA 调查了大多数三元组的基因和 GO 项,可查阅相关文献以供进一步研究之用。

4)产生逻辑三元组的潜在条件至关重要

尽管将协同进化的平衡系统发育实施到新的谱中有助于恢复更多的三元组,但只有 1/3

的大肠杆菌基因被发现具有显著的三元组（$\Delta U \geq 0.3$），剩余的2/3有更小的或负的ΔU。具有与逻辑关系不相容的基因a、基因b和基因c协同进化场景的基因组引起低ΔU值。如图6.32a所示，基因a、基因b和基因c协同进化场景001、100和010违反了逻辑关系"speE存在，当且仅当ldcD或cadA存在"。当大量基因组具有这种违反情形时，如图6.32a所示的情况，ΔU将非常小；虽然不相容基因组存在的原因可能是水平基因转移及基因组测序、编译、直系同源鉴定和聚类算法中存在的误差，但一个重要因素可能是关系的方向性，它反映了三元组成员及周边网络之间的相互作用程度。

在图6.32a中，兼容的基因a、基因b和基因c协同进化场景是000、011、101和111，正如"逻辑三元组中的iif条件的双向性"中所述，逻辑三元组中iff条件是双向的，意味着基因a、基因b决定基因c，同时基因c也决定基因a、基因b。例如，基因a、基因b和基因c协同进化场景000中的两个方向反映了与周围网络的相互作用，如图6.32b所示，在向前的方向上，如果基因a和基因b不存在，基因c也不存在；通路3和通路5不存在，这意味着化合物y不是从任何其他通路合成的，并且酶c也不参与其他反应。这是因为如果路径3或路径5是可获得的，酶c仍然可以在没有基因a或基因b的情况下起作用，因此，基因c将处于进化选择下，并且保持在进化过程中；反之，在相反的方向上，如果基因c不存在，基因a和基因b也不存在；这意味着路径1、路径2和路径4不存在，表明了由于基因进化中的类似原因，基因a、基因b和化合物y都不属于其他类型的反应。简言之，逻辑关系的双向性设定了关联的条件，即关联中涉及的酶和中间化合物仅出现在那种类型的局部通路中；如果不满足闭合的条件，逻辑关系可能会从iff变为if，并且具有与完全iff逻辑关系不兼容的基因a、基因b和基因c协同进化场景的基因组变得普遍，导致小的ΔU。这可能就是为什么推定三元组比例之间的差异很小的原因（$0.25 \leq \Delta U \leq 0.45$），这是因为许多具有小$\Delta U$的三元组可能是具有if关系的真正的部分三元组，而不是iff关系。

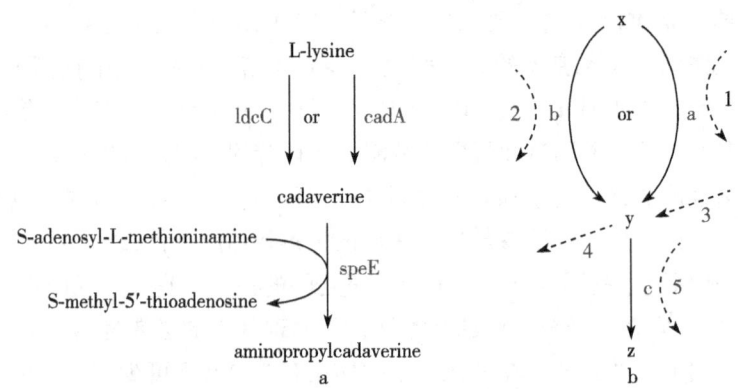

图6.32 逻辑三元组基本条件的阐释性例子

如图6.32所示，a：氨基丙基尸胺在大肠杆菌中的生物合成。酶ldcC和cadA是赖氨酸脱羧酶，而speE是氨基丙基尸胺合酶。第一步可以由ldcC或cadA催化，这取决于反应条件；然而由于图6.32b存在通路4和通路5，这3个基因仅形成if而不是完整的iff逻辑三元组。b：逻辑三元组"如果存在基因 a 或基因 b，则存在基因 c"潜在的条件。化合物 x 可以通过酶 a 或酶 b 转化为化合物 y，然后化合物 y 可以通过酶 c 催化以产生化合物 z。虚线表示由数字标记的其他反应，1、2 和 5 表示酶可以催化其他反应，3 和 4 表示化合物 y 可以是其他通路中的产物或底物。iff 逻辑三元组的基本条件是 5 条虚线中没有一条可以存在于大量物种中，也就是说，基因 a、基因 b、基因 c 和化合物 y 通常不能参与其他类型的反应。

在图 6.30a 所示的三元组中，图 6.32b 中的所有 5 条通路可能是不存在的，满足闭合的条件。结果，三元组具有非常少的、不相容的基因 a、基因 b 和基因 c 协同进化场景的基因组，导致高的 ΔU。相反，通路 4 和通路 5 存在于图 6.30a 所示的三元组中，导致 001、010 和 100 的不相容的基因 a、基因 b 和基因 c 协同进化场景，并因此产生三元组较低的 ΔU。图 6.32 给出了开发一种识别部分逻辑关系方法的提示，如 if 逻辑关系，这在真实的细胞系统中很常见。利用系统发育代表性的基因组，具有不同基因 a、基因 b 和基因 c 协同进化场景的 ΔU 和基因组的数量可以推断图 6.32b 中 5 个通路的状态；高 ΔU 表示不存在 5 条通路，低 ΔU 表示存在一些通路。在图 6.32a 中，具有大量基因组的唯一不相容的基因 a、基因 b 和基因 c 协同进化场景是 001，其推断存在路径 3、路径 4 或路径 5。事实上，路径 4 和路径 5 是存在的。例如，speE 还催化腐胺和 S-腺苷-L-甲硫氨酸的亚精胺的生物合成。这种类型的信息在代谢网络的构建中非常有价值。

由于真核生物和原核生物在细胞网络的复杂性和连通性方面存在巨大差异，可能只有少数基因三元组可以在两个结构域内保持这种封闭状态，因此没有必要将它们混合在一起[436]。

5）逻辑关系可以跨越不同的分类门或界

在使用 LAPP 分析研究基因成对关系时，重点是两个基因之间的共现和共存，这限制于在个体基因组内的关系。由于上述方法对协同进化的 4 种场景都给予了相等的权重，因此它有能力检测不同门类生物体的关系。换句话说，逻辑三元组中的所有 3 个基因不必存在于同一物种中。一个很好的例子是 VKOR 的发现，它是 dsbB 的一种功能性直系同源基因，具有与 dsbB 相同的功能，但与 dsbB 没有序列相似性；酶 dsbB 与酶 dsbA 一起在大多数细菌中形成二硫键，但在含有 dsbA 和二硫键的几种主要细菌门中却不存在[439]。在文献[439]中，通过实验选择 VKOR 作为 dsbB 作用的候选者，并最终通过构建类型 3 的逻辑关系"如果 dsbB 或 VKOR 存在，则存在 dsbA"得以证明。

（2）小结

逻辑三元组在检测不同水平的生物网络结构及每个层面的相互作用上识别关键蛋白质并推断蛋白质功能等方面具有强大的作用，在某些情况下，可以以高分辨率推导出部分通路。此外，还可以推断出三元组中蛋白质和化合物参与到的其他通路的状态。这些对于详细推导基因和蛋白质网络非常有帮助，也可能成为未来的一个研究方向。

寻找更高阶的关系需要非常密集的计算，但是使用良好的算法和有限的基因集，这样的计算将成为可能，并且在我们对细胞网络的理解上具有重要价值。这种关系与二元和三元功能基因组相结合，也许能够精确地推导出基因网络。最后，该方法有助于鉴定不具有序列相似性的基因功能直系同源物。

7 总结与展望

7.1 工作总结

随着信息技术、计算机技术的不断进步和发展，信息资源多元化程度日益加深，传统的基于单个数据源的建模思想和方法已不能适应复杂系统和用户个性化的需求，如信息检索中，用户输入文本时希望系统能够整合来自多个来源的信息，并提供包含与查询文本相关的一些图片、音频、视频等信息。这些应用推动了信息融合技术的巨大发展，如机器学习中的协同训练、多核学习、子空间学习等。然而，这些方法中存在模型假设过于严格、目标识别精度不高、计算效率较低、易受噪声信息干扰等问题，导致其在一些任务上的表现不够理想，从而使得更深入的分析工作无法开展。

针对信息融合中所遇到的问题，本书主要研究了基于对称非负矩阵分解（SNMF）的信息融合技术。研究工作基于以下理念开展：通过为不同模态的数据构建相似性矩阵（图）来刻画原始数据之间复杂的结构关系，利用非负矩阵分解（NMF）"部分构成整体"的系统论思想对这些图进行分解，并将基于"一致"结构模式的融合模型应用到聚类任务上，解决多视角聚类中限定不同视角具有固定的解而导致的模型假设过于严格等主观问题，以得出更加科学可信的结论。主要研究了以下几种基于 SNMF 的信息融合模型。

(1) 基于 SNMF 的聚类融合模型

针对传统聚类方法中假设过于严格、生成的子空间中基具有不对等性等现象，如 K 均值聚类、谱聚类等，造成其聚类结果解释性不强。基于此，本书提出了一种基于 SNMF 的信息融合模型，利用图来刻画对象间复杂的结构关系，并通过图聚类寻找不同视角数据间的一致表示，从而获得更好的聚类性能和解释意义。在该模型中遵循一个潜在的假设：即不同视角间存在一个共享的"一致"聚类模式，各视角潜在的聚类结构都与这个"一致"聚类模式相近似。这一建模思路可以很好地反映不同特征数据的状况，既体现出多个视角数据间的共性，又在一定程度上允许存在特异性，因而可以较客观地代表数据间的真实结构，更加科学合理地反映不同对象间的潜在联系。

(2) 基于 Laplacian 正则化的 SNMF 融合模型

针对信息融合过程中对目标识别精度不高的问题，本书在上述 SNMF 融合模型的基础上，结合图正则化思想，提出一种基于 Laplacian 正则化的 SNMF 融合模型。该模型通过构建鲁棒的 Laplacian 图来封装原始数据中蕴含的结构信息，从而使最后获得的聚类一致性矩阵保持了原始数据之间的潜在关系。这种思想更符合数据的客观分布和人们对事物的认知，因此具有较好的性能表现。

此外，从信息论的背景考虑，提出了一种利用互信息来衡量不同视角兼容性的方法。这种方法能识别出原始数据中的"噪声"信息，而提出的模型在原始数据存在不同程度"噪声"的情况下，仍然能获得比任意单个视角或两个视角的组合更高的性能提升，进一步阐释了所提出模型的稳定性，可以很好地解决因噪声信息、测量误差等外部因素带来的系统性能表现不佳等问题。

（3）基于 Hessian 正则化的 SNMF 融合模型

在一些任务中（如回归），Laplacian 正则化通常会使问题的解偏向一个常数且缺乏有效的推理能力，造成其性能表现不佳。基于这种考虑，本书提出了一种基于 Hessian 正则化的 SNMF 融合模型。这种方法充分利用原始数据的二阶信息，能同时克服以上两个问题，因为 Hessian 对沿流形线性变化的函数十分有利，并允许这些函数对训练之外的数据进行线性推理，避免了 Laplacian 正则化对未知数据不能有效预测的问题。

（4）基于 SNMF 的实时样本预测模型

以上研究都是在已有数据的基础上开展的，而现实中不同的应用任务往往会产生大量实时数据，如咨询信息、新闻文本、实验观测数据等，为了便于及时、准确地分类实时样本，需要一个基于前述训练数据而获得的客观、合理的映射函数，能快速判别新样本的类型并给出其表示形式。基于此，本书提出了一种基于"一致性"聚类矩阵的实时样本预测方法，这种方法利用了各种信息源共享的子空间结构，通过在子空间中逼近实时样本与训练样本的相似性获得前者在子空间中的表示，可以很好解决因数据量剧增而带来的重复计算和存储问题，减少系统的响应时间。

将所提出的预测模型首次应用到跨模态检索任务中，从训练数据中学习两个模态共享的"一致"子空间表示，基于这个表示将测试数据投影到该子空间中，跨模态检索任务通过搜索子空间中距离用户查询最近的另一个模态的数据而实现。在"以文搜图"和"以图搜文"两种检索任务上执行对比实验，验证了所提出的 SNMF 融合模型的有效性。

这一建模思路可应用到流形学习中，为解决实时样本在语义空间中的投影及进行跨模态检索提供了一种可行的途径。

除以上基于矩阵分解的信息融合方法之外，本书在第 6 章还详细阐释了若干种具有代表性的异构模块识别与发现算法，这些方法在多视角数据集上得到了验证，可用于识别不同特征之间的关联，并由此获得的相应于这些特征的样本子集，对进一步探索这些异构模块中成员之间复杂、微妙的联系具有较强的指导意义。

在第 6 章末，作者针对模块发现问题，介绍了一个未来可能的研究方向——高阶逻辑关系预测和发现。探索模块成员之间的高阶逻辑关系，有助于加深理解多个模块成员纠缠在一起以形成模块的动力和机制，对于理解网络结构和动力、网络重组等具有深远的意义，极有可能推动相关学科的快速发展，如挖掘 3 个或多个基因之间的协同作用、不同微生物之间的相互作用关系有利于解析相关疾病发生、发展的内在机制；探索不同个人、组织、机构乃至地区和国家之间的复杂关系有助于加深对其形成社会网络的理解，从而做出正确的决策等。

总之，信息融合是一个大的研究领域，本书着眼于从矩阵分解的视角来探索多源异构数据的融合问题，一方面是基于矩阵分解（非负矩阵分解）在众多领域的成功应用，如文本挖掘、生物信息学、图像识别等；另一方面是基于作者的研究方向，本书以作者在博士期间开展的工作为基础，经过近两年的积淀和总结得以成文，希望本书在出版之后，能够得到广大读者的肯定，同时也希望广大同行多提宝贵意见。

7.2 研究展望

本书所提出的模型和方法，已在公开数据集上进行了合理性验证。但是，在实际应用中，还可能会出现很多问题，必须结合现实任务和用户需求对模型进行相应的调整。在跨模态检索领域，基于流形一致性的实时样本映射问题，国内外鲜有文献可供借鉴。本书的研究成果对采用流形学习的方法指导多视角聚类和预测实时样本在子空间中的表示，做出了一定的贡献，但仍有大量工作需要进一步深入和拓展。对基于 SNMF 的融合模型中不同视角的权重进行自适应量化及提高该模型在不同应用任务中的泛化性能是我们接下来的工作目标。总结起来，还需要在以下几个方面开展进一步的研究。

①在所提出的基于 SNMF 的融合模型中，为了便于计算，对每个视角赋予相等的权重，即它们在相同的任务中具有同等重要的地位，这种设定显然与客观现实不相符合。如何判定不同视角在聚类模型中的重要性，并给出有效的闭式解是需要考虑的一个问题。在 HJ-SNMF 融合模型中，虽然给出了 α^v 的优化准则，然而其运算效率并不高，在数据量大的情况下，往往会带来较重的资源负担。此外，每个视角在"一致性"约束项与图正则化项中的权重是否保持一致也是一个值得考虑的问题。

②在多视角聚类任务中，目标是构建不同视角的潜在子空间表示，寻找能体现原始数据关系的最优聚类结构。然而，具有好的聚类意义的表示是否准确描述了不同模态数据之间的关联并具有检索意义？实验表明，最优的聚类并不是适合跨模态检索任务的最佳标准。聚类结果在多大程度上代表了数据之间的语义关系？如何将聚类和检索关联起来，寻找它们之间的平衡？如何利用训练集上习得的映射更好地将测试数据投影到关联子空间中？这些都是需要深入研究的问题。

③在跨模态检索领域，数据表示和数据关联是两个最重要的任务。数据表示分为低层表示（经过简单预处理之后的文档信息）和高层表示（语义抽象表示），在获得多个模态的数据表示后，哪个层次上的表示能更好地服务于不同模态之间的关联？

根据不同的数据特性和具体的应用，不能简单地按数据处理的水平来判断关联学习的性能，认为语义层的表示就是"好"的表示，而原始的数据形态就是"不好"的表示。语义处理固然能够概括或抽象原始样本的关键信息，但也可能会丢失或忽略部分对关联学习起重要作用的信息。在实际应用中，应考虑不同模态数据在多个层次上的表示和关联，设计和开发更有效和鲁棒的模型，这需要多种学科背景的研究人员参与进来，共同推动信息融合和跨模态检索技术的不断发展。

④在基于 SNMF 的融合模型中，采用的迭代多乘优化算法虽然在多个数据集上取得了良

好的表现，但依然不能保证其在多个应用上具有较好的泛化性能。开发更加有效的 SNMF 优化算法以期获得愈加稳定的聚类性能也是一个值得深入研究的课题，然而，查阅国内外相关研究文献，并没有一个"放之四海而皆准"的准则。在实际应用中，应根据不同的任务和需求，结合现实中具备的软硬件条件，选择合适的模型和算法。

⑤在对异构网络模块进行识别时，模块成员的选择是一个关键的问题，本书第 6 章介绍了两种异构模块成员识别方法：一种是对聚类指示矩阵的每一列计算其 Z-score 得分，如大于给定的阈值 T，则将该成员赋予这个聚类；另一种是自适应阈值的成员分配方法，如对基因进行聚类时，计算每一个基因在所有聚类中的激活阈值，如果大于这个阈值，则将其该基因赋予相应的聚类。这两种方法从本质上讲，采用的均是一种"软聚类"的思想，至于哪一种方法更好，仁者见仁，智者见智，在具体的应用中，还需进一步验证两种方法的合理性和有效性。

⑥以上基于矩阵分解的融合模型中，得出的结果均是一个个的聚类，其成员可能是基因、微生物，也可能是样本，抑或是词、文档、句子等。总之，只要是具有某些属性的对象，总可以找个合适的方法对它们进行聚类分析。然而，值得注意的是，聚类只是一种中间步骤，在实际应用中，我们还需对其进行深入的分析，如探索聚类成员之间复杂、微妙的互作关系，如本书第 6 章阐述的：寻找基因组中 3 个基因或多个基因之间复杂的逻辑关系，或者是分析致病微生物复杂的生态关系（微生物之间互利共生、拮抗、竞争等 8 种关系）。探索复杂对象之间高阶的逻辑关系，对深入理解复杂系统的机制和原理至关重要，这也是我们下一步即要研究的重点工作。

⑦本书第 6 章阐述的一些异构网络模块识别方法大多取自国际权威期刊上发表的重要文献，其思想、方法及行文都有许多值得借鉴和参考的地方，尤其是张世华老师团队在异构网络模块识别方面的贡献，给了本书很多启发，这里表示感谢。需要说明的是，异构网络模块识别是一个新的热点，其方法不仅仅局限于矩阵分解，在本书第 3 章中，作者对 NMF、谱聚类、K 均值聚类算法做了一个统一、系统的梳理和分析，发现这 3 种方法的目标函数在不约束条件下是等效的，即 3 种方法具有某种共同的性质。因此，在面对具体问题时，还需从问题本身出发，选择、设计适合该应用问题的方法。

另一个需要注意的是，NMF 初始值的选择对分析结果的影响，不同的初始值会造成极其不一样的结果，因此，设计收敛速度快、结果稳定的初始值选择算法也是 NMF 的一个研究方向。

参考文献

[1] 中国计算机学会大数据专家委员会主编. 中国大数据技术与产业发展报告[M]. 北京:机械工业出版社,2014.

[2] 吕乃基. 大数据与认识论[J]. 中国软科学,2014,29(9):34-45.

[3] 杨善林,周开乐. 大数据中的管理问题:基于大数据的资源观[J]. 管理科学学报,2015,24(5):1-8.

[4] 徐宗本,冯芷艳,郭迅华,等. 大数据驱动的管理与决策前沿课题[J]. 管理世界,2014(11):158-163.

[5] 汪小帆,李翔,陈关荣. 网络科学导论[M]. 北京:高等教育出版社,2012.

[6] 韩崇昭,朱洪艳,段战胜,等. 多源信息融合[M]. 北京:清华大学出版社,2010.

[7] 杨露菁,余华. 多源信息融合理论与应用[M]. 北京:北京邮电大学出版社,2006.

[8] 车录锋,周晓军,徐志农,等. 可拓方法在多传感器信息融合工件识别中的应用[J]. 系统工程理论与实践,2000,20(8):91-94.

[9] 马平,吕锋,杜海莲,等. 多传感器信息融合基本原理及应用[J]. 控制工程,2006,13(1):48-51.

[10] 王耀南,李树涛. 多传感器信息融合及其应用综述[J]. 控制与决策,2001,16(5):518-522.

[11] 陈雷,王延章. 基于熵权系数与TOPSIS集成评价决策方法的研究[J]. 控制与决策,2003,18(4):456-459.

[12] 管清云,陈雪龙,王延章. 基于距离熵的应急决策层信息融合方法[J]. 系统工程理论与实践,2015,35(1):216-227.

[13] 张亮,张玲玲,陈懿冰,等. 基于信息融合的数据挖掘方法在公司财务预警中的应用[J]. 中国管理科学,2015,32(10):170-176.

[14] 万树平. 多传感器数据的聚类融合方法[J]. 系统工程理论与实践,2008,28(5):131-135.

[15] 彭泓. 基于数据挖掘与信息融合的瓦斯灾害预测方法研究[D]. 北京:中国矿业大学(北京),2013.

[16] 孙卫祥. 基于数据挖掘与信息融合的故障诊断方法研究[D]. 上海:上海交通大学,2006.

[17] WALTZ E,LLINAS J. Multisensor data fusion[J]. Electronics & communication engineering journal,1990,9(6):245-253.

[18] WHITE F E. Data fusion lexicon[R]. Joint Directors of Labs Washington DC,1991.

[19] HALL D L,LLINAS J. An introduction to multisensor data fusion[J]. Proceedings of the IEEE,1997,85(1):6-23.

[20] BASS T. Intrusion detection systems and multisensor data fusion[J]. Communications of the Acm,2000,43(4):99-105.

[21] BASS T. Multisensor data fusion for next generation distributed intrusion detection systems [C]//Proceedings of the Iris National Symposium on Sensor & Data Fusion, The Johns Hopkins University Applied Physics Laboratory,1999:24-27.

[22] BANTA L,RAWSON K D. Sensor fusion for mining robots[J]. Industry applications IEEE transactions on,1994,30(5):1321-1325.

[23] GU J,MENG M,COOK A, et al. Sensor fusion in mobile robot:some perspectives[C]// Proceedings of the 4th World Congress on Intelligent Control and Automation. Shanghai: Press of East China University of Science and Technology,2002:1194-1199.

[24] LEE W H,TSENG S S,SHIEH W Y. Collaborative real-time traffic information generation and sharing framework for the intelligent transportation system[M]. Amsterdam:Elsevier Science Inc.,2010:62-70.

[25] KADLEC P,GABRYS B,STRANDT S. Data-driven Soft Sensors in the process industry [J]. Computers & chemical engineering,2009,33(4):795-814.

[26] DOU W,SU R,LIAO Q, et al. Fuzzy information fusion scheme used to segment brain tumor from MR images[C]//International Workshop on Fuzzy Logic and Applications, Genoa, 2003:208-215.

[27] ZHAO J,XIE X,XU X, et al. Multi-view learning overview:recent progress and new challenges[J]. Information fusion,2017,38(2):43-54.

[28] SUN S. A survey of multi-view machine learning[J]. Neural computing & applications, 2013,23(7-8):2031-2038.

[29] XU C,TAO D,XU C. A survey on multi-view learning[J]. arXiv preprint,2013,arXiv: 1304.5634.

[30] BLUM A,MITCHELL T. Combining labeled and unlabeled data with co-training[C]//Proceedings of the Eleventh Annual Conference on Computational Learning Theory. New York: ACM,1998:92-100.

[31] DEMPSTER A P,LAIRD N M,RUBIN D B. Maximum likelihood from incomplete data via the EM algorithm[J]. Journal of the royal statistical society. Series B (methodological), 1977(1):1-38.

[32] BICKEL S,SCHEFFER T. Multi-view clustering[C]//International Conference on Data Mining,Brighton,2004:19-26.

[33] NIGAM K,GHANI R. Analyzing the effectiveness and applicability of co-training[C]//

Conference on Information and Knowledge Management,Indianapolis,2000:86-93.

[34] GOLDMAN S A,ZHOU Y. Enhancing supervised learning with unlabeled data[C]//International Conference on Machine Learning,Lyon,2000:327-334.

[35] LI M,ZHOU Z. Improve computer-aided diagnosis with machine learning techniques using undiagnosed samples[J]. Systems man and cybernetics,2007,37(6):1088-1098.

[36] ZHOU Z,LI M. Tri-training:exploiting unlabeled data using three classifiers[J]. IEEE transactions on knowledge and data engineering,2005,17(11):1529-1541.

[37] ZHU X. Semi-supervised learning literature survey[J]. Computer science,2005,37(1):63-77.

[38] ZHOU Z,LI M. Semi-supervised regression with co-training[C]//International Joint Conference on Artificial Intelligence,Edinburgh,2005:908-913.

[39] ZHOU Z H,LI M. Semisupervised regression with cotraining-style algorithms[J]. IEEE transactions on knowledge & data engineering,2007,19(11):1479-1493.

[40] BREFELD U,SCHEFFER T,WROBEL S. Efficient co-regularised least squares regression [C]//International Conference on Machine Learning,Orlando,2006:137-144.

[41] LANCKRIET G R G,CRISTIANINI N,BARTLETT P L,et al. Learning the kernel matrix with semidefinite programming[J]. Journal of machine learning research,2004,5(1):27-72.

[42] SONNENBURG S,RATSCH G,SCHAFER C,et al. Large scale multiple kernel learning [J]. Journal of machine learning research,2006,7(7):1531-1565.

[43] BACH F R,LANCKRIET G R G,JORDAN M I. Multiple kernel learning,conic duality,and the SMO algorithm[C]//International Conference on Machine Learning,Louisville,2004:6.

[44] RAKOTOMAMONJY A,BACH F R,CANU S,et al. Simplemkl[J]. Journal of machine learning research,2008,9(3):2491-2521.

[45] 牟少敏,田盛丰,尹传环. 基于协同聚类的多核学习[J]. 北京交通大学学报,2008,32(2):10-13.

[46] 汪洪桥,孙富春,蔡艳宁,等. 多核学习方法[J]. 自动化学报,2010,36(8):1037-1050.

[47] GONEN M,ALPAYDIN E. Multiple kernel learning algorithms[J]. Journal of machine learning research,2011,12(7):2211-2268.

[48] LEE W J,VERZAKOV S,DUIN R P W. Kernel combination versus classifier combination [C]//International Workshop on Multiple Classifier Systems,2007:22-31.

[49] HOTELLING H. Relations between two sets of variates[J]. Biometrika,1936,28(3-4):321-377.

[50] BRAAK T C J F. Canonical correspondence analysis:a new eigenvector technique for multivariate direct gradient analysis[J]. Ecology,1986,67(5):1167-1179.

[51] DIETHE T,HARDOON D R,SHAWE-TAYLOR J. Multiview fisher discriminant analysis

[C]//NIPS Workshop on Learning From Multiple Sources,2008.

[52] HARDOON D R,SZEDMAK S,SHAWETAYLOR J. Canonical correlation analysis:an overview with application to learning methods[J]. Neural computation,2004,16(12):2639-2664.

[53] ZHENG W,ZHOU X,ZOU C,et al. Facial expression recognition using kernel canonical correlation analysis(KCCA)[J]. IEEE transactions on neural networks,2006,17(1):233-238.

[54] WANG Z,CHEN S,SUN T. MultiK-MHKS:a novel multiple kernel learning algorithm[J]. IEEE transactions on pattern analysis and machine intelligence,2008,30(2):348-353.

[55] MIKA S,RATSCH G,WESTON J,et al. Fisher discriminant analysis with kernels[C]// Neural Networks for Signal Processing Ix,1999. Proceedings of the 1999 IEEE Signal Processing Society Workshop,Madison,2002:41-48.

[56] BAUDAT G,ANOUAR F. Generalized discriminant analysis using a kernel approach[J]. Neural computation,2000,12(10):2385-2404.

[57] LI Y,GONG S,LIDDELL H. Recognising trajectories of facial identities using kernel discriminant analysis[J]. Image & vision computing,2003,21(13-14):1077-1086.

[58] CHAUDHURI K,KAKADE S M,LIVESCU K,et al. Multi-view clustering via canonical correlation analysis[C]//International Conference on Machine Learning,Montreal,2009:129-136.

[59] XIA T,TAO D,MEI T,et al. Multiview spectral embedding[J]. Systems man and cybernetics,2010,40(6):1438-1446.

[60] HINTON G E,ROWEIS S T. Stochastic neighbor embedding[C]//Neural Information Processing Systems. Massachusetts:The MIT Press,2003:857-864.

[61] XIE B,MU Y,TAO D,et al. M-SNE:multiview stochastic neighbor embedding[J]. Systems man and cybernetics,2011,41(4):1088-1096.

[62] JENATTON R,AUDIBERT J Y,BACH F. Structured variable selection with sparsity-inducing norms[J]. Journal of machine learning research,2009,12(10):2777-2824.

[63] HAN Y,WU F,TAO D,et al. Sparse unsupervised dimensionality reduction for multiple view data[J]. IEEE transactions on circuits & systems for video technology,2012,22(10):1485-1496.

[64] MEMISEVIC R. Kernel information embeddings[C]//International Conference on Machine Learning,Orlando,2006:633-640.

[65] SIGAL L,MEMISEVIC R,FLEET D J. Shared kernel information embedding for discriminative inference[C]//IEEE Conference on Computer Vision and Pattern Recognition,Honolulu,2009:2852-2859.

[66] MEMISEVIC R,SIGAL L,FLEET D J. Shared kernel information embedding for discrimina-

tive inference[J]. IEEE transactions on pattern analysis and machine intelligence,2012,34(4):778-790.

[67] SHON A P,GROCHOW K,HERTZMANN A,et al. Learning shared latent structure for image synthesis and robotic imitation[C]//Advance in Neural Information Processing Systems, 2006:1233-1240.

[68] JIA Y,SALZMANN M,DARRELL T. Factorized latent spaces with structured sparsity[C]// Advances in Neural Information Processing Systems 23. Massachusetts:The MIT Press, 2010:982-990.

[69] WANG Y,LIN X,WU L,et al. Robust subspace clustering for multi-view data by exploiting correlation consensus[J]. IEEE transactions on image processing,2015,24(11):3939-3949.

[70] HUANG L,LU J,TAN Y. Co-learned multi-view spectral clustering for face recognition based on image sets[J]. IEEE signal processing letters,2014,21(7):875-879.

[71] KUMAR A,DAUME H. A co-training approach for multi-view spectral clustering[C]//International Conference on Machine Learning,Bellevue,2011:393-400.

[72] KUMAR A,RAI P,DAUME H. Co-regularized multi-view spectral clustering[C]//Neural Information Processing Systems. Massachusetts:The MIT Press,2011:1413-1421.

[73] PAATERO P,TAPPER U. Positive matrix factorization:a non-negative factor model with optimal utilization of error estimates of data values[J]. Environmetrics,1994,5(2):111-126.

[74] LEE D,SEUNG H S. Learning the parts of objects by non-negative matrix factorization[J]. Nature,1999,401(6755):788-791.

[75] EWEIWI A,CHEEMA M S,BAUCKHAGE C. Discriminative joint non-negative matrix factorization for human action classification[C]//German Conference on Pattern Recognition. Berlin:Spring,2013:61-70.

[76] AKATA Z,THURAU C,BAUCKHAGE C. Non-negative matrix factorization in multimodality data for segmentation and label prediction[C]//16th Computer vision winter workshop. Graz,Austria:Graz University of Technology,2011.

[77] LIU J,WANG C,GAO J,et al. Multi-view clustering via joint nonnegative matrix factorization[C]//Proceedings of the 2013 SIAM International Conference on Data Mining,California,2013:252-260.

[78] CAI D,HE X,HAN J,et al. Graph regularized nonnegative matrix factorization for data representation[J]. IEEE transactions on pattern analysis and machine intelligence,2011,33(8):1548-1560.

[79] JIANG X,HU X,XU W. Microbiome data representation by joint nonnegative matrix factorization with Laplacian regularization[J]. IEEE/ACM transactions on computational biology

and bioinformatics,2017,14(2):353-359.

[80] DONOHO D L,GRIMES C. Hessian eigenmaps:locally linear embedding techniques for high-dimensional data[J]. Proceedings of the National Academy of Sciences,2003,100(10):5591-5596.

[81] KIM K I,STEINKE F,HEIN M. Semi-supervised regression using Hessian energy with an application to semi-supervised dimensionality reduction[C]//Neural Information Processing Systems. Massachusetts:The MIT Press,2009:979-987.

[82] LIU X,SHI J,WANG C. Hessian regularization based non-negative matrix factorization for gene expression data clustering[C]//Engineering in Medicine and Biology Society (EMBC),2015 37th Annual International Conference of the IEEE,Milano,2015:4130-4133.

[83] YANG Z,LIU H,CAI D,et al. A-optimal non-negative projection with Hessian regularization [J]. Neurocomputing,2016,174(1):838-849.

[84] MA Y,HU X,HE T,et al. Hessian regularization based symmetric nonnegative matrix factorization for clustering gene expression and microbiome data[J]. Methods,2016,111(12):80-84.

[85] WANG B,MEZLINI A M,DEMIR F,et al. Similarity network fusion for aggregating data types on a genomic scale[J]. Nature methods,2014,11(3):333-337.

[86] ZHANG Y,HU X,JIANG X. Multi-view clustering of microbiome samples by robust similarity network fusion and spectral clustering[J]. IEEE/ACM transactions on computational biology and bioinformatics,2017,14(2):264-271.

[87] MAO Y,SAUL L K,SMITH J M. IDES:an internet distance estimation service for large networks[J]. IEEE journal on selected areas in communications,2006,24(12):2273-2284.

[88] 黄海军. 管理科学与工程学科"十三五"发展战略与优先资助领域研究报告[M]. 北京:科学出版社,2016:247.

[89] LU L,ZHOU T. Link prediction in complex networks:a survey[J]. Physica a-statistical mechanics and its applications,2011,390(6):1150-1170.

[90] MENON A K,ELKAN C. Link prediction via matrix factorization[C]//European Conference on Principles of Data Mining and Knowledge Discovery. Berlin:Spring,2011:437-452.

[91] 刘怡君,唐先一,李倩倩,等. 超链路预测[J]. 管理评论,2012,24(12):137-145.

[92] 吕琳媛. 复杂网络链路预测[J]. 电子科技大学学报,2010,52(5):651-661.

[93] 田儒雅,刘怡君,牛文元. 舆论超网络的领袖引导模型[J]. 中国管理科学,2014,31(10):136-141.

[94] WANG P,XU B,WU Y,et al. Link prediction in social networks:the state-of-the-art[J]. Science China information sciences,2015,58(1):1-38.

[95] 俞琰,邱广华. 基于局部随机游走的在线社交网络朋友推荐算法[J]. 系统工程,2013,

31(2):47-54.

[96] 李永立,罗鹏,张书瑞. 基于决策分析的社交网络链路预测方法[J]. 管理科学学报,2017,26(1):64-74.

[97] 李倩倩,顾基发. 用户行为驱动的在线社交网络建模[J]. 系统工程学报,2015,31(1):9-15.

[98] 胡海波,刘璇. 在线社会网络增长中的优先连接[J]. 系统工程学报,2014(3):289-298.

[99] RASIWASIA N,PEREIRA J C,COVIELLO E,et al. A new approach to cross-modal multimedia retrieval[C]//Acm Multimedia. New York:ACM,2010:251-260.

[100] PEREIRA J C,COVIELLO E,DOYLE G,et al. On the role of correlation and abstraction in cross-modal multimedia retrieval[J]. IEEE transactions on pattern analysis and machine intelligence,2014,36(3):521-535.

[101] 丁恒,陆伟. 基于相关性的跨模态信息检索研究[J]. 现代图书情报技术,2016,37(1):17-23.

[102] DU R,DRAKE B,PARK H. Hybrid clustering based on content and connection structure using joint nonnegative matrix factorization[J]. Journal of global optimization,2017,33(6):1-17.

[103] WALD L. Some terms of reference in data fusion[J]. IEEE transactions on geoscience and remote sensing,1999,37(3):1190-1193.

[104] HAGHIGHAT M,ABDEL-MOTTALEB M,ALHALABI W. Discriminant correlation analysis:real-time feature level fusion for multimodal biometric recognition[M]. New York:IEEE Press,2016.

[105] 郁文贤,雍少为,郭桂蓉. 多传感器信息融合技术述评[J]. 国防科技大学学报,1994,39(3):1-11.

[106] 赵杰,崔智社,徐明进,等. 信息融合的实质及其核心技术[J]. 情报指挥控制系统与仿真技术,2003,25(8):38-42.

[107] 祝振媛,李广建. "数据—信息—知识"整体视角下的知识融合初探:数据融合、信息融合、知识融合的关联与比较[J]. 情报理论与实践,2017,54(2):12-18.

[108] HE X,KAN M Y,XIE P,et al. Comment-based multi-view clustering of web 2.0 items [C]//International Conference on World Wide Web,Seoul,2014:771-782.

[109] DHILLON P S,FOSTER D P,UNGAR L H. Multi-view learning of word embeddings via CCA[C]//Neural Information Processing Systems. Massachusetts:The MIT Press,2011:199-207.

[110] BLASCHKO M B,LAMPERT C H. Correlational spectral clustering[C]//Computer Vision and Pattern Recognition,Anchorage,2008:1-8.

[111] STREHL A,GHOSH J. Cluster ensembles:a knowledge reuse framework for combining

multiple partitions[J]. Journal of machine learning research,2003,3(12):583-617.

[112] GREENE D,CUNNINGHAM P. A matrix factorization approach for integrating multiple data views[C]//European Conference on Principles of Data Mining and Knowledge Discovery. Berlin:Spring,2009:423-438.

[113] BRUNO E,MARCHANDMAILLET S. Multiview clustering:a late fusion approach using latent models[C]//International ACM Sigir Conference on Research and Development in Information Retrieval. New York:ACM,2009:736-737.

[114] PAVLIDIS P,WESTON J,CAI J,et al. Learning gene functional classifications from multiple data types[J]. Journal of computational biology,2002,9(2):401-411.

[115] 赫然. 信息论子空间学习及其在形状分析中的应用[D]. 北京:中国科学院自动化研究所,2009.

[116] CAI X,NIE F,HUANG H,et al. Heterogeneous image feature integration via multi-modal spectral clustering[C]//Computer Vision and Pattern Recognition,Colorado Springs,2011:1977-1984.

[117] CHIKHI N F. Multi-view clustering via spectral partitioning and local refinement[J]. Information processing and management,2016,52(4):618-627.

[118] ZHOU D,BURGES C J C. Spectral clustering and transductive learning with multiple views [C]//International Conference on Machine Learning,Kumamoto,2007:1159-1166.

[119] NG A Y,JORDAN M I,WEISS Y. On spectral clustering:analysis and an algorithm[C]// Neural Information Processing Systems. Massachusetts:The MIT Press,2002:849-856.

[120] GUAN Z,ZHANG L,PENG J,et al. Multi-view concept learning for data representation [M]. Berlin:Springer International Publishing,2015:367-382.

[121] LI S,JIANG Y,ZHOU Z. Partial multi-view clustering[C]//National Conference on Artificial Intelligence,Québec City,2014:1968-1974.

[122] WANG Z,KONG X,FU H,et al. Feature extraction via multi-view non-negative matrix factorization with local graph regularization[C]//International Conference on Image Processing,Québec City,2015:3500-3504.

[123] KALAYEH M M,IDREES H,SHAH M. NMF-KNN:image annotation using weighted multi-view non-negative matrix factorization[C]//Computer Vision and Pattern Recognition,Ohio,2014:184-191.

[124] HOFMANN T. Probabilistic latent semantic indexing[C]//International ACM Sigir Conference on Research and Development in Information Retrieval. New York:ACM,1999:50-57.

[125] DING C H Q,LI T,PENG W. On the equivalence between non-negative matrix factorization and probabilistic latent semantic indexing[J]. Computational statistics & data analysis,2008,52(8):3913-3927.

[126] GAUSSIER E,GOUTTE C. Relation between PLSA and NMF and implications[C]//International ACM Sigir Conference on Research and Development in Information Retrieval. New York:ACM,2005:601-602.

[127] LEE D D,SEUNG H S. Algorithms for non-negative matrix factorization[C]//Neural Information Processing Systems. Massachusetts:The MIT Press,2001:556-562.

[128] TANG W,LU Z,DHILLON I S. Clustering with multiple graphs[C]//International Conference on Data Mining,Miami,2009:1016-1021.

[129] GREENE D. Producing a unified graph representation from multiple social network views [C]//Proceeding of the 5th Annual ACM Web Science Conference. Paris:Acm, 2013:118-121.

[130] NIE F,LI J,LI X. Self-weighted multiview clustering with multiple graphs[C]//Twenty-Sixth International Joint Conference on Artificial Intelligence, Melbourne, 2017: 2564-2570.

[131] CHUNG F R K. Spectral graph theory[M]. Rhode Island:American Mathematical Society,1997.

[132] CAI D,SHAO Z,HE X,et al. Mining hidden community in heterogeneous social networks [C]//ACM-Sigkdd Workshop on Link Discovery:Issues. New York:ACM,2005:58-65.

[133] MA Y,HU X,HE T,et al. Multi-view clustering microbiome data by joint symmetric nonnegative matrix factorization with Laplacian regularization[C]//IEEE International Conference on Bioinformatics and Biomedicine,Kansas City,2017:625-630.

[134] MA Y,HU X,HE T,et al. Clustering and integrating of heterogeneous microbiome data by joint symmetric nonnegative matrix factorization with Laplacian regularization[J]. IEEE/ACM transactions on computational biology & bioinformatics,2017(9):1-1.

[135] KUANG D,YUN S,PARK H. SymNMF:nonnegative low-rank approximation of a similarity matrix for graph clustering[J]. Journal of global optimization,2015,62(3):545-574.

[136] ZELNIKMANOR L,PERONA P. Self-tuning spectral clustering[C]//Neural Information Processing Systems. Massachusetts:The MIT Press,2005:1601-1608.

[137] VON LUXBURG U. A tutorial on spectral clustering[J]. Statistics and computing,2007, 17(4):395-416.

[138] DING C,HE X,SIMON H D. On the equivalence of nonnegative matrix factorization and spectral clustering[C]//Proceedings of the 2005 SIAM International Conference on Data Mining,Newport Beach,2005:606-610.

[139] KUANG D,DING C,PARK H. Symmetric nonnegative matrix factorization for graph clustering[C]//Proceedings of the 2012 SIAM International Conference on Data Mining,California,2012:106-117.

[140] LONG B,ZHANG Z,YU P S. Co-clustering by block value decomposition[C]//Proceed-

ings of the Eleventh ACM SIGKDD International Conference on Knowledge Discovery in Data Mining. New York:ACM,2005:635-640.

[141] SHI X,LU H,HE Y,et al. Community detection in social network with pairwisely constrained symmetric non-negative matrix factorization[C]//Proceedings of the 2015 IEEE/ACM International Conference on Advances in Social Networks Analysis and Mining,Paris,2015:541-546.

[142] MA X,GAO L,YONG X,et al. Semi-supervised clustering algorithm for community structure detection in complex networks[J]. Physica A-statistical mechanics and its applications,2010,389(1):187-197.

[143] DHILLON I,GUAN Y,KULIS B. A unified view of kernel k-means,spectral clustering and graph cuts[R]. Austin:Department of Computer Sciences,University of Texas,2005.

[144] ZHA H,HE X,DING C H Q,et al. Spectral relaxation for K-means clustering[C]//Neural Information Processing Systems. Massachusetts:The MIT Press,2002:1057-1064.

[145] SHI J,MALIK J. Normalized cuts and image segmentation[J]. IEEE transactions on pattern analysis and machine intelligence,2000,22(8):888-905.

[146] CHAN P K,SCHLAG M D F,ZIEN J Y. Spectral K-way ratio-cut partitioning and clustering[J]. IEEE transactions on computer-aided design of integrated circuits and systems,1994,13(9):1088-1096.

[147] HAGEN L,KAHNG A B. New spectral methods for ratio cut partitioning and clustering[J]. IEEE transactions on computer-aided design of integrated circuits and systems,2002,11(9):1074-1085.

[148] DING C H Q,HE X,ZHA H,et al. A min-max cut algorithm for graph partitioning and data clustering[C]//IEEE International Conference on Data Mining,San Jose,2001:107-114.

[149] GU M,ZHA H,DING C,et al. Spectral relaxation models and structure analysis for K-way graph clustering and bi-clustering[J]. Penn state univ tech,2001:1-15.

[150] LESKOVEC J,RAJARAMAN A,ULLMAN J. Mining of massive datasets[M]. Cambridge:Cambridge University Press,2014.

[151] LOVÁSZ L,PLUMMER M D. Matching theory[M]. Rhode Island:American Mathematical Society,2009.

[152] XU W,LIU X,GONG Y. Document clustering based on non-negative matrix factorization[C]//International ACM Sigir Conference on Research and Development in Information Retrieval. New York:ACM,2003:267-273.

[153] BOUTSIDIS C,GALLOPOULOS E. SVD based initialization:a head start for nonnegative matrix factorization[J]. Pattern recognition,2008,41(4):1350-1362.

[154] LI J,WU Y,ZHAO J,et al. Low-rank discriminant embedding for multiview learning[J].

IEEE transactions on systems, man, and cybernetics, 2016(11):1-14.

[155] GRECO G, GUZZO A, PONTIERI L. Coclustering multiple heterogeneous domains: linear combinations and agreements[J]. IEEE transactions on knowledge and data engineering, 2010, 22(12):1649-1663.

[156] HUTTENHOWER C, GEVERS D, KNIGHT R, et al. Structure, function and diversity of the healthy human microbiome[J]. Nature, 2012, 486(7402):207-214.

[157] TIKHONOV A N, ARSENIN V Y. Solutions of ill-posed problems[J]. Mathematics of computation, 1977, 32(144):491-493.

[158] NASHED M Z. The theory of Tikhonov regularization for fredholm equations of the first kind(C. W. Groetsch)[J]. Siam review, 1986, 28(1):116-118.

[159] 潘俊. 基于图的半监督学习及其应用研究[D]. 杭州:浙江大学, 2011.

[160] 刘钰峰. 异构信息网络检索技术研究[D]. 长沙:湖南大学, 2014.

[161] TIBSHIRANI R. Regression shrinkage and selection via the lasso[J]. Journal of the royal statistical society: series B(statistical methodology), 2011, 73(3):273-282.

[162] TIBSHIRANI R. The lasso method for variable selection in the Cox model[J]. Statistics in medicine, 1997, 16(4):385-395.

[163] 仇光, 郑淼, 张晖, 等. 基于正则化主题建模的隐式产品属性抽取[J]. 浙江大学学报(工学版), 2011(2):288-294.

[164] BELKIN M, NIYOGI P. Laplacian eigenmaps and spectral techniques for embedding and clustering[C]//Neural Information Processing Systems. Massachusetts: The MIT Press, 2002:585-591.

[165] BELKIN M, NIYOGI P. Laplacian eigenmaps for dimensionality reduction and data representation[J]. Neural computation, 2003, 15(6):1373-1396.

[166] BELKIN M, NIYOGI P, SINDHWANI V. Manifold Regularization: A Geometric Framework for Learning from Labeled and Unlabeled Examples[J]. Journal of Machine Learning Research, 2006, 7(Nov):2399-2434.

[167] MEI Q, CAI D, ZHANG D, et al. Topic modeling with network regularization[C]//Proceedings of the 17th International Conference on World Wide Web. New York: ACM, 2008:101-110.

[168] 李冰锋, 唐延东, 韩志. 几何结构保持非负矩阵分解的数据表达方法[J]. 信息与控制, 2017, 46(1):53-59.

[169] 杜世强. 基于维数约简的无监督聚类算法研究[D]. 兰州:兰州大学, 2017.

[170] SEUNG H S, LEE D D. Cognition: the manifold ways of perception[J]. Science, 2000, 290(5500):2268-2269.

[171] ZHU X, LOY C C, GONG S. Constructing robust affinity graphs for spectral clustering[C]//Computer Vision and Pattern Recognition, Columbus, 2014:1450-1457.

[172] BARZEL B, BARABASI A. Network link prediction by global silencing of indirect correlations[J]. Nature biotechnology, 2013, 31(8): 720-725.

[173] FEIZI S, MARBACH D, MEDARD M, et al. Network deconvolution as a general method to distinguish direct dependencies in networks[J]. Nature biotechnology, 2013, 31(8): 726-733.

[174] TENENBAUM J B, DE SILVA V, LANGFORD J. A global geometric framework for nonlinear dimensionality reduction[J]. Science, 2000, 290(5500): 2319-2323.

[175] 卢纪丽. 基于半监督学习的木材识别研究[D]. 济南: 山东大学, 2015.

[176] TAO D, JIN L, LIU W, et al. Hessian regularized support vector machines for mobile image annotation on the cloud[J]. IEEE transactions on multimedia, 2013, 15(4): 833-844.

[177] WANG M, HUA X, YUAN X, et al. Optimizing multi-graph learning: towards a unified video annotation scheme[C]//ACM Multimedia. New York: ACM, 2007: 862-871.

[178] DENOYER L, GALLINARI P. Bayesian network model for semi-structured document classification[J]. Information processing and management, 2004, 40(5): 807-827.

[179] BARNARD K, FORSYTH D A. Learning the semantics of words and pictures[C]//International Conference on Computer Vision, Barcelona, 2001: 408-415.

[180] SCLAROFF S, LA CASCIA M, SETHI S, et al. Unifying textual and visual cues for content-based image retrieval on the world wide web[J]. Computer vision and image understanding, 1999, 75(1): 86-98.

[181] BARNARD K, DUYGULU P, FORSYTH D A, et al. Matching words and pictures[J]. Journal of machine learning research, 2003, 3(6): 1107-1135.

[182] CARNEIRO G, CHAN A B, MORENO P J, et al. Supervised learning of semantic classes for image annotation and retrieval[J]. IEEE transactions on pattern analysis and machine intelligence, 2007, 29(3): 394-410.

[183] TURNBULL D, BARRINGTON L, TORRES D A, et al. Semantic annotation and retrieval of music and sound effects[J]. IEEE transactions on audio, speech, and language processing, 2008, 16(2): 467-476.

[184] ECK D, LAMERE P, BERTINMAHIEUX T, et al. Automatic generation of social tags for music recommendation[C]//Neural Information Processing Systems. Massachusetts: The MIT Press, 2008: 385-392.

[185] PHAM T, MAILLOT N, LIM J, et al. Latent semantic fusion model for image retrieval and annotation[C]//Conference on Information and Knowledge Management, Lisbon, 2007: 439-444.

[186] ESCALANTE H J, HERNADEZ C A, SUCAR L E, et al. Late fusion of heterogeneous methods for multimedia image retrieval[C]//Multimedia Information Retrieval, Vancouver, 2008: 172-179.

[187] KLIEGR T,CHANDRAMOULI K,NEMRAVA J,et al. Combining image captions and visual analysis for image concept classification[C]//Knowledge Discovery and Data Mining, Las Vegas,2008:8-17.

[188] ZHAO L,CHEN Z,YANG Y,et al. Incomplete multi-view clustering via deep semantic mapping[J]. Neurocomputing,2018(275):1053-1062.

[189] ROSIPAL R,KRAMER N. Overview and recent advances in partial least squares[J]. Lecture notes in computer science,2005(3940):34-51.

[190] JONG S D. SIMPLS:an alternative approach to partial least squares regression[J]. Chemometrics & intelligent laboratory systems,1993,18(3):251-263.

[191] 冯方向. 基于深度学习的跨模态检索研究[D]. 北京:北京邮电大学,2015.

[192] YANG Y,ZHUANG Y,WU F,et al. Harmonizing hierarchical manifolds for multimedia document semantics understanding and cross-media retrieval[J]. IEEE transactions on multimedia,2008,10(3):437-446.

[193] ZHUANG Y,YANG Y,WU F,et al. Manifold learning based cross-media retrieval:a solution to media object complementary nature[J]. The journal of VLSI signal processing systems for signal,image,and video technology,2007,46(2-3):153-164.

[194] ZHANG S,LIU C C,LI W,et al. Discovery of multi-dimensional modules by integrative analysis of cancer genomic data[J]. Nucleic acids research,2012,40(19):9379-9391.

[195] CHEN J,ZHANG S. Discovery of two-level modular organization from matched genomic data via joint matrix tri-factorization[J]. Nucleic acids research,2018,46(12):5967-5976.

[196] LIU B,LI J,TSYKIN A. Discovery of functional miRNA-mRNA regulatory modules with computational methods[J]. Journal of biomedical informatics,2009,42(4):685-691.

[197] ZHANG S,LI Q,LIU J,et al. A novel computational framework for simultaneous integration of multiple types of genomic data to identify microRNA-gene regulatory modules[J]. Bioinformatics,2011,27(13):i401-i409.

[198] XU Y,GUO M,LIU X,et al. Identify bilayer modules via pseudo-3D clustering:applications to miRNA-gene bilayer networks[J]. Nucleic acids research,2016,44(20):e152-e152.

[199] ZHANG Y,LIU W,XU Y,et al. Identification of subtype specific miRNA-mRNA functional regulatory modules in matched miRNA-mRNA expression data:multiple myeloma as a case [J]. BioMed research international,2015:1-15.

[200] KUTALIK Z,BECKMANN J S,BERGMANN S. A modular approach for integrative analysis of large-scale gene-expression and drug-response data[J]. Nature biotechnology,2008, 26(5):531-539.

[201] CHEN J,ZHANG S. Integrative analysis for identifying joint modular patterns of gene-expression and drug-response data[J]. Bioinformatics,2016,32(11):1724-1732.

[202] LI W, ZHANG S, LIU C C, et al. Identifying multi-layer gene regulatory modules from multi-dimensional genomic data[J]. Bioinformatics, 2012, 28(19):2458-2466.

[203] WANG J, PENG X, LI M, et al. Construction and application of dynamic protein interaction network based on time course gene expression data[J]. Proteomics, 2013, 13(2):301-312.

[204] SHEWHART W A, DEMING W E. Statistical method from the viewpoint of quality control [M]. Honolulu: Courier Corporation, 1986.

[205] BARTEL D P. MicroRNAs: genomics, biogenesis, mechanism, and function[J]. cell, 2004, 116(2):281-297.

[206] GARZON R, FABBRI M, CIMMINO A, et al. MicroRNA expression and function in cancer [J]. Trends in molecular medicine, 2006, 12(12):580-587.

[207] SHALGI R, LIEBER D, OREN M, et al. Global and local architecture of the mammalian microRNA-transcription factor regulatory network[J]. PLoS computational biology, 2007, 3(7):1291-1304.

[208] ZHOU Y, FERGUSON J, CHANG J T, et al. Inter-and intra-combinatorial regulation by transcription factors and microRNAs[J]. BMC genomics, 2007, 8(1):396.

[209] BENTWICH I, AVNIEL A, KAROV Y, et al. Identification of hundreds of conserved and nonconserved human microRNAs[J]. Nature genetics, 2005, 37(7):766-770.

[210] LAGOS-QUINTANA M, RAUHUT R, MEYER J, et al. New microRNAs from mouse and human[J]. Rna, 2003, 9(2):175-179.

[211] LAI E C, TOMANCAK P, WILLIAMS R W, et al. Computational identification of Drosophila microRNA genes[J]. Genome biology, 2003, 4(7):R42.

[212] RODRIGUEZ A, GRIFFITHS-JONES S, ASHURST J L, et al. Identification of mammalian microRNA host genes and transcription units[J]. Genome research, 2004, 14(10a):1902-1910.

[213] ENRIGHT A J, JOHN B, GAUL U, et al. MicroRNA targets in Drosophila[J]. Genome biology, 2003, 5(1):R1.

[214] STARK A, BRENNECKE J, RUSSELL R B, et al. Identification of Drosophila microRNA targets[J]. PLoS biology, 2003, 1(3):e60.

[215] XIE X, LU J, KULBOKAS E J, et al. Systematic discovery of regulatory motifs in human promoters and 3'UTRs by comparison of several mammals[J]. Nature, 2005, 434(7031):338-345.

[216] LU J, GETZ G, MISKA E A, et al. MicroRNA expression profiles classify human cancers [J]. Nature, 2005, 435(7043):834-838.

[217] HUANG J C, BABAK T, CORSON T W, et al. Using expression profiling data to identify human microRNA targets[J]. Nature methods, 2007, 4(12):1045.

[218] NUNEZ-IGLESIAS J, LIU C C, MORGAN T E, et al. Joint genome-wide profiling of miRNA and mRNA expression in Alzheimer's disease cortex reveals altered miRNA regulation[J]. PloS one,2010,5(2):e8898.

[219] CUI Q, YU Z, PURISIMA E O, et al. Principles of microRNA regulation of a human cellular signaling network[J]. Molecular systems biology,2006,2(1):46.

[220] HSU C W, JUAN H F, HUANG H C. Characterization of microRNA-regulated protein-protein interaction network[J]. Proteomics,2008,8(10):1975-1979.

[221] LIANG H, LI W H. MicroRNA regulation of human protein-protein interaction network[J]. Rna,2007,13(9):1402-1408.

[222] YUAN X, LIU C, YANG P, et al. Clustered microRNAs' coordination in regulating protein-protein interaction network[J]. BMC systems biology,2009,3(1):65.

[223] GUSEV Y, SCHMITTGEN T D, LERNER M, et al. Computational analysis of biological functions and pathways collectively targeted by co-expressed microRNAs in cancer[C]// BMC Bioinformatics. BioMed Central,London,2007,8(7):S16.

[224] XU J, WONG C. A computational screen for mouse signaling pathways targeted by microRNA clusters[J]. Rna,2008,14(7):1276-1283.

[225] ZHOU Y, FERGUSON J, CHANG J T, et al. Inter-and intra-combinatorial regulation by transcription factors and microRNAs[J]. BMC genomics,2007,8(1):396.

[226] ZHANG S, LI Q, LIU J, et al. A novel computational framework for simultaneous integration of multiple types of genomic data to identify microRNA-gene regulatory modules[J]. Bioinformatics,2011,27(13):i401-i409.

[227] HARTWELL L H, HOPFIELD J J, LEIBLER S, et al. From molecular to modular cell biology[J]. Nature,1999,402(6761supp):C47-52.

[228] IHMELS J, FRIEDLANDER G, BERGMANN S, et al. Revealing modular organization in the yeast transcriptional network[J]. Nature genetics,2002,31(4):370-377.

[229] QI Y, GE H. Modularity and dynamics of cellular networks[J]. PLoS computational biology,2006,2(12):e174.

[230] KREK A, GRÜN D, POY M N, et al. Combinatorial microRNA target predictions[J]. Nature genetics,2005,37(5):495.

[231] LIM L P, LAU N C, GARRETT-ENGELE P, et al. Microarray analysis shows that some microRNAs downregulate large numbers of target mRNAs[J]. Nature,2005,433(7027):769-773.

[232] YOON S, DE MICHELI G. Prediction of regulatory modules comprising microRNAs and target genes[J]. Bioinformatics,2005,21(suppl_2):ii93-ii100.

[233] JOUNG J G, HWANG K B, NAM J W, et al. Discovery of microRNA-mRNA modules via population-based probabilistic learning[J]. Bioinformatics,2007,23(9):1141-1147.

[234] PENG X, LI Y, WALTERS K A, et al. Computational identification of hepatitis C virus associated microRNA-mRNA regulatory modules in human livers[J]. BMC genomics, 2009, 10(1):373.

[235] TRAN D H, SATOU K, HO T B. Finding microRNA regulatory modules in human genome using rule induction[J]. BMC bioinformatics, 2008, 9(12):S5.

[236] KIM P M, TIDOR B. Subsystem identification through dimensionality reduction of large-scale gene expression data[J]. Genome research, 2003, 13(7):1706-1718.

[237] HOYER P O. Non-negative matrix factorization with sparseness constraints[J]. Journal of machine learning research, 2004, 5(11):1457-1469.

[238] GAO Y, CHURCH G. Improving molecular cancer class discovery through sparse non-negative matrix factorization[J]. Bioinformatics, 2005, 21(21):3970-3975.

[239] KIM H, PARK H. Sparse non-negative matrix factorizations via alternating non-negativity-constrained least squares for microarray data analysis[J]. Bioinformatics, 2007, 23(12):1495-1502.

[240] BENSON M, BREITLING R. Network theory to understand microarray studies of complex diseases[J]. Current molecular medicine, 2006, 6(6):695-701.

[241] PEREIRA-LEAL J B, ENRIGHT A J, OUZOUNIS C A. Detection of functional modules from protein interaction networks[J]. Proteins: structure, function, and bioinformatics, 2004, 54(1):49-57.

[242] WANG W, CHERRY J M, BOTSTEIN D, et al. A systematic approach to reconstructing transcription networks in Saccharomyces cerevisiae[J]. Proceedings of the National Academy of Sciences, 2002, 99(26):16893-16898.

[243] WERNER T. Regulatory networks: linking microarray data to systems biology[J]. Mechanisms of ageing and development, 2007, 128(1):168-172.

[244] ALTER O, BROWN P O, BOTSTEIN D. Singular value decomposition for genome-wide expression data processing and modeling[J]. Proceedings of the National Academy of Sciences, 2000, 97(18):10101-10106.

[245] GASCH A P, EISEN M B. Exploring the conditional coregulation of yeast gene expression through fuzzy k-means clustering[J]. Genome biology, 2002, 3(11):research0059.1.

[246] Getz G, Gal H, Kela I, et al. Coupled two-way clustering analysis of breast cancer and colon cancer gene expression data[J]. Bioinformatics, 2003, 19(9):1079-1089.

[247] HOLTER N S, MITRA M, MARITAN A, et al. Fundamental patterns underlying gene expression profiles: simplicity from complexity[J]. Proceedings of the National Academy of Sciences, 2000, 97(15):8409-8414.

[248] IHMELS J, FRIEDLANDER G, BERGMANN S, et al. Revealing modular organization in the yeast transcriptional network[J]. Nature genetics, 2002, 31(4):370.

[249] SEGAL E, YELENSKY R, KOLLER D. Genome-wide discovery of transcriptional modules from DNA sequence and gene expression[J]. Bioinformatics, 2003, 19(suppl_1): i273-i282.

[250] TANAY A, SHARAN R, KUPIEC M, et al. Revealing modularity and organization in the yeast molecular network by integrated analysis of highly heterogeneous genomewide data[J]. Proceedings of the National Academy of Sciences, 2004, 101(9): 2981-2986.

[251] WEINSTEIN J N, MYERS T G, O'CONNOR P M, et al. An information-intensive approach to the molecular pharmacology of cancer[J]. Science, 1997, 275(5298): 343-349.

[252] STAUNTON J E, SLONIM D K, COLLER H A, et al. Chemosensitivity prediction by transcriptional profiling[J]. Proceedings of the National Academy of Sciences, 2001, 98(19): 10787-10792.

[253] SHANKAVARAM U T, REINHOLD W C, NISHIZUKA S, et al. Transcript and protein expression profiles of the NCI-60 cancer cell panel: an integromic microarray study[J]. Molecular cancer therapeutics, 2007, 6(3): 820-832.

[254] GAUR A, JEWELL D A, LIANG Y, et al. Characterization of microRNA expression levels and their biological correlates in human cancer cell lines[J]. Cancer research, 2007, 67(6): 2456-2468.

[255] BUSSEY K J, CHIN K, LABABIDI S, et al. Integrating data on DNA copy number with gene expression levels and drug sensitivities in the NCI-60 cell line panel[J]. Molecular cancer therapeutics, 2006, 5(4): 853-867.

[256] SCHERF U, ROSS D T, WALTHAM M, et al. A gene expression database for the molecular pharmacology of cancer[J]. Nature genetics, 2000, 24(3): 236-244.

[257] BERGMANN S, IHMELS J, BARKAI N. Iterative signature algorithm for the analysis of large-scale gene expression data[J]. Physical review E, 2003, 67(3): 031902-031919.

[258] IHMELS J, BERGMANN S, BERMAN J, et al. Comparative gene expression analysis by a differential clustering approach: application to the Candida albicans transcription program[J]. PLoS genetics, 2005, 1(3): 380-393.

[259] PRELIĆ A, BLEULER S, ZIMMERMANN P, et al. A systematic comparison and evaluation of biclustering methods for gene expression data[J]. Bioinformatics, 2006, 22(9): 1122-1129.

[260] BERGMANN S, IHMELS J, BARKAI N. Similarities and differences in genome-wide expression data of six organisms[J]. PLoS biology, 2003, 2(1): 85-93.

[261] IHMELS J, BERGMANN S, GERAMI-NEJAD M, et al. Rewiring of the yeast transcriptional network through the evolution of motif usage[J]. Science, 2005, 309(5736): 938-940.

[262] ASHBURNER M, BALL C A, BLAKE J A, et al. Gene ontology: tool for the unification of biology[J]. Nature genetics, 2000, 25(1): 25-29.

[263] MA Y, DING Z, QIAN Y, et al. Predicting cancer drug response by proteomic profiling [J]. Clinical cancer research, 2006, 12(15): 4583-4589.

[264] GAO F, FOAT B C, BUSSEMAKER H J. Defining transcriptional networks through integrative modeling of mRNA expression and transcription factor binding data [J]. BMC bioinformatics, 2004, 5(1): 31-40.

[265] LIU X, JESSEN W J, SIVAGANESAN S, et al. Bayesian hierarchical model for transcriptional module discovery by jointly modeling gene expression and ChIP-chip data [J]. BMC bioinformatics, 2007, 8(1): 283-302.

[266] SEGAL E, FRIEDMAN N, KOLLER D, et al. A module map showing conditional activity of expression modules in cancer [J]. Nature genetics, 2004, 36(10): 1090-1098.

[267] SEGAL E, SHAPIRA M, REGEV A, et al. Module networks: identifying regulatory modules and their condition-specific regulators from gene expression data [J]. Nature genetics, 2003, 34(2): 166-176.

[268] MELKONIAN G, MUNOZ N, CHUNG J, et al. Capillary plexus development in the day five to day six chick chorioallantoic membrane is inhibited by cytochalasin D and suramin [J]. Journal of experimental zoology, 2002, 292(3): 241-254.

[269] DING C, LI T, PENG W, et al. Orthogonal nonnegative matrix t-factorizations for clustering [C]//Proceedings of the 12th ACM SIGKDD International Conference on Knowledge Discovery and Data Mining. New York: ACM, 2006: 126-135.

[270] ŽITNIK M, ZUPAN B. Data fusion by matrix factorization [J]. IEEE transactions on pattern analysis and machine intelligence, 2014, 37(1): 41-53.

[271] EISEN M B, SPELLMAN P T, BROWN P O, et al. Cluster analysis and display of genome-wide expression patterns [J]. Proceedings of the National Academy of Sciences, 1998, 95(25): 14863-14868.

[272] VAN DAM S, VOSA U, VAN DER GRAAF A, et al. Gene co-expression analysis for functional classification and gene-disease predictions [J]. Briefings in bioinformatics, 2017, 19(4): 575-592.

[273] WANG Y, ZHAO R, ZHE H. The emerging role of CaMKII in cancer [J]. Oncotarget, 2015, 6(14): 11725-11734.

[274] VILLANUEVA J, VULTUR A, LEE J T, et al. Acquired resistance to BRAF inhibitors mediated by a RAF kinase switch in melanoma can be overcome by cotargeting MEK and IGF-1R/PI3K [J]. Cancer cell, 2010, 18(6): 683-695.

[275] PUZANOV I, FLAHERTY K T. Targeted molecular therapy in melanoma [J]. Seminars in cutaneous medicine and surgery. 2010, 29(3): 196-201.

[276] LONG G V, STROYAKOVSKIY D, GOGAS H, et al. Combined BRAF and MEK inhibition versus BRAF inhibition alone in melanoma [J]. New England journal of medicine, 2014,

371(20):1877-1888.

[277] PIERCE S K. Lipid rafts and B-cell activation[J]. Nature reviews immunology,2002,2(2):96-105.

[278] KANEHISA M,GOTO S. KEGG:kyoto encyclopedia of genes and genomes[J]. Nucleic acids research,2000,28(1):27-30.

[279] MCKAY M M,MORRISON D K. Integrating signals from RTKs to ERK/MAPK[J]. Oncogene,2007,26(22):3113-3121.

[280] KOUZARIDES T. Chromatin modifications and their function[J]. Cell,2007,128(4):693-705.

[281] CARBON S,IRELAND A,MUNGALL C J,et al. AmiGO:online access to ontology and annotation data[J]. Bioinformatics,2008,25(2):288-289.

[282] ANJUM R,BLENIS J. The RSK family of kinases:emerging roles in cellular signalling[J]. Nature reviews molecular cell biology,2008,9(10):747-758.

[283] DU J,TONG A,WANG F,et al. The roles of PI3K/AKT/mTOR and MAPK/ERK signaling pathways in human pheochromocytomas[J]. International journal of endocrinology, 2016.

[284] LEE E R,KIM J Y,KANG Y J,et al. Interplay between PI3K/Akt and MAPK signaling pathways in DNA-damaging drug-induced apoptosis[J]. Biochimica et biophysica acta (BBA)-molecular cell research,2006,1763(9):958-968.

[285] BERGER B,PENG J,SINGH M. Computational solutions for omics data[J]. Nature reviews genetics,2013,14(5):333-346.

[286] SOON W W,HARIHARAN M,SNYDER M P. High-throughput sequencing for biology and medicine[J]. Molecular systems biology,2013,9(1):640-653.

[287] ALON U. Biological networks:the tinkerer as an engineer[J]. Science,2003,301(5641):1866-1867.

[288] HARTWELL L H,HOPFIELD J J,LEIBLER S,et al. From molecular to modular cell biology[J]. Nature,1999,402(6761supp):C47.

[289] LANGFELDER P,HORVATH S. WGCNA:an R package for weighted correlation network analysis[J]. BMC bioinformatics,2008,9(1):559-571.

[290] EISEN M B,SPELLMAN P T,BROWN P O,et al. Cluster analysis and display of genome-wide expression patterns[J]. Proceedings of the National Academy of Sciences,1998,95(25):14863-14868.

[291] TAMAYO P,SLONIM D,MESIROV J,et al. Interpreting patterns of gene expression with self-organizing maps:methods and application to hematopoietic differentiation[J]. Proceedings of the National Academy of Sciences,1999,96(6):2907-2912.

[292] KLUGER Y,BASRI R,CHANG J T,et al. Spectral biclustering of microarray data:coclus-

tering genes and conditions[J]. Genome research,2003,13(4):703-716.

[293] AGRAWAL H,DOMANY E. Potts ferromagnets on coexpressed gene networks:identifying maximally stable partitions[J]. Physical review letters,2003,90(15):158102.

[294] MORTAZAVI A,WILLIAMS B A,MCCUE K,et al. Mapping and quantifying mammalian transcriptomes by RNA-Seq[J]. Nature methods,2008,5(7):621-628.

[295] WANG Z,GERSTEIN M,SNYDER M. RNA-Seq:a revolutionary tool for transcriptomics [J]. Nature reviews genetics,2009,10(1):57-63.

[296] YAN K K,WANG D,ROZOWSKY J,et al. OrthoClust:an orthology-based network framework for clustering data across multiple species[J]. Genome biology,2014,15(8):R100.

[297] MUCHA P J,RICHARDSON T,MACON K,et al. Community structure in time-dependent, multiscale,and multiplex networks[J]. Science,2010,328(5980):876-878.

[298] NEWMAN M E J,STROGATZ S H,WATTS D J. Random graphs with arbitrary degree distributions and their applications[J]. Physical review E,2001,64(2):026118.

[299] MASLOV S,SNEPPEN K. Specificity and stability in topology of protein networks[J]. Science,2002,296(5569):910-913.

[300] NEWMAN M E J. Modularity and community structure in networks[J]. Proceedings of the national academy of sciences,2006,103(23):8577-8582.

[301] WU F Y. The Potts model[J]. Reviews of modern physics,1982,54(1):235.

[302] REICHARDT J,BORNHOLDT S. Detecting fuzzy community structures in complex networks with a Potts model[J]. Physical Review Letters,2004,93(21):218701.

[303] RUAN J,DEAN A K,ZHANG W. A general co-expression network-based approach to gene expression analysis:comparison and applications[J]. BMC systems biology,2010,4(1): 8-28.

[304] ZHOU X,KAO M C J,WONG W H. Transitive functional annotation by shortest-path analysis of gene expression data[J]. Proceedings of the National Academy of Sciences,2002, 99(20):12783-12788.

[305] VAN NOORT V,SNEL B,HUYNEN M A. The yeast coexpression network has a small-world,scale-free architecture and can be explained by a simple model[J]. EMBO reports, 2004,5(3):280-284.

[306] JORDAN I K,MARIÑO-RAMÍREZ L,WOLF Y I,et al. Conservation and coevolution in the scale-free human gene coexpression network[J]. Molecular biology and evolution, 2004,21(11):2058-2070.

[307] STUART J M,SEGAL E,KOLLER D,et al. A gene-coexpression network for global discovery of conserved genetic modules[J]. Science,2003,302(5643):249-255.

[308] KANG H J,KAWASAWA Y I,CHENG F,et al. Spatio-temporal transcriptome of the human brain[J]. Nature,2011,478(7370):483-489.

[309] MAO L, VAN HEMERT J L, DASH S, et al. Arabidopsis gene co-expression network and its functional modules[J]. BMC bioinformatics, 2009, 10(1): 346-369.

[310] TRAAG V A, BRUGGEMAN J. Community detection in networks with positive and negative links[J]. Physical review E, 2009, 80(3): 036115-036120.

[311] CHABALIER J, MOSSER J, BURGUN A. A transversal approach to predict gene product networks from ontology-based similarity[J]. BMC bioinformatics, 2007, 8(1): 235-238.

[312] LORD P W, STEVENS R D, BRASS A, et al. Investigating semantic similarity measures across the gene ontology: the relationship between sequence and annotation[J]. Bioinformatics, 2003, 19(10): 1275-1283.

[313] HUANG D W, SHERMAN B T, TAN Q, et al. The DAVID gene functional classification tool: a novel biological module-centric algorithm to functionally analyze large gene lists[J]. Genome biology, 2007, 8(9): R183-R198.

[314] MISTRY M, PAVLIDIS P. Gene ontology term overlap as a measure of gene functional similarity[J]. BMC bioinformatics, 2008, 9(1): 327-337.

[315] YU H, JANSEN R, STOLOVITZKY G, et al. Total ancestry measure: quantifying the similarity in tree-like classification, with genomic applications[J]. Bioinformatics, 2007, 23(16): 2163-2173.

[316] CHENG C, MIN R, GERSTEIN M. TIP: a probabilistic method for identifying transcription factor target genes from ChIP-seq binding profiles[J]. Bioinformatics, 2011, 27(23): 3221-3227.

[317] BROHEE S, VAN HELDEN J. Evaluation of clustering algorithms for protein-protein interaction networks[J]. BMC bioinformatics, 2006, 7(1): 488-491.

[318] MANIATIS T, REED R. An extensive network of coupling among gene expression machines[J]. Nature, 2002, 416(6880): 499-506.

[319] MOORE M J. From birth to death: the complex lives of eukaryotic mRNAs[J]. Science, 2005, 309(5740): 1514-1518.

[320] OMBERG L, GOLUB G H, ALTER O. A tensor higher-order singular value decomposition for integrative analysis of DNA microarray data from different studies[J]. Proceedings of the National Academy of Sciences, 2007, 104(47): 18371-18376.

[321] Cancer Genome Atlas Research Network. Comprehensive genomic characterization defines human glioblastoma genes and core pathways[J]. Nature, 2008, 455(7216): 1061-1083.

[322] SHOEMAKER R H. The NCI60 human tumour cell line anticancer drug screen[J]. Nature reviews cancer, 2006, 6(10): 813-823.

[323] ZHANG W, ZHU J, SCHADT E E, et al. A Bayesian partition method for detecting pleiotropic and epistatic eQTL modules[J]. PLoS computational biology, 2010, 6(1): e1000642-e1000668.

[324] GAO F, FOAT B C, BUSSEMAKER H J. Defining transcriptional networks through integrative modeling of mRNA expression and transcription factor binding data[J]. BMC bioinformatics, 2004, 5(1): 31-40.

[325] MANKOO P K, SHEN R, SCHULTZ N, et al. Time to recurrence and survival in serous ovarian tumors predicted from integrated genomic profiles[J]. PloS one, 2011, 6(11): e24709-e24720.

[326] WALTMAN P, KACMARCZYK T, BATE A R, et al. Multi-species integrative biclustering[J]. Genome biology, 2010, 11(9): R96-R118.

[327] HAMID J S, GREENWOOD C M T, BEYENE J. Weighted kernel Fisher discriminant analysis for integrating heterogeneous data[J]. Computational statistics & data analysis, 2012, 56(6): 2031-2040.

[328] YU S, FALCK T, DAEMEN A, et al. L 2-norm multiple kernel learning and its application to biomedical data fusion[J]. BMC bioinformatics, 2010, 11(1): 309-331.

[329] BOULESTEIX A L, STRIMMER K. Partial least squares: a versatile tool for the analysis of high-dimensional genomic data[J]. Briefings in bioinformatics, 2006, 8(1): 32-44.

[330] FORNELL C, BOOKSTEIN F L. Two structural equation models: LISREL and PLS applied to consumer exit-voice theory[J]. Journal of marketing research, 1982, 19(4): 440-452.

[331] LÊ CAO K A, ROSSOUW D, ROBERT-GRANIÉ C, et al. A sparse PLS for variable selection when integrating omics data[J]. Statistical applications in genetics and molecular biology, 2008, 7(1).

[332] TENENHAUS M, VINZI V E, CHATELIN Y M, et al. PLS path modeling[J]. Computational statistics & data analysis, 2005, 48(1): 159-205.

[333] WANGEN L E, KOWALSKI B R. A multiblock partial least squares algorithm for investigating complex chemical systems[J]. Journal of chemometrics, 1989, 3(1): 3-20.

[334] WOLD S. PLS modeling with latent variables in two or more dimensions[M]. Duisburg: Verlag Nicht Ermittelbar, 1987.

[335] HWANG D, STEPHANOPOULOS G, CHAN C. Inverse modeling using multi-block PLS to determine the environmental conditions that provide optimal cellular function[J]. Bioinformatics, 2004, 20(4): 487-499.

[336] LI Z, CHAN C. Systems biology for identifying liver toxicity pathways[C]//BMC proceedings. London: BioMed Central, 2009, 3(2): S2.

[337] FRIEDMAN J H. Fast sparse regression and classification[J]. International journal of forecasting, 2012, 28(3): 722-738.

[338] KIM H, PARK H. Sparse non-negative matrix factorizations via alternating non-negativity-constrained least squares for microarray data analysis[J]. Bioinformatics, 2007, 23(12): 1495-1502.

[339] SHEN H, HUANG J Z. Sparse principal component analysis via regularized low rank matrix approximation[J]. Journal of multivariate analysis, 2008, 99(6): 1015-1034.

[340] LAMB J, CRAWFORD E D, PECK D, et al. The connectivity map: using gene-expression signatures to connect small molecules, genes, and disease[J]. Science, 2006, 313(5795): 1929-1935.

[341] SHOEMAKER R H. The NCI60 human tumour cell line anticancer drug screen[J]. Nature reviews cancer, 2006, 6(10): 813-823.

[342] BARRETINA J, CAPONIGRO G, STRANSKY N, et al. The cancer cell line encyclopedia enables predictive modelling of anticancer drug sensitivity[J]. Nature, 2012, 483(7391): 603-615.

[343] GARNETT M J, EDELMAN E J, HEIDORN S J, et al. Systematic identification of genomic markers of drug sensitivity in cancer cells[J]. Nature, 2012, 483(7391): 570-575.

[344] DREWS J. Drug discovery: a historical perspective[J]. Science, 2000, 287(5460): 1960-1964.

[345] HOPKINS A L, GROOM C R. The druggable genome[J]. Nature reviews drug discovery, 2002, 1(9): 727-730.

[346] PENROD N M, COWPER-SAL-LARI R, MOORE J H. Systems genetics for drug target discovery[J]. Trends in pharmacological sciences, 2011, 32(10): 623-630.

[347] ZHAO X M, ISKAR M, ZELLER G, et al. Prediction of drug combinations by integrating molecular and pharmacological data[J]. PLoS computational biology, 2011, 7(12): e1002323-e1002329.

[348] CSERMELY P, AGOSTON V, PONGOR S. The efficiency of multi-target drugs: the network approach might help drug design[J]. Trends in pharmacological sciences, 2005, 26(4): 178-182.

[349] LU J J, PAN W, HU Y J, et al. Multi-target drugs: the trend of drug research and development[J]. PloS one, 2012, 7(6): e40262-e40267.

[350] MEDINA-FRANCO J L, GIULIANOTTI M A, WELMAKER G S, et al. Shifting from the single to the multitarget paradigm in drug discovery[J]. Drug discovery today, 2013, 18(9-10): 495-501.

[351] PAOLINI G V, SHAPLAND R H B, VAN HOORN W P, et al. Global mapping of pharmacological space[J]. Nature biotechnology, 2006, 24(7): 805-815.

[352] HOPKINS A L. Network pharmacology: the next paradigm in drug discovery[J]. Nature chemical biology, 2008, 4(11): 682-690.

[353] REDDY A S, ZHANG S. Polypharmacology: drug discovery for the future[J]. Expert review of clinical pharmacology, 2013, 6(1): 41-47.

[354] TAKIGAWA I, TSUDA K, MAMITSUKA H. Mining significant substructure pairs for inter-

preting polypharmacology in drug-target network[J]. PloS one,2011,6(2):e16999-e17009.

[355] ZHAO J,ZHANG X S,ZHANG S. Predicting cooperative drug effects through the quantitative cellular profiling of response to individual drugs[J]. CPT:pharmacometrics & systems pharmacology,2014,3(2):1-7.

[356] STANTON T,REID J L. Fixed dose combination therapy in the treatment of hypertension[J]. Journal of human hypertension,2002,16(2):75-78.

[357] BOKHARI S U,GOPAL U M,DUCKWORTH W C. Beneficial effects of a glyburide/metformin combination preparation in type 2 diabetes mellitus[J]. The American journal of the medical sciences,2003,325(2):66-69.

[358] ZHANG S,HUANG W C,LI P,et al. Combating trastuzumab resistance by targeting SRC, a common node downstream of multiple resistance pathways[J]. Nature medicine,2011,17(4):461-469.

[359] GARNETT M J,EDELMAN E J,HEIDORN S J,et al. Systematic identification of genomic markers of drug sensitivity in cancer cells[J]. Nature,2012,483(7391):570-575.

[360] ZHANG S,JIN G,ZHANG X S,et al. Discovering functions and revealing mechanisms at molecular level from biological networks[J]. Proteomics,2007,7(16):2856-2869.

[361] LI C,LI H. Network-constrained regularization and variable selection for analysis of genomic data[J]. Bioinformatics,2008,24(9):1175-1182.

[362] LI C,LI H. Variable selection and regression analysis for graph-structured covariates with an application to genomics[J]. The annals of applied statistics,2010,4(3):1498.

[363] LIU J,HUANG J,MA S. Incorporating network structure in integrative analysis of cancer prognosis data[J]. Genetic epidemiology,2013,37(2):173-183.

[364] MA S,KOSOROK M R. Identification of differential gene pathways with principal component analysis[J]. Bioinformatics,2009,25(7):882-889.

[365] QIU Y Q,ZHANG S,ZHANG X S,et al. Detecting disease associated modules and prioritizing active genes based on high throughput data[J]. BMC bioinformatics,2010,11(1):26-37.

[366] GELADI P,KOWALSKI B R. Partial least-squares regression:a tutorial[J]. Analytica chimica acta,1986(185):1-17.

[367] CERAMI E G,GROSS B E,DEMIR E,et al. Pathway commons,a web resource for biological pathway data[J]. Nucleic acids research,2010,39(suppl_1):D685-D690.

[368] HOFREE M,SHEN J P,CARTER H,et al. Network-based stratification of tumor mutations[J]. Nature methods,2013,10(11):1108-1134.

[369] CHUN H,KELEŞ. Sparse partial least squares regression for simultaneous dimension reduction and variable selection[J]. Journal of the Royal Statistical Society:series B (statis-

tical methodology),2010,72(1):3-25.

[370] CHEN J,BUSHMAN F D,LEWIS J D,et al. Structure-constrained sparse canonical correlation analysis with an application to microbiome data analysis[J]. Biostatistics,2012,14(2):244-258.

[371] HUANG D W,SHERMAN B T,LEMPICKI R A. Systematic and integrative analysis of large gene lists using DAVID bioinformatics resources[J]. Nature protocols,2009,4(1):44-57.

[372] DESGROSELLIER J S,CHERESH D A. Integrins in cancer:biological implications and therapeutic opportunities[J]. Nature reviews cancer,2010,10(1):9-22.

[373] VELTRI R W,CHRISTUDASS C S. Nuclear morphometry,epigenetic changes,and clinical relevance in prostate cancer[M]//Cancer biology and the nuclear envelope. New York:Springer,2014:77-99.

[374] FUTREAL P A,COIN L,MARSHALL M,et al. A census of human cancer genes[J]. Nature reviews cancer,2004,4(3):177-183.

[375] LAW V,KNOX C,DJOUMBOU Y,et al. DrugBank 4.0:shedding new light on drug metabolism[J]. Nucleic acids research,2013,42(D1):D1091-D1097.

[376] KNOX C,LAW V,JEWISON T,et al. DrugBank 3.0:a comprehensive resource for 'omics' research on drugs[J]. Nucleic acids research,2010,39(suppl_1):D1035-D1041.

[377] WISHART D S,KNOX C,GUO A C,et al. DrugBank:a comprehensive resource for in silico drug discovery and exploration[J]. Nucleic acids research,2006,34(suppl_1):D668-D672.

[378] WISHART D S,KNOX C,GUO A C,et al. DrugBank:a knowledgebase for drugs,drug actions and drug targets[J]. Nucleic acids research,2007,36(suppl_1):D901-D906.

[379] RAJAGOPALAN P T R,ZHANG Z,MCCOURT L,et al. Interaction of dihydrofolate reductase with methotrexate:ensemble and single-molecule kinetics[J]. Proceedings of the National Academy of Sciences,2002,99(21):13481-13486.

[380] HUANG M E,YE Y,CHEN S R,et al. Use of all-trans retinoic acid in the treatment of acute promyelocytic leukemia[J]. Blood,1988,72(2):567-572.

[381] CASTAIGNE S,CHOMIENNE C,DANIEL M T,et al. All-trans retinoic acid as a differentiation therapy for acute promyelocytic leukemia. I. Clinical results see comments[J]. Blood,1990,76(9):1704-1709.

[382] SANZ M A. Treatment of Acute Promyelocytic Leukemia[J]. Hematology,2006(1),147-155.

[383] LEE H J,YOON C,SCHMIDT B,et al. Combining PARP-1 inhibition and radiation in Ewing sarcoma results in lethal DNA damage[J]. Molecular cancer therapeutics,2013,12

(11):2591-2600.

[384] MIURA K,SAKATA K,SOMEYA M,et al. The combination of olaparib and camptothecin for effective radiosensitization[J]. Radiation oncology,2012,7(1):62-70.

[385] ALLEN L F,SEBOLT-LEOPOLD J,MEYER M B. CI-1040 (PD184352), a targeted signal transduction inhibitor of MEK (MAPKK)[J]. Seminars in oncology,2003(30):105-116.

[386] FLAHERTY K T,INFANTE J R,DAUD A,et al. Combined BRAF and MEK inhibition in melanoma with BRAF V600 mutations[J]. New England journal of medicine,2012,367(18):1694-1703.

[387] DUNHAM I,KUNDAJE A,ALDRED S F,et al. An integrated encyclopedia of DNA elements in the human genome[J]. Nature,2012(489):57-74.

[388] KOLODZIEJCZYK A A,KIM J K,SVENSSON V,et al. The technology and biology of single-cell RNA sequencing[J]. Molecular cell,2015(58):610-620.

[389] WAGNER A,REGEV A,YOSEF N. Revealing the vectors of cellular identity with single-cell genomics[J]. Nature Biotechnology,2016(34):1145-1160.

[390] LLOYD S P. Least-squares quantization in PCM[J]. IEEE transactions on information theory,1982(28):129-137.

[391] JAITIN D A,KENIGSBERG E,KEREN-SHAUL H,et al. Massively parallel single-cell RNA-seq for marker-free decomposition of tissues into cell types[J]. Science,2014(343):776-779.

[392] MAHATA B,ZHANG X,KOLODZIEJCZYK A A,et al. Single-cell RNA sequencing reveals T helper cells synthesizing steroids de novo to contribute to immune homeostasis[J]. Cell reports,2014(7):1130-1142.

[393] GRÜN D,LYUBIMOVA A,KESTER L,et al. Single-cell messenger RNA sequencing reveals rare intestinal cell types[J]. Nature,2015(525):251-255.

[394] KISELEV V Y,KIRSCHNER K,SCHAUB M T,et al. SC3:consensus clustering of single-cell RNA-seq data[J]. Nature methods,2017(14):483-486.

[395] JIANG H,SOHN L L,HUANG H,et al. Single cell clustering based on cell-pair differentiability correlation and variance analysis[J]. Bioinformatics,2018(34):3684-3694.

[396] SHI J,TESCHENDORFF A E,CHEN W,et al. Quantifying Waddington's epigenetic landscape:a comparison of single-cell potency measures[J]. Brief bioinform,2018.

[397] DAI H,LI L,ZENG T,et al. Cell-specific network constructed by single-cell RNA sequencing data[J]. Nucleic acids research,2019.

[398] YANG Y,HUH R,CULPEPPER H W,et al. SAFE-clustering:single-cell aggregated(from ensemble) clustering for single-cell RNA-seq data[J]. Bioinformatics,2018(8):793-811.

[399] KISELEV V Y, YIU A, HEMBERG M. scmap: projection of single-cell RNA-seq data across data sets[J]. Nature methods, 2018(15):359-362.

[400] GRÜN D, LYUBIMOVA A, KESTER L, et al. Single-cell messenger RNA sequencing reveals rare intestinal cell types[J]. Nature, 2015(525):251-255.

[401] KISELEV V Y, KIRSCHNER K, SCHAUB M T, et al. SC3: consensus clustering of single-cell RNA-seq data[J]. Nature methods, 2017(14):483-486.

[402] LIN P, TROUP M, HO J W. CIDR: ultrafast and accurate clustering through imputation for single-cell RNA-seq data[J]. Genome biology, 2017(18):59-69.

[403] SHI Q, ZHANG C, PENG M, et al. Pattern fusion analysis by adaptive alignment of multiple heterogeneous omics data[J]. Bioinformatics, 2017(33):2706-2714.

[404] HUBERT L A P. Comparing partitions[J]. Journal of classification, 1985(14):193-218.

[405] REN X, WANG Y, ZHANG X S, et al. IPcc: a novel feature extraction method for accurate disease class discovery and prediction[J]. Nucleic acids research, 2013, 41(14):e143-e153.

[406] CUMMINS J M, HE Y, LEARY R J, et al. The colorectal microRNAome[J]. Proceedings of the National Academy of Sciences of the United States of America, 2006(103):3687-3692.

[407] BARAULT L, VEYRIE N, JOOSTE V, et al. Mutations in the RAS-MAPK, PI(3)K (phosphatidylinositol-3-OH kinase) signaling network correlate with poor survival in a population-based series of colon cancers[J]. International journal of cancer, 2008(122):2255-2259.

[408] LASCORZ J, FÖRSTI A, CHEN B, et al. Genome-wide association study for colorectal cancer identifies risk polymorphisms in German familial cases and implicates MAPK signalling pathways in disease susceptibility[J]. Carcinogenesis, 2010(31):1612-1619.

[409] SLATTERY M L, LUNDGREEN A, WOLFF R K. MAP kinase genes and colon and rectal cancer[J]. Carcinogenesis, 2012(33):2398-2408.

[410] NOGUCHI K, KITANAKA C, YAMANA H, et al. Regulation of c-Myc through phosphorylation at Ser-62 and Ser-71 by c-Jun N-terminal kinase[J]. Journal of biological chemistry, 1999(274):32580-32587.

[411] FENG Y, DONG Y W, SONG Y N, et al. MicroRNA-449a is a potential predictor of colitis-associated colorectal cancer progression[J]. Oncology reports, 2018(40):1684-1694.

[412] Zhang W, Zeng T, Liu X, et al. Diagnosing phenotypes of single-sample individuals by edge biomarkers[J]. Journal of molecular biology, 2015(7):231-241.

[413] LIU X, WANG Y, JI H, et al. Personalized characterization of diseases using sample-specific networks[J]. Nucleic acids research, 2016(44):e164-e181.

[414] Zhao J, Zhou Y, Zhang X, et al. Part mutual information for quantifying direct associations

in networks[J]. Proceedings of the National Academy of Sciences of the United States of America,2016(113):5130-5135.

[415] LIU X,CHANG X,LENG S,et al. Detection for disease tipping points by landscape dynamic network biomarkers[J]. National science review,2018.

[416] CHEN L,LIU R,LIU Z P,et al. Detecting early-warning signals for sudden deterioration of complex diseases by dynamical network biomarkers[J]. Scientific reports,2012(2):342-349.

[417] LI M,LI C,LIU W X,et al. Dysfunction of PLA2G6 and CYP2C44-associated network signals imminent carcinogenesis from chronic inflammation to hepatocellular carcinoma[J]. Journal of molecular cell biology,2017(9):489-503.

[418] LIU X,CHANG X,LIU R,et al. Quantifying critical states of complex diseases using single-sample dynamic network biomarkers[J]. PloS computational biology,2017(13):05633-05653.

[419] LIU R,WANG J,UKAI M,et al. Hunt for the tipping point during endocrine resistance process in breast cancer by dynamic network biomarkers[J]. journal of molecular cell biology,2018.

[420] YANG B,LI M,TANG W,et al. Dynamic network biomarker indicates pulmonary metastasis at the tipping point of hepatocellular carcinoma[J]. NATURE communications,2018(9):678.

[421] PELLEGRINI M,MARCOTTE E M,THOMPSON M J,et al. Assigning protein functions by comparative genome analysis:protein phylogenetic profiles[J]. Proceedings of the National Academy of Sciences of the United States of America,1999,96(8):4285-4288.

[422] COKUS S,MIZUTANI S,PELLEGRINI M. An improved method for identifying functionally linked proteins using phylogenetic profiles[J]. BMC bioinformatics 2007,8(Suppl_4):S7-S18.

[423] KENSCHE PR,VAN NOORT V,DUTILH BE,et al. Practical and theoretical advances in predicting the function of a protein by its phylogenetic distribution[J]. Journal of the royal society interface,2008,5(19):151-170.

[424] LI H,KRISTENSEN DM,COLEMAN MK,et al. Detection of biochemical pathways by probabilistic matching of phyletic vectors[J]. PLoS One,2009,4(4):e5326-e5333.

[425] RUANO-RUBIO V,POCH O,THOMPSON JD. Comparison of eukaryotic phylogenetic profiling approaches using species tree aware methods[J]. BMC bioinformatics,2009(10):383-399.

[426] CHEN L,VITKUP D. Predicting genes for orphan metabolic activities using phylogenetic profiles[J]. Genome biology,2006,7(2):R17-R29.

[427] OTHI R,PRZYTYCKA TM,ARAVIND L. Discovering functional linkages and uncharac-

terized cellular pathways using phylogenetic profile comparisons: a comprehensive assessment[J]. BMC Bioinformatics,2007(8):173.

[428] BARKER D,PAGEL M. Predicting functional gene links from phylogenetic-statistical analyses of whole genomes[J]. PloS computational biology,2005,1(1):e3.

[429] SINGH S,WALL D P. Testing the accuracy of eukaryotic phylogenetic profiles for prediction of biological function[J]. Evol bioinform online,2008(4):217-223.

[430] SNITKIN E S,GUSTAFSON A M,MELLOR J,et al. Comparative assessment of performance and genome dependence among phylogenetic profiling methods[J]. BMC bioinformatics,2006(7):420-430.

[431] BOWERS P M,COKUS S J,EISENBERG D,et al. Use of logic relationships to decipher protein network organization[J]. Science,2004,306(5705):2246-2249.

[432] BOWERS P M,O'CONNOR B D,COKUS S J,et al. Utilizing logical relationships in genomic data to decipher cellular processes[J]. FEBS journal,2005,272(20):5110-5118.

[433] SPRINZAK E,COKUS S J,YEATES T O,et al. Detecting coordinated regulation of multiprotein complexes using logic analysis of gene expression[J]. BMC systems biology,2009(3):115-127.

[434] DELUCA T F,WU I H,PU J,et al. Roundup:a multi-genome repository of orthologs and evolutionary distances[J]. Bioinformatics,2006,22(16):2044-2046.

[435] WALL D P,DELUCA T. Ortholog detection using the reciprocal smallest distance algorithm[J]. Methods in molecular biology,2007(396):95-110.

[436] CUI J,DELUCA T F,JUNG J Y,et al. Phylogenetically informed logic relationships improve detection of biological network organization[J]. BMC bioinformatics,2011,12(1):476-486.

[437] WU J,KASIF S,DELISI C. Identification of functional links between genes using phylogenetic profiles[J]. Bioinformatics,2003,19(12):1524-1530.

[438] DATE S V,MARCOTTE E M. Discovery of uncharacterized cellular systems by genome-wide analysis of functional linkages[J]. Nature biotechnology,2003,21(9):1055-1062.

[439] DUTTON R J,BOYD D,BERKMEN M,et al. Bacterial species exhibit diversity in their mechanisms and capacity for protein disulfide bond formation[J]. Proceedings of the National Academy of Sciences of the United States of America,2008,105(33):11933-11938.

附 录

该部分给出了本书相关算法实现的代码。

C1. 连接的非负矩阵分解算法

```
function [H10,H20,Ho_final] = ljsnmf_robust(data,Ho,options,H_initial,W)
%input:
%data: the symmetric matrices including X,Y
%X: input 1st view symmetric matrix before factorization
%Y: input 2nd view symmetric matrix before factorization
%Z: if there are more 2 views,Z will be used in this jsnmf
%H1:the initial matrix after nndsvd
%H2:the initial matrix after nndsvd
%output:
%H10,H20: the clustering indicator matrices according to X,Y
%Ho_final: the final consensus matrix,used to cluster samples

iter_num = options.iter_num;
alpha = options.alpha;
beta = options.beta;
stopconv = options.stopconv;
difcon = options.difcon;
n = size(data{1},1);
view_num = length(data);
cons = zeros(n,n);
consold = cons;
inc = 0;

X = data{1}; H10 = H_initial{1};
Y = data{2}; H20 = H_initial{2};
if view_num >2
    Z = data{3}; H30 = H_initial{3}; [H30,H03] = Normalize(H30,1);
end
[H10,H01] = Normalize(H10,1); [H20,H02] = Normalize(H20,1);
```

```
D = diag(sum(W));
%L = D - W;

for i=1:iter_num
    if mod(i,500) = = 0
        disp(sprintf('i=%d\t',i));
    end
    if mod(i,10) = = 0
        H10((H10<eps))=1e-10;
        H20((H20<eps))=1e-10;
        Ho((Ho<eps))=1e-10;
        if view_num > 2
            H30((H30<eps))=1e-10;
        end
    end
end


% = = = = = = = = = = = = = = = = = update Ho = = = = = = = = = = = = = = = = = = = = =
            % Plsa proceess, let ‖ H01 ‖ = 1, ‖ H02 ‖ = 1, ‖ H03 ‖ = 1
            % H10 = H01; H20 = H02; H30 = H03;
        if view_num < 3
        %H10,H20 have been transported H10 * Q,H20 * Q,using normalization function
            numer = alpha * (H01 + H02) + beta * W * Ho;
            %numer = alpha * (H01 * (diag(sum(H01))) + H02 * (diag(sum(H02)))) +
beta * W * Ho;
        else
            % for more than 2 views,we can adopt:
            numer = alpha * (H01 + H02 + H03) + beta * W * Ho;
            %numer = alpha * (H01 * (diag(sum(H01))) + H02 * (diag(sum(H02))) +
H03 * (diag(sum(H03)))) + beta * W * Ho;
        end

        decmer = view_num * alpha * Ho + beta * D * Ho;
        Ho = Ho. * (numer./max(decmer,1e-10));


        % = = = = = = = = = = = = = = = update H10 = = = = = = = = = = = = = = = = = =
        XV = X * H10;
        VV = H10' * H10;
```

```
UVV = H10 * VV;


Q1 = diag(sum(H10));
XV = XV + alpha * (Ho * Q1);
UVV = UVV + alpha * (H10 * (Q1 * Q1'));


H10 = H10.*(XV./max(UVV,1e-10));
[H10,H01] = Normalize(H10,1);
%============== update H20 ==================
YH = Y * H20;
VH = H20' * H20;
YVH = H20 * VH;


Q2 = diag(sum(H20));
YH = YH + alpha * (Ho * Q2);
YVH = YVH + alpha * (H20 * (Q2 * Q2'));


H20 = H20.*(YH./max(YVH,1e-10));
[H20,H02] = Normalize(H20,1);
% if there are more than 2 views, then

%construct connective matrix
    cons = NormalizeH(Ho,2);
    difcontest = sum(sum((cons - consold).^2)) / (n^2);
    consold = cons;
    if (isnan(difcontest))
        break;
    end
    if (difcontest < difcon)
    %Connectivity matrix has not changed
        inc = inc + 1;
    else
        inc = 0;
    end
    if (inc > stopconv)
        break;
    end
```

```
            if ( i = = iter_num)
               disp( sprintf('NMF has not converged! ' ));
            end
end
Ho_final = Ho;


% 标准化函数
function [H,Hnorm] = Normalize(H,Norm)
    nSmp = size(H,1);
    if Norm = = 2
            norms = sqrt(sum(H.^2,1));
            norms = max(norms,1e-10);
            H = H./repmat(norms,nSmp,1);
            Hnorm = H.*repmat(norms,nSmp,1);
    else
            norms = sum(abs(H),1);
            norms = max(norms,1e-10);
            H = H./repmat(norms,nSmp,1);
            Hnorm = H.*repmat(norms,nSmp,1);
    end
```

C2:匹配两个聚类的函数

```
function [newL2] = bestMap(L1,L2)
%bestmap: permute labels of L2 match L1 as good as possible

L1 = L1(:);
L2 = L2(:);
if size(L1) ~ = size(L2)
    error('size(L1) must = = size(L2)');
end

Label1 = unique(L1);
nClass1 = length(Label1);
Label2 = unique(L2);
nClass2 = length(Label2);

nClass = max(nClass1,nClass2);
```

```
G = zeros(nClass);
for i=1:nClass1
    for j=1:nClass2
        G(i,j) = length(find(L1 == Label1(i) & L2 == Label2(j)));
    end
end
[c,t] = hungarian(-G);
newL2 = zeros(size(L2));
for i=1:nClass2
    newL2(L2 == Label2(i)) = Label1(c(i));
end
return;


%=======backup old===========
L1 = L1 - min(L1) + 1;       %   min (L1) <- 1;
L2 = L2 - min(L2) + 1;       %   min (L2) <- 1;


%=======make bipartition graph=========
nClass = max(max(L1),max(L2));
G = zeros(nClass);
for i=1:nClass
    for j=1:nClass
        G(i,j) = length(find(L1 == i & L2 == j));
    end
end
%=======assign with hungarian method=====
[c,t] = hungarian(-G);
newL2 = zeros(nClass,1);
for i=1:nClass
    newL2(L2 == i) = c(i);
end
end
```

C3:匈牙利算法

function [C,T] = hungarian(A)

%HUNGARIAN Solve the Assignment problem using the Hungarian method.
%input:
%A: a square cost matrix.

```
%output:
%C: the optimal assignment.
%T: the cost of the optimal assignment.

[m,n] = size(A);

if (m~=n)
    error('HUNGARIAN: Cost matrix must be square! ');
end

% Save original cost matrix.
orig = A;

% Reduce matrix.
A = hminired(A);
% Do an initial assignment.
[A,C,U] = hminiass(A);

% Repeat while we have unassigned rows.
while (U(n+1))
    % Start with no path, no unchecked zeros, and no unexplored rows.
    LR = zeros(1,n);
    LC = zeros(1,n);
    CH = zeros(1,n);
    RH = [zeros(1,n) -1];

    % No labelled columns.
    SLC = [];

    % Start path in first unassigned row.
    r = U(n+1);
    % Mark row with end-of-path label.
    LR(r) = -1;
    % Insert row first in labelled row set.
    SLR = r;

    % Repeat until we manage to find an assignable zero.
```

```
while (1)
    % If there are free zeros in row r
    if (A(r,n+1)~=0)
        % ... get column of first free zero.
        l=-A(r,n+1);

        % If there are more free zeros in row r and row r in not yet marked as unexplored..
        if (A(r,l)~=0 & RH(r)==0)
            % Insert row r first in unexplored list.
            RH(r)=RH(n+1);
            RH(n+1)=r;

            % Mark in which column the next unexplored zero in this row
            % is.
            CH(r)=-A(r,l);
        end
    else
        % If all rows are explored..
        if (RH(n+1)<=0)
            % Reduce matrix.
            [A,CH,RH]=hmreduce(A,CH,RH,LC,LR,SLC,SLR);
        end

        % Re-start with first unexplored row.
        r=RH(n+1);
        % Get column of next free zero in row r.
        l=CH(r);
        % Advance "column of next free zero".
        CH(r)=-A(r,l);
        % If this zero is last in the list..
        if (A(r,l)==0)
            % ... remove row r from unexplored list.
            RH(n+1)=RH(r);
            RH(r)=0;
        end
    end
```

```
while (LC(l)~=0)
    % If row r is explored..
    if (RH(r)==0)
        % If all rows are explored..
        if (RH(n+1)<=0)
            % Reduce cost matrix.
            [A,CH,RH]=hmreduce(A,CH,RH,LC,LR,SLC,SLR);
        end

        % Re-start with first unexplored row.
        r=RH(n+1);
    end

    % Get column of next free zero in row r.
    l=CH(r);

    % Advance "column of next free zero".
    CH(r)=-A(r,l);

    % If this zero is last in list..
    if(A(r,l)==0)
        % ... remove row r from unexplored list.
        RH(n+1)=RH(r);
        RH(r)=0;
    end
end

% If the column found is unassigned..
if (C(l)==0)
    % Flip all zeros along the path in LR,LC.
    [A,C,U]=hmflip(A,C,LC,LR,U,l,r);
    % ... and exit to continue with next unassigned row.
    break;
else
    % Label column l with row r.
    LC(l)=r;
```

```
        % Add l to the set of labelled columns.
        SLC = [SLC l];

        % Continue with the row assigned to column l.
        r = C(l);

        % Label row r with column l.
        LR(r) = l;

        % Add r to the set of labelled rows.
        SLR = [SLR r];
      end
    end
end

% Calculate the total cost.
T = sum(orig(logical(sparse(C,1:size(orig,2),1))));

function A = hminired(A)
%HMINIRED Initial reduction of cost matrix for the Hungarian method.
%A: the unreduced cost matris.
%B: the reduced cost matrix with linked zeros in each row.

[m,n] = size(A);
% Subtract column-minimum values from each column.
colMin = min(A);
A = A-colMin(ones(n,1),:);

% Subtract row-minimum values from each row.
rowMin = min(A')';
A = A-rowMin(:,ones(1,n));

% Get positions of all zeros.
[i,j] = find(A==0);

% Extend A to give room for row zero list header column.
A(1,n+1) = 0;
```

```
for k = 1:n
    % Get all column in this row.
    cols = j(k==i)';
    % Insert pointers in matrix.
    A(k,[n+1 cols]) = [-cols 0];
end

function [A,C,U] = hminiass(A)
%HMINIASS Initial assignment of the Hungarian method.
%A: the reduced cost matrix.
%B: the reduced cost matrix, with assigned zeros removed from lists.
%C: a vector. C(J) = I means row I is assigned to column J,
% i.e. there is an assigned zero in position I,J.
%U: a vector with a linked list of unassigned rows.
[n,np1] = size(A);

% Initalize return vectors.
C = zeros(1,n);
U = zeros(1,n+1);

% Initialize last/next zero "pointers".
LZ = zeros(1,n);
NZ = zeros(1,n);

for i = 1:n
    % Set j to first unassigned zero in row i.
lj = n+1;
j = -A(i,lj);

% Repeat until we have no more zeros (j==0) or we find a zero in an unassigned column (c(j)==0).
    while (C(j) ~= 0)
% Advance lj and j in zero list.
lj = j;
j = -A(i,lj);

% Stop if we hit end of list.
```

```
if (j= =0)
break;
end
end

if (j~ =0)
%Assign row i to column j.
C(j)= i;

% Remove A(i,j) from unassigned zero list.
A(i,lj)= A(i,j);

% Update next/last unassigned zero pointers.
NZ(i)= -A(i,j);
LZ(i)= lj;

% Indicate A(i,j) is an assigned zero.
A(i,j)= 0;
else
% We found no zero in an unassigned column. Check all zeros in this row.

lj=n+1;
j=-A(i,lj);

% Check all zeros in this row for a suitable zero in another row.
while (j~ =0)
% Check the in the row assigned to this column.
r=C(j);

% Pick up last/next pointers.
lm=LZ(r);
m=NZ(r);

% Check all unchecked zeros in free list of this row.
while (m~ =0)
% Stop if we find an unassigned column.
if (C(m)= =0)
```

```
        break;
end

% Advance one step in list.
lm=m;
m=-A(r,lm);
end

if (m==0)
% We failed on row r. Continue with next zero on row i.
lj=j;
j=-A(i,lj);
else
% We found a zero in an unassigned column.
% Replace zero at (r,m) in unassigned list with zero at (r,j)
A(r,lm)=-j;
A(r,j)=A(r,m);

% Update last/next pointers in row r.
NZ(r)=-A(r,m);
LZ(r)=j;

% Mark A(r,m) as an assigned zero in the matrix...
A(r,m)=0;

% ...and in the assignment vector.
C(m)=r;

% Remove A(i,j) from unassigned list.
A(i,lj)=A(i,j);

% Update last/next pointers in row r.
NZ(i)=-A(i,j);
LZ(i)=lj;

% Mark A(r,m) as an assigned zero in the matrix...
A(i,j)=0;
```

```
% ... and in the assignment vector.
C(j)=i;

% Stop search.
break;
end
end
end
end

% Create vector with list of unassigned rows.
% Mark all rows have assignment.
r=zeros(1,n);
rows=C(C~=0);
r(rows)=rows;
empty=find(r==0);

% Create vector with linked list of unassigned rows.
U=zeros(1,n+1);
U([n+1 empty])=[empty 0];


function [A,C,U]=hmflip(A,C,LC,LR,U,l,r)
%HMFLIP Flip assignment state of all zeros along a path.
%Input:
%A: the cost matrix.
%C: the assignment vector.
%LC: the column label vector.
%LR: the row label vector.
%r,l - position of last zero in path.
%Output:
%A: updated cost matrix.
%C: updated assignment vector.
%U: updated unassigned row list vector.

n=size(A,1);
while (1)
    % Move assignment in column l to row r.
```

C(l) = r;

% Find zero to be removed from zero list..
m = find(A(r,:) = = -1);
% Link past this zero.
A(r,m) = A(r,l);
A(r,l) = 0;
% If this was the first zero of the path..
if (LR(r) < 0)
    ... remove row from unassigned row list and return.
    U(n+1) = U(r);
    U(r) = 0;
    return;
else
    % Move back in this row along the path and get column of next zero.
    l = LR(r);
    % Insert zero at (r,l) first in zero list.
    A(r,l) = A(r,n+1);
    A(r,n+1) = -l;
    % Continue back along the column to get row of next zero in path.
    r = LC(l);
end
end

function [A,CH,RH] = hmreduce(A,CH,RH,LC,LR,SLC,SLR)
%HMREDUCE Reduce parts of cost matrix in the Hungarian method.
%Input:
%A: Cost matrix.
%CH: vector of column of 'next zeros' in each row.
%RH: vector with list of unexplored rows.
%LC: column labels.
%RC: row labels.
%SLC: set of column labels.
%SLR: set of row labels.
%Output:
%A: Reduced cost matrix.
%CH: Updated vector of 'next zeros' in each row.

%RH: Updated vector of unexplored rows.
n=size(A,1);

% Find which rows are covered, i.e. unlabelled.
coveredRows=LR==0;

% Find which columns are covered, i.e. labelled.
coveredCols=LC~=0;

r=find(~coveredRows);
c=find(~coveredCols);

% Get minimum of uncovered elements.
m=min(min(A(r,c)));
% Subtract minimum from all uncovered elements.
A(r,c)=A(r,c)-m;

% Check all uncovered columns..
for j=c
    % ... and uncovered rows in path order..
    for i=SLR
        % If this is a (new) zero..
        if (A(i,j)==0)
            % If the row is not in unexplored list..
            if (RH(i)==0)
                % ... insert it first in unexplored list.
                RH(i)=RH(n+1);
                RH(n+1)=i;
                % Mark this zero as "next free" in this row.
                CH(i)=j;
            end
            % Find last unassigned zero on row I.
            row=A(i,:);
            colsInList=-row(row<0);
            if (length(colsInList)==0)
                % No zeros in the list.
                l=n+1;

```
            else
                l = colsInList(row(colsInList) = = 0);
            end
            % Append this zero to end of list.
            A(i,l) = -j;
        end
    end
end

% Add minimum to all doubly covered elements.
r = find(coveredRows);
c = find(coveredCols);

% Take care of the zeros we will remove.
[i,j] = find(A(r,c) < = 0);

i = r(i);
j = c(j);

for k = 1:length(i)
    % Find zero before this in this row.
    lj = find(A(i(k),:) = = -j(k));
    % Link past it.
    A(i(k),lj) = A(i(k),j(k));
    % Mark it as assigned.
    A(i(k),j(k)) = 0;
end

A(r,c) = A(r,c) + m;
```

C4：对称非负矩阵分解算法

```
function H = snmf(X,H)
%input：
%X：the symmetric matrix
%H2：the initial matrix after nndsvd

iter_num = 2000;
```

附 录

```matlab
stopconv = 40;
difcon = 1e-15;
n = size(X,1);
cons = zeros(n,n);
consold = cons;
inc = 0;

for i=1:iter_num
    if mod(i,200) == 0
        fprintf('i=%d\t\n',i);
    end
    if mod(i,10) == 0
        H((H<eps))=1e-10;
    end

    %update H
    XH = X * H;
    HTH = (H * H') * H;
    H = H.*(XH./max(HTH,1e-10));

    %construct connective matrix
    cons = NormalizeH(H,2);
    difcontest = sum(sum((cons - consold).^2))/(n^2);
    consold = cons;
    if (isnan(difcontest))
        break;
    end
    if (difcontest < difcon)
    %Connectivity matrix has not changed
        inc = inc + 1;
    else
        inc = 0;
    end
    if (inc > stopconv)
        break;
    end
    if (i == iter_num)
```

· 249 ·

```
    ind2       =   find(H==0);
    average    =   mean(A(:));
    W(ind1)    =   average    ;
    H(ind2)    =   average    ;

% fill in the zero elements with random values in the space :[0:average/100]
% NNDSVDar
elseif flag==2
    ind1       =   find(W==0);
    ind2       =   find(H==0);
    n1         =   numel(ind1);
    n2         =   numel(ind2);

    average    =   mean(A(:))       ;
    W(ind1)    =   (average*rand(n1,1)./100)   ;
    H(ind2)    =   (average*rand(n2,1)./100)   ;
end
```

C6:多视角对称非负矩阵分解在跨模态图文检索中的投影算法,即由一个视角的数据推测另一个视角在子空间中的表示

```
function I_test_emb = multi_mapping(I_te,Ho_final,I_tr)
% this function maps I_te into subspace spanned by Ho_final
%input:
%I.te: imagine dataset used to test
%Ho_final: the final consensus matix as shown in section 3
%I_tr: imagine dataset used to train
%output:
%I_test_emb: imagine data embedded in subpace spanned by Ho_final

nsamp = size(I_tr,1);

test_1 = [I_tr; I_te];
I_tr_trans = test_1';

feaNorm = max(1e-14,full(sum((I_tr_trans.^2))));
I_tr_trans = I_tr_trans * diag(feaNorm.^-0.5);
Weigh = I_tr_trans' * I_tr_trans;
```

```
new_smp_sim = Weigh(nsamp+1:end,1:nsamp);
%new_smp_sim = new_smp_sim';

%Ho_inv = pinv(Ho_final);
%I_test_emb = Ho_inv * new_smp_sim;
simHo = new_smp_sim * Ho_final;
decm = eye(10) + Ho_final' * Ho_final;
I_test_emb = simHo / decm;
```

C7:TF-IDF 函数
```
function [Y w] = tfidf2( X )
% FUNCTION applies TF-IDF weighting to word count vector matrix.
%input:
%X: word count vectors (one column = one document)
%output:
%Y: TF-IDF weighted document-term matrix
%w: IDF weights (useful to process other documents)

% get inverse document frequencies
w = idf( X );

Y = tf( X ) .* repmat( w,1,size(X,2) );

function Y = tf( X )
% SUBFUNCTION computes word frequencies
Y = X ./ repmat( sum(X,1),size(X,1),1 );
Y( isnan(Y) ) = 0;

function I = idf(X)
% SUBFUNCTION computes inverse document frequencies
% count the number of words in each document
nz = sum( ( X > 0 ),2 );

% compute idf for each document
I = log( size(X,2) ./ (nz(:) + 1) );
```

致 谢

时光荏苒，转瞬间人早已过了而立之年。回首这些年的科研、教学工作，有诸多艰难，也有诸多收益。值此书稿即将完成之际，向多年来给予我指导、帮助和关心的老师及同事们致以衷心的感谢！

衷心感谢我的博士生导师胡小华教授和何婷婷教授！两位老师无论在学习上还是在生活上都给了我极大的鼓励和支持，他们务实求真、兢兢业业的工作作风深深感染了我；他们豁达、乐观、积极的人生态度也为我们树立了良好的榜样。在此，谨向两位老师表示最诚挚的敬意和最衷心的感谢！

衷心感谢我的指导老师蒋兴鹏教授！他严谨务实、精益求精的科研精神是我可持续学习和追求科研进步的动力！同时，蒋老师在治学方法、为人处世等方面也都深深影响了我。在我的科研生活中，蒋老师给予了悉心的指导和帮助，在研究方法上都给出了明确的指导，使我能够抓住问题的关键和难点。在此，表示最衷心的感谢！

衷心感谢段尧清、李玉海、王学东、李延晖、段钊、王伟军老师！在本书写作过程中，几位老师对本书的结构和内容提出了宝贵的修改意见，诸位老师以他们渊博的知识、深刻敏锐的洞察力给了我很大的启发和帮助。